谨将此书献给

—————————— ❧ · ❧ ——————————

雷蒙·潘尼卡（Raimon Panikkar，1918.11.2-2010.8.26）

约翰·希克（John Hick，1922.1.20-2012.2.9）

高等院校通识教育系列教材

# 全球化与宗教对话

王志成 著

WUHAN UNIVERSITY PRESS
武汉大学出版社

# 总　序

　　进入新世纪，中国高等教育发展形成的共识之一，就是要着力教育创新。教育创新共识的形成，是以对时代发展的新特点的理解为基础的，以对当今世界和我国教育发展的新趋势的分析为背景的，以实现中华民族的伟大复兴和社会主义教育事业发展的历史任务为目标的，深刻地反映了高等教育确立"以人为本"新理念的必然要求。

　　教育创新的首要之义就在于，教育要与经济社会发展的实际相结合，要与我国社会主义现代化建设对各类高层次人才培养的需要相适应，努力造就具有创造精神和实践能力的全面发展的人才。为了满足教育创新的这些要求，高等教育不仅要实行教育理论和理念的创新，而且还要深化教育教学改革，着力提高教育教学质量和水平。特别要注重学科与专业设置的调整和完善，形成有利于先进科学技术发展和提高国民经济发展水平的学科专业和教学内容；要注重人才培养结构的优化，形成既能适应现代化建设对各级各类高层次人才的需求，又能体现和反映高校优秀的办学特色、办学风格和办学传统的人才培养模式。教育教学创新的这些措施，必然提出怎样对传统意义上的以"学科"、"专业"为主体的教育教学结构进行整合，并使之与现代社会发展要求相适应的"通识"教育相兼容和相结合的重大问题。

　　高等教育人才培养模式中的"专"、"通"关系问题，并不是现在才提出来的。至于与"专业"教育相对应的"通识"教育的思想，出现得更早些。在亚里士多德那里，就有与"自由"教育相联系的"通识"教育的思想。这里所讲的"通识"教育，通常是指对学生普遍进行的共通的文化教育，使学生具有一定广度的知识和技能，使学生的人格与学识、理智与情感、身体与心理等各方面得到自由、和谐和全面的发展。

　　世界高等教育的发展曾经经历过时以"通识"教育为主、时以"专业"教育为主，或者两者并举、并立的发展时期。从高等教育发展历史来看，早期的高等教育似倚重于"通识"教育。随着经济、科技和社会分工的不断发展和进步，高等教育也相应地细分为不同学科、专业，分别培养不同领域的专业人才，"专业"教育的比重不断增大。20世纪中叶以来，经济的迅猛发展、科技的飞速进步、知识的不断交叉融合，使学科之间更新频率加快，高度分化和高度综合并存，"专才"与"通识"的需求同在。但是在总体上，"通识"似更多地受到重视。这是因为，新时代高等教育培养的人才，应该具有很强的应变能力和适应能力，应该具有更为宽厚的知识基础和相当广博的知识层面，应该具有更强的信息获取能力和多方面的交流能力。显然，仅仅依靠知识领域过窄的专业教育，是难以培养出这样的人才的。

　　我国大学本科教育专业一度划分过细，学生知识结构单一，素质教育薄弱，人才的社会适应性多有不足。随着国家经济体制改革的深入、产业结构调整步伐的加快和国民经济的飞速发展，国家和社会对人才需求的类型和结构发生了急剧变化，对人才的规格和质量的要求也不断提高，划分过细的专业教育易于造成人才供给的结构性短缺。经济全球化发展和我国加入WTO，对我国高等教育人才培养提出了更为严峻的课题，继续走划分过窄、过细的专业教育之路，就可能出现一方面人才短缺、另一方面就业困难的严峻局面，将严重阻碍我国经济社会的发展，也将使我国高等教育陷入困境。我国教育界的有识之士和国家教育主管部门，已经深切地认识到这种严峻的形势。教育部前几年就在多方征求意见的基础上，推出了经大幅度修订的新的本科专业目录，使本科专业种类调整得更为宽泛。各高等学校也在进一步加大教学改革力度，研究和修订教学计划，改革教学内容，努力使专业壁垒渐趋弱化，基础知识教育得到强化。这些都将有利于学生拓宽知识面，涉猎不同学科和专业领域，增强适应能力，全面提高综合素质。

在高等教育"通"、"专"关系的处理上，教育创新提供了解决问题的根本方法。通过教育创新，一方面能构筑高水平的通识教育的平台；另一方面也能增强专业教育的适应性，目的就是做好"因材施教"，实现"学以致用"。在这一过程中，除了要解决好选人制度即招生制度创新和教师队伍建设创新外，还要注重教学内容、教学方式和方法以及教材建设等方面的创新。

近些年来，武汉大学出版社经过精心组织与策划，奉献给广大读者的这套通识教育系列教材，力图向大学生展示不同学科领域的普遍知识及新成果、新趋势或新信息，为大学生提供感受和理解不同学术领域和文化层面的基本知识、思想精髓、研究方法和理论体系，为大学生日后的长远学习提供广阔的视野。我们殷切地希望能有更多更好的通识教材面世，不仅要授学生以知识、强学生之能力，更要树学生之崇高理想、育学生之创新精神、立学生以民族振兴志向！

武汉大学校长　顾海良

# 序

《全球化与宗教对话》一书收集了我自 2007 年以来的一些文章，大致反映了我过去这些年在学术上的反思成果。

在过去近 20 年中，我的研究领域不断有一些变化。最初关注的是希腊哲学，我的硕士学位论文研究怀疑主义。我的博士学位论文研究当代宗教哲学，尤其是宗教多元论。沿着我所关注的希克、尼特、潘尼卡、林贝克和库比特的学术思想，我的研究开始集中于宗教对话、后现代宗教哲学，并翻译和出版了一系列学术译著和著作。同时，由于宗教对话不仅仅局限在抽象的理论上，也介入了具体的宗教对话，尤其是儒家和基督教、佛教和基督教的对话，为此我也写了一系列相关论文。

然而，在 2003 年之后，我的兴趣似乎又发生了一些变化，我当时感到宗教对话要在理论上有新的突破，就需要找到新的思路，而不是仅仅局限在对西方若干思想家的理论研究上。由于偶然的原因，我接触了不少印度人格主义和非人格主义传统的材料，可以说熟读了《奥义书》、《薄伽梵歌》和《瑜伽经》，更阅读了不少商羯罗和辨喜的著作。我对瑜伽典籍和吠檀多的著作产生了兴趣。这导致了我后来出版了一系列有关瑜伽和吠檀多的书。我希望通过研究瑜伽和吠檀多的理论为宗教对话注入新的能量，在一些论文和书中也尝试这样做，但至今还难以在学术界引起关注，也难以成为一个讨论的热点。

本书收集的文章主要分为三类：一是宗教对话；二是全球化与宗教的关系；三是宗教对话与全球化时代的灵性。宗教对话类的文章在书中占了不少。在思想上主要梳理了一些有关宗教对话的理论。同时，把宗教对话理论用于讨论儒家和基督教的关系以及佛教和基督教的关系。这部分内容主要是倡导宗教对话，倡导一种开放的对话关系。

全球化时代宗教之间的关系不断受到挑战，我们如何理解全球化时代的宗教关系？传统的宗教关系理论是否可以继续？我尝试站在全球化背景下来理解不同的宗教以及它们之间可能的关系，具体地说，就是从第二轴心时代的角度来理解文明和宗教，理解不同的宗教在这个时代如何自我转化，从而更好地服务世界。例如，儒家思想在当今如何更好地服务世界？书中提出了一个新的观念，那就是儒性观念。作者认为，儒家思想中的儒性是儒家的内核，在全球化时代具有特别重要的意义。

灵性问题在这个时代同样非常重要。从类型学上说，宗教关系从排他论、兼容论发展到了多元论，有些人更是主张宗教之间的比较论，这一变化让我们思考在当今灵性是否会发生改变？作者明确主张在全球化时代应突出一个新的观念，那就是全球灵性或信仰间灵性。全球灵性是第二轴心时代的需要，它可以摆脱具体宗教可能带来的束缚，同时吸收具体宗教所提供的灵性资源。宗教多元论是处理宗教之间关系的理论，这个理论在实践中的发展就是展开具体的宗教对话，而宗教对话在现实世界中的果实可以分为多个层面，例如对宗教个体生命的尊重，对宗教群体的肯定和尊重，对宗教理论和教义的理性态度以及开放态度，还有宗教对话带来的高级果实——灵性。这里的灵性比以往所谈的灵性包含更广泛的内涵，其中涉及个体灵性、灵性间性、全球灵性等。宗教对话和灵性的发展问题在我国学术界讨论得还不是很多，关注这一主题对推动我国宗教学的发展应该有积极的意义，对教界也有积极的意义。

　　最后要向读者说胆的是，因为学界没有统一用语，书中"多元论"与"多元主义"、"兼容论"与"包容主义"是在同等意义上使用的，在讨论与引用时，我保留了原作者的用法。此外，因为本书收录的是在不同场合发表的文章，其中部分内容有重复，希望得到读者的谅解。

王志成

2013 年 1 月 31 日于浙江大学

# 目　　录

# 第一章　全球化与宗教对话

## 第一节　全球化是一场人类的历史运动

全球化（globalization）的历史很悠久，我们可以把佛教的传播视为一场全球化运动，也可以把丝绸之路的开辟视为一场全球化运动，同样，我们可以把基督教和伊斯兰教的传播视为一场全球化运动。近代启蒙运动以来，全球化的速度加快了，尤其是英国工业革命以来，全球化的进程进一步加快了。但对我们人类发生根本性影响的全球化运动主要发生在 20 世纪。而在 21 世纪之初，全球化的力量和困境也同时全面地表现出来了。

我们并没有统一的全球化定义。一般人认为，全球化是指货物与资本的越境流动这一最初形态。同时，出现与此相应的大范围的、全球性的经济管理组织与经济共同体以及文化、信仰、价值观等在全球范围内相遇、碰撞、对峙与融合。总的来说，全球化是一场基于经济全球化而形成的对人类各个方面造成巨大影响的全球性历史运动。①

从历史发生学的角度看，全球化基于人的本性发展以及人和自然、人和人的关系的改变。或许，我们从假设的角度看，人性是善的，或恶的。但不管是善还是恶，人的本性中，有一种力量就是自我的扩展。这种扩展可以是朝外的，也可以是朝内的。朝外的发展使得人关注人和自然的关系、人和人的关系得到密切的发展。人在历史中生存的脆弱性的事实，使得人不断尝试改变自己的被动状态，它必然朝科学和技术的方向发展。"知识就是力量"，技术就是能力。科学技术的发展是人为了克服自己的被动性、人的不自由。这必然推动人和自然关系的改变。人在早期敬畏自然，视自然为神秘的对象，人只守候自己非常有限的部分。但人的个体自我启动后，人尝试从自然中分离出来。在跨文化研究先驱雷蒙·潘尼卡（Raimon Ponikkar）看来，我们此时进入了历史意识之中。进入历史意识，从根本上说，就是进入全球化时代。在公元前 8 世纪到公元前 2 世纪，在世界各个地区出现了一批影响后世几千年的思想家、宗教家。这个时期，雅思贝斯（Karl Jaspers）称之为"轴心时代"（the Axial Age）。从对雅思贝斯和雷蒙·潘尼卡

---

① 关于全球化方面的著作异常丰富，国内也出版了大量有关全球化的著作，研究性论文则不计其数。读者随便上网检索，就可以找到大量相关资料。2009 年 7 月 8 日在百度上可以检索到约 14,100,000 条查询结果；在谷歌上可以检索到约 19,800,000 条查询结果。如果我们检索英文单词 globalization，在百度上可以检索到约 677,000 条查询结果；在谷歌上可以检索到约 19,400,000 条查询结果。

的文本分析入手，我们可以说全球化时代应该发端于"轴心时代"。

全球化运动，从信仰和思想运动看，它基于人的历史意识而发生。根据历史意识，人面向未来，并形成了进步、发展、自我实现等观念。在此之前，人们缺乏自我意识，人是自然的一部分，人所具有的是非常有限的部落意识（一种初级的集体意识）。而从轴心时代开始，人的个体意识得到发展，这种个体意识具有不断扩展的特征。个体意识在初期，更关心垂直维度，个体自我和宇宙终极的关系，更关心个体的拯救或解脱。这种追求，使得人不满于这个现实世界，抱怨世界，改造或改变世界是必然的。

改变有朝内的也有朝外的。朝内的改变就是发展发达的世界宗教传统，这些传统对世界具有整体性意识，并要克服人的不满意状态，改变现状，得到自我的实现或觉悟或解脱，也就是达到（内在的）自由。朝外的改变就是发展技术，提升对抗自然的能力。朝外发展的结果就是人发展其物质的力量和改善社会关系的结构。例如，从制度的角度看，人类历史是一个不断发展的过程，人的时间和空间观念也是一个不断发展的过程，当然，人的沟通方式也是不断发展的。外在的改变使得人在这个地球上的联结密切化、沟通频繁化。

轴心时代世界各大宗教的发展，使得这个世界从部落走向整体，并最终走向全球化。

全球化是一个漫长的过程，它涉及观念、经济、政治、军事、文化、宗教等领域。有的领域，全球化要早一些，有的要迟一些，但它们是彼此关联的。没有单纯的军事全球化或经济全球化，它们和其他领域的全球化联系在一起。从全球范围看，这个世界的全球化过程就是人类历史意识发展的过程，并且，全球化的顶点就是历史意识的终点。

从宗教的角度看，轴心时代之前的宗教属于原始信仰，那些原始信仰缺乏时间意识，也就是缺乏历史意识，在雷蒙·潘尼卡看来，它们的意识属于前历史意识。但轴心时代发展起来的世界各大宗教则具有强烈的历史意识，即人有一个起点，有一个目标和终点，需要从有限、罪、无明的状态走向无限、觉悟、解脱和自由的状态。它本质上就是从时间的起点或轮回状态到时间的终点或摆脱轮回时间。这个过程属于历史意识时期。

所以，宗教的全球化从两个角度看，一个是宗教影响范围从局部到全球，另外一个是宗教意识从罪、无明到得救、觉悟。在这一全球化过程中，不同宗教都以各自方式发展"自我"，它们都需要发展地域空间、信徒人数、排他或包容其他的理论体系等。在这一发展"自我"的过程中，世界各大宗教之间必定遇到一些以前没有出现过的问题。宗教全球化过程，是一个传统轴心时代发展起来的各大宗教优点展示、同时也是缺点表现的发展过程。历史意识从开始到面临挑战，是一个自然的发展过程。

## 第二节　全球化和诸宗教之间的张力

全球化是人类在历史发展中的一个必然过程。它最初发端于人类的历史意识，经过两千多年的累积和发展，到了 20 世纪下半叶，全球化已经发展到了黄金时期。

全球化的最大后果是：时间和空间观念的改变。我们不再局限于地球的某个角落，不再只知道局部的事，相反，我们这个地球成了地球村。人们感到，地球变小了，人们之间的距离被拉近了。我们的行动必然影响其他人，我们不再可能孤立。

全球化对我们生活的影响是整体性的，在各个方面都具有根本的影响。就宗教来说，宗教之间的关系因为彼此的互动加剧而更加复杂了。轴心时代形成的各大宗教各自发展了一套形而上学系统、教义体系、神话系统。在很大程度上，各个宗教都形成了一个以自我为中心的社会实体。

在历史上，不同宗教也曾相遇，它们之间的大多不是通过和平手段解决的，相反，它们诉诸武力，特别在犹太教、基督教、伊斯兰教这三个一神教中。我们看到，多少世纪以来犹太教都受到过基督教的迫害，无数的犹太人死于基督教的迫害。在伊斯兰教兴起之后，基督教和伊斯兰教的关系是竞争和对峙的关系，基督教历史上的十字军东征始终是一种耻辱。在基督教历史上，东正教从天主教中分离出来，在宗教改革时期，新教从天主教中分离出来，而这三个同属一个大传统的宗派之间的关系一直以来都存在张力。甚至到了今天，在不同国家和地区，它们之间的关系依然没有处理好。

人们会反思，为什么三个一神教之间难以和谐相处？为什么历史上的基督教的三个宗派难以相处？除了利益上的冲突和斗争，它们之间对于世界理解的差异难道不是一个重要原因吗？它们各自发展独断的教义系统难道不是重要的原因吗？多个世纪以来，基督教属于一个强势宗教，也具有反思意识，为了传播自己的信仰，不断进行传教反思。20世纪，基督教神学家在如何处理基督教和其他宗教关系的理论问题上取得了巨大进展。从20世纪到21世纪之初，主要由基督教神学家发展起来的宗教关系理论大致反映了当今宗教间张力的变迁。

基督教是一个拯救性的宗教，它宣称人通过耶稣基督得救，并且认为耶稣基督是唯一的道路。如果耶稣基督是唯一通向人的觉悟和拯救的道路，那么其他宗教是不是道路？能不能把人引向得救？传统的神学家普遍认为只有基督教具有拯救能力，甚至认为只有基督教才具有拯救人的可能，其他宗教不是真理，不是道路，不能将人引向得救。

如果是这样，那么其他宗教存在的必要性就值得怀疑了。但其他宗教的存在是一个事实，并且是一个个具有力量的实体，我们无法无视其存在。特别在第二次世界大战后，西方国家的移民大量增加，更多不同信仰的人相遇，彼此关系中出现的问题也越来越多。在这一背景下，基督神学家提出了不同的回应策略。从类型学的角度看，主要有四类。最初由雷斯（Alan Race）提出三类，即排他论、兼容论和多元论。[①] 21世纪初，天主教神学家保罗·尼特（Paul F. Knitter）提出了新的分类法：置换模式、成全模式、互益模式和接受模式。前面三类大致对应排他论、兼容论和多元论。我们具体分析了这些类型学，发现其中的核心问题是处理他者问题。

在基督教传统中，谁是他者？一般认为，只有上帝才是真正的他者，而且是绝对的他者。人们很少会接受其他的他者。其他宗教在传统基督教教义中是缺乏存在的理由的，它们是异教，那里没有真理。其他宗教不是他者，是不可能被认可的。然而，在基

---

① Alan Race. *Christians and Religious Pluralism.* London：SCM Press，1993 ［1983］，chapters 2，3 and 4.

督教历史上，犹太教和伊斯兰教事实上是两个他者，一直伴随着基督教。可是一直以来基督教始终难以真正认可它们的他者地位。

但是开明的基督徒却全然承认其他宗教的独立性、有效性，坚持它们是独立的他者，是一个他们并不真正认识的他者，是一个需要他们去了解、赞赏和吸收的他者。在他们那里，其他宗教和基督教都是具有完全合理性和同等有效性的宗教，其他宗教是独立的、不同于自身宗教的。它们并不比他们的宗教低级，他们并不代表唯一真理。它们彼此的关系不是敌我关系、主仆关系，而是伙伴关系。

从其他宗教的他者身份被否定到完全认可其他宗教的他者身份，其间有一个发展过程。在第一种关系中，基督教想置换其他宗教，不管是全部置换还是部分置换。根据置换模式，其他宗教没有救恩，是黑暗地带。其他宗教是荒谬的，其他宗教中的人需要再皈依，因为只有皈依了耶稣基督才有可能摆脱罪，获得最后的得救，享受天国的幸福。基于这种理解，教义的发展必然是唯我中心的。世界是围绕耶稣基督构成的，其他宗教中的任何人和神都在边缘或没有任何存在的空间。在这种教义影响下，基督徒如何和其他宗教的人相处？在这些基督徒心目中，其他人不是皈依、改造的对象，就是魔鬼和惩罚的对象。他们不皈依耶稣基督，他们就要下地狱，或已经下地狱。所以，在置换模式中，也就是在排他论的态度中，基督徒缺乏对其他宗教的真实认识，不能把其他宗教视为真正的他者。

但基督教神学发展了兼容论的宗教态度，也就是保罗·尼特说的成全模式。这种态度和模式主要和梵蒂冈的改革有关，和神学家拉纳（Karl Rahner）的神学思想关系密切。拉纳认为，救恩只来自耶稣基督，但其他宗教中也有上帝的恩典，那些恩典本质上来自耶稣基督。其他宗教的人如果能够顺从自己的良心生活，他/她即便不认识耶稣基督，没有加入大公教会，也能得救。这些人可以被视为"匿名基督徒"。

显然在拉纳这里，其他宗教的他者地位得到了肯定，但这个他者还不是自主的，本质上是没有独立内容的，因为其他宗教不是别的，正是基督教本身的相对模糊的表现，其拯救的能力不是独立的，而是来自基督教的耶稣基督。所以，其他宗教在成全模式中，他者的身份是摆设性的。

像威尔弗雷德·坎特韦尔·史密斯（W. C. Smith）、约翰·希克（John Hick）、保罗·尼特等人，不满足于排他论（置换模式）和兼容论（成全模式），坚持不同宗教是独自对终极实在（超越者、上帝）的有效回应。不同宗教如彩虹的不同光谱。他们愿意用诸如"条条大道通罗马"、"同一山峰，不同道路"、"月印万川"之类的比喻。著名的宗教多元论思想家约翰·希克认为，不同宗教都指向同一终极实在。这个实在超越语言，但它却临在。人类对这个临在具有不同的感知方式。约翰·希克主要谈到了两类感知方式：人格的和非人格的。通过人格的感知方式，人类把这个实在体验为犹太教的阿奎尼、基督教的天父、伊斯兰教的安拉、有神论的印度教的毗湿奴；通过非人格的感知方式，人类把这个实在冥想为儒教的天、道教的道、佛教的空、非有神论的印度教的梵。

多元论态度对应保罗·尼特的互益模式。根据这种模式，他者的身份得到了完全的肯定，不同信仰之间是伙伴关系，但问题是不同信仰在多元论者这里被视为同质的。换言之，不同信仰表面上差异万千，其实它们的深处是一回事。其他宗教的他者就是自己，彼此同一。这种理解让不少人感到多元论事实上消除了宗教的差异性，消除了宗教的异质性。后现代主义者强烈反对宗教的同质化，保守的信徒也强烈反对多元论的同质化理解，而不少学者也从理论上反对多元论。

宗教多元论在 20 世纪七八十年代非常流行，但 90 年代之后，多元论受到的批评开始增多。有一种积极的回应宗教多元论的神学是比较神学。比较神学认为，不同宗教都是彼此不同的。它反对置换模式、成全模式和互益模式，也就是反对排他论、兼容论和多元论，它属于接受模式。接受模式显然受到了后现代主义的影响。它强调各个宗教的独特性，不可替代性，它在处理彼此关系的问题上，反对建立宏大的诸宗教神学，而是强调实践。方法是真诚地逾越到其他宗教中，向其他宗教学习，并用它们自己的语言去学习，尽可能避免扭曲，然后回到自己的宗教之中反省，看看能否让自己对自己的信仰有新的认识。不同宗教之间的关系是真正的朋友、伙伴关系，彼此不存在扭曲的关系。比较神学对其他宗教的他者身份比前面的排他论、兼容论和多元论要更真实、更客观。

从理论上说，基督教和其他宗教的关系在排他论、兼容论和多元论中都没有处理好，相对来说，在比较神学中能够处理好彼此的关系，彼此的张力得到了某种程度的解决。

在全球化过程中，不同宗教都进入了人类共同的空间，彼此的关系一直都难以处理，其中最大的问题是彼此关系的理论问题。从基督教的角度看，由于基督教教义的特殊性，一直以来它和其他宗教的关系存在张力。这种张力的消除主要在于强势的基督教改变了自己对待其他宗教的态度。20 世纪，基督教思想家为了解决基督教和其他宗教之间的张力问题，尝试从不同角度去解决问题，而排他论（置换模式）、兼容论（成全模式）和多元论（互益模式）都是不能真正解决问题的，相对而言，接受模式能比较合理地处理宗教之间的张力问题。但是我们人类的宗教关系走向接受模式了吗？

## 第三节　走向第二轴心时代的宗教关系

天主教神学家卡曾斯（Ewert H. Cousins）认为，轴心时代人们关注个体的拯救，相对缺乏整体意识，也就是他所说的全球意识。人和自然的关系、人和人的关系在他所说的第二轴心时代需要进行自身的转化，这种转化的核心就是从个体意识转向全球意识。在他看来，转化主要有两个方面，一个方面是水平维度的发展，就是文化、宗教在全球范围相遇，并将产生复杂的集体意识；另一个方面是垂直维度的发展，即人类深深植根于大地，以便提供一个未来发展的稳定和安全的基础。①

从卡曾斯的分析可以知道，我们这个世界的文化和宗教在全球范围的相遇是一个事实，但是否已经从个体意识上升到集体意识，各个宗教是否具有了全球意识则是值得怀疑的。如果已经具备这种意识，那么这个世界就不会有那么多的麻烦，不会有那么大的张力，宗教冲突也就无从生起。卡曾斯呼吁各大宗教积极主动地适应第二轴心时代的来

---

① Ewert H. Cousins, *Christ of the 21ˢᵗ Century*. Rockport：Element, Inc. 1992：10.

临，这种适应就是让各大宗教具有全球意识，具体来说，就是从个体意识转向集体意识，从关注人本身转向关注人和地球的关系，也就是生态意识。

全球化是一个自然的历史发展过程。它一方面给人类带来了前所未有的机遇，让各大宗教有机会和可能在全球化时代为人类的幸福作出贡献；另一方面，全球化也具有巨大的力量，对各大宗教具有摧毁性作用。各大宗教如果不能适应新的时代意识，它们就很可能面临萎缩，并可能成为人类苦难的根源，人类各种冲突的根源。根据后现代哲学家唐·库比特（Don Cupitt）的分析，在当代，宗教面对全球化会朝几个方向发展，一是不能发展全球意识，走向狭隘的宗教基要主义，并在某种意义上成为社会张力和冲突的原因。如今，在全球化过程中，由于它造成了人们各种观念的变化，甚至颠覆，很多人难以适应，他们退回到保守的教条主义之中，对其他宗教以及现代世界持怀疑和否定的态度。二是彻底走向世俗化，放弃宗教。如果放弃了宗教，那么宗教将在全球化过程中退出历史舞台。对有的信徒来说，宗教已经不复存在，它们都是等待死亡的东西。对宗教基要主义和彻底的宗教世俗主义者来说，宗教对话要么是不可能的，要么是不必要的。基要主义者坚持自己的信仰是唯一的真理，他们已经拥有真理，他们不需要对话，不需要其他人的提醒和帮助。他们需要的是保持自己的东西，并反击其他人的东西。世俗主义已经放弃了宗教，宗教对话是多此一举。

然而，尽管如此，在进入第二轴心时代的今天，我们看到依然有大量的宗教存在，人们依然需要宗教为他们提供生活意义。基于此，我们需要像卡曾斯那样呼吁各大宗教进行转化，适应第二轴心时代，培养全球意识。我们需要像孔汉思（Hans Küng）那样呼吁各大宗教对话。① 我们需要像雷蒙·潘尼卡那样，呼吁各大宗教展开持续的对话，并努力让宗教超越历史意识，走向他所倡导的"宇宙—神—人共融"的超历史意识。②

事实上，全球化的发展让一些基督教思想家从基督中心的立场转向了上帝中心，再转向了实在中心以及问题中心。如今我们注意到，历史的发展要求我们摆脱任何一个宗教的中心主义，需要站在全球的平台上重新审视我们的宗教，并尝试将宗教的发展和人类的和谐结合起来。为了实现全球化时代宗教的和谐，宗教对话是最基本的进路，也是非常有效的进路。

在第二轴心时代，各大宗教首先都面临自我的调整，需要转变不少自身的教义，并且要突出自身传统中的某些新要素，弱化某些曾经被强化的内容。各大宗教之间之所以说需要对话，是因为这是一种比较合理和成熟的选择。事实上，根据雷蒙·潘尼卡的理解，存在三类处理宗教之间的关系的范式：第一类是一元论，一切都围绕某个体系、核心展开，它依赖于力量。它是一种非常具有诱惑力的选择。第二类是二元论，它主张各自为政。二元论难以持久，因为它本质上也是依赖于力量，只是彼此的力量没有形成巨大的差异，当一方的力量足够大时，它就会转向一元论。二元论是不稳定的。雷蒙·潘尼卡认为，还有第三类，那就是不二论。这也是潘尼卡的选择。对话是中道，而对话恰

---

① Hans Küng etc.. *Christianity and World Religions*：*Paths to Dialogue*. New York：Orbis Books, 1986.

② Raimon Panikkar. *The Cosmotheandric Experiece*. New York：Orbis Books, 1993.

恰体现了不二论的倾向。

这里所谈的不二论不完全是传统的，它似乎已经被潘尼卡所发展。它强调极性之间的张力。不同宗教就是不同的极性，彼此不能替代，彼此都是终极性的。潘尼卡不主张寻找不同宗教共同的本质，在他看来并没有这样的本质。他注意到不同宗教是不同的语言系统，彼此不可通约，但它们之间可以沟通，而沟通则是依赖于对话。

或许，对有的人来说，依然可以选择一元论，也可以选择二元论，当然还可以选择不二论。不二论是在经历了诸世纪之后，人们逐渐认识到的最合理的处理彼此关系的模式。不过，至今多数人并没有意识到这一方法的非凡意义。

全球化让不同的宗教相遇，促使我们从地方性的个体思维转向集体性的全球思维。为了促进世界各大宗教的交流，为了促进中国社会的和谐，走宗教对话之道是真正的中道。

在全球化时代，不同宗教都面临机遇和挑战。我们走向何方，取决于我们自身的宗教立场。如今，人类有足够的智慧可以意识到，我们正进入第二轴心时代，我们需要有全球意识，需要转化各自的宗教，需要通过对话来处理彼此的关系，需要通过对话来彼此互益和更新。我们还可以意识到，全球化对各大宗教具有"压力"，它对各大宗教的要求具有"强迫性"，这是"势"。同时，我们意识到为了让各大宗教不被这个"势"压倒，需要被动或者主动地进行转化，从宗教的个体意识转向集体意识，走向全球意识，并且意识到，宗教对话是进行顺利转化的一条有效通道，甚至是存在的方式。宗教对话让各宗教顺利地走向第二轴心时代。

# 第二章  宗教他者和宗教对话

在这个多元文化、多元信仰共存并不得不相遇的时代，彼此如何相处是一门伟大的艺术。本章就宗教和谐的核心问题：宗教他者以及宗教对话问题作一理论探讨，以期引起中国学界和教界尤其是关注宗教和谐问题的众人的关注。

## 第一节  宗教他者意识的开启

天主教思想家孔汉思说，没有宗教之间的和平，就没有民族之间的和平；没有宗教之间的对话，就没有宗教之间的和平。当今宗教对话已经成为处理宗教之间各种问题的最佳方式。人们开始不断意识到，以对话的方式取代传统的其他方式来解决宗教问题是人类成熟的标志。

20世纪，由于传统的世界格局已被打破，人文主义蓬勃发展，特别是技术时代的迅速来临，不同文化、不同信仰已经不可避免地相遇、碰撞。特别是自20世纪50年代以来，西方文化、信仰和非西方的其他文化、信仰之间的关系历经了巨大转变。其中有一种转变越来越明显，那就是：对话在信仰、文化之间的关系中越来越重要了。

然而，如何处理这样的新境况？过去的几十年中，人们对于文化、信仰之间普遍存在的哲学关系的假设是需要重新反思的。这种反思不仅广泛地触及了文本间性、话语间性等问题，而且更加深刻地触及了哲学间性、文化间性、宗教间性或者信仰间性等深层问题。这种反思的一个重要代表人物就是跨文化对话的思想家雷蒙·潘尼卡。

潘尼卡认为，处理文化、信仰之间的关系可以有三种模式：一元论、二元论和不二论。根据一元论，宗教真理是唯一的，只有一个意识中心，只有一种宗教是对的。其他宗教不可能正确。宗教和平意味着消除宗教间的差异，其他宗教信仰者最终需要放弃他们的信仰，接受这唯一的真宗教。宗教对话不是彼此的对话，而是劝说、表明自己的宗教的真理性。

根据二元论，不同宗教是各自独立的实体，拥有各自的真理，基于各自的力量和局限，坚持没有一个宗教的真理是可以强加于其他宗教的。但根据它本身的理解，每一个宗教都坚持自己的真理是正确的，各自独立的局面的形成是因为自己的力量不够。一旦有足够的力量，自然就会将自己的宗教真理强加给其他宗教。二元论是不稳定的，因为它最终导致一元论。在二元论模式下，宗教之间的对话往往无法真诚，对话仅仅只是策略。

潘尼卡认为，一元论和二元论的对话都不是理想的对话，只有不二论的对话才是最理想的、真正的宗教对话。不二论的对话实质是承认各方都是独立的实体，都是不可被替代的他者。每个对话实体都可以为其他对话实体提供自己的新内容。

我们分析雷蒙·潘尼卡的对话类型，可以看出其核心问题是**宗教他者**问题。历史上，由于人类的沟通方式受制于空间和时间因素，不同文化和信仰之间的互动远远不及当今社会。有的宗教之间在很多个世纪内彼此几乎一无所知。它们彼此生活在完全不同的世界，根本不可能发生对峙、沟通之类的问题。但历史上，宗教之间的互动也是时有发生的。比如犹太教和基督教、基督教和伊斯兰教等。但从当今时代来看，历史上的诸宗教对话很多还是缺乏他者意识的，它们之间的关系往往存在很大的张力，甚至冲突。例如，犹太教和基督教之间，基督教和伊斯兰教之间。

但在东方，宗教之间的关系相对要温和得多，极少存在大规模的宗教对峙、冲突的局面。相反，倒是出现彼此尊重和相互学习的局面，例如中国传统中的儒、佛、道之间就是这样。在中国，有些观念可以说非常适合于处理宗教之间的关系，诸如"理一分殊"、"月印万川"、"和而不同"等。在印度文明中，我们也看到了宗教和谐的观念。如印度吠陀经典说，"实在唯一，圣者异名"。①

在处理宗教之间的关系问题上，基督教最为紧迫。这有很多原因。首先，基督教是当今各大世界宗教中人数最多、分布最广、影响最大的一类宗教；其次，西方近现代以来在人类历史上处于优势地位，西方国家在殖民扩展过程中一直和基督教关系密切，基督教需要摆脱其和殖民主义之间的关系；最后，基督教在历史中发展起来的某些教义和教导，在和其他宗教相遇时出现了很多难以处理的现实问题和理论问题。

# 第二节　置换模式下的宗教他者

2002 年天主教神学家保罗·尼特（Paul F. Knitter）出版了《宗教对话模式》。在这部重要的作品中，尼特考察了过去近一个世纪以来基督教和其他宗教之间的关系，得出宗教之间的关系主要有四个类型：置换模式、成全模式、互益模式和接受模式。我们从宗教他者的角度来看看这四个模式处理宗教关系的方式，以深化我们对宗教他者问题的认识，加深对雷蒙·潘尼卡三个宗教关系类型的理解，从而为我们独立地开拓宗教他者论的观点提供理论资源。

根据置换模式，真宗教只有一个，宗教对话几乎是不存在的。它本质上只存在宣教，而不是对话。世界的和谐在于世界各个宗教统一在一个宗教之下。

传统基督教认为，教会之外无拯救。一个人要得救就必须皈依基督教，需要参与教会生活，成为一名教会的成员。但它的弊端是很明显的。因为基督教信仰内部非常复杂，人们归属于不同的教会。而不同的教会传统之间又是不统一的。天主教教会、新教教会、东正教教会，它们都是基督教教会，但它们在历史上曾经彼此不予认同。基于教会的对话会遇到很多难题。

置换模式意味着其他宗派者、其他信仰者需要被置换，接受自己的宗派、自己的信仰。从他者意识的立场看，它是缺乏他者意识的，它把其他宗派、其他信仰者视为有待

---

①　参见《梨俱吠陀》I：164：46.

被转化者，他们原来的宗派、信仰被视为没有意义和价值。

尼特认为置换模式分为两类，一类是整体置换，另一类是部分置换。整体置换意味着以一种信仰完全取代另一种信仰，不再可能从原来的信仰中继承和学习什么有用的东西。例如，卡尔·巴特（Karl Barth）就认为，宗教就是不信，没有一种宗教是真的，从根本上说，一切宗教都是人为的，都应该放弃。在他成熟的神学中，发展出来了四个"唯独"：唯独恩典、唯独信仰、唯独基督、唯独《圣经》。

卡尔·巴特首先断定一切宗教都是假的，从人到上帝的努力，全都没有意义。但他又坚持基督教的特殊性。因为基督的恩典，让基督教成为真宗教。事实上，在他看来，基督教无形中成了最好的宗教。卡尔·巴特的四个"唯独"不能让人感到其他信仰中有值得学习的地方。

卡尔·巴特有他者意识，但他的他者意识不是对其他宗教的意识，而是他所谈的信仰之对象即上帝的意识。显然，如果具有其他信仰的人放弃自己的信仰，皈依基督，那么宗教和平自然出现。这里的宗教和平，不是宗教之间的和平，而是只有一种宗教的和平。更确切地说，是信仰基督而来的和平。

而根据部分置换模式，一种信仰从根本上被置换了，但对于原来的信仰可以有所继承。就基督教神学而言，其他宗教中有启示，但没有拯救。

在置换模式下，基督教缺乏他者意识，其他宗教的真理性被否定。基督教和其他宗教之间不存在对话关系，其他宗教信仰者除非皈依基督，不然根本不用谈得救。

## 第三节　成全模式下的宗教他者

20世纪全球的新处境让梵蒂冈重新反思自己在当今时代的历史使命和行动方针，最后导致了梵蒂冈的大改革。1962—1965年梵蒂冈召开了第二次大公会议，通过了四个宪章、九个法令、三个宣言及一篇告世界书。天主教从此和现代世界以及其他信仰打开了对话之门。梵蒂冈的这种觉悟精神很大程度上就体现在天主教神学家卡尔·拉纳（Karl Rahner）的神学中。

拉纳指出，不同信仰的人，只要他们真诚地遵循他们的信仰之道，他们同样能够得救，而不一定需要通过基督教会。其中的根据是，基督已经在其他信仰中做工，基督的恩典已经通过其他信仰的道路给了他们。因此，他有一个很特别的理论，认为其他宗教信仰者，只要他们努力探索真理，走在真理的道路上，他们就可以被视为"匿名基督徒"。

匿名基督徒理论是天主教接纳非天主教徒的一种特别方式。这意味着教会之外无拯救的教条被超越了，这本身是了不起的神学发展。但它存在的问题是，根据反身性原则，其他宗教似乎也可以相应地把基督徒视为"匿名佛教徒"、"匿名印度教徒"、"匿名穆斯林"等。在这一意义上，这一似乎被梵蒂冈接受并已经体现在诸多文件中的"实践"的理论并没有建立起真正他者的意识，更没有在更高、更新、更加开放的立场上来解决宗教之间的复杂关系。

从他者立场看，"匿名基督徒"理论只是从基督徒的视界看世界，以兼容的方式把其他信仰者归入自己的信仰世界中。这尽管肯定了其他宗教的他者身份，但却没有肯定其他宗教**真正**的他者意识甚至他者的身份。当一个基督徒听到自己是匿名的佛教徒，甚至把耶稣理解为匿名的佛教徒时，他是无法理解和接受的。同样，一个基督徒把一个儒家人士、一个佛教徒、一个印度教徒理解为匿名基督徒，这一样会让他们难以理解和接受。因为在这一关系中，他者不是根据他者本身来理解的，而是根据一个特殊的宗教自身的教义，加以修改和扩展，将其他信仰的人包容在自己的世界图像中。这或许可以让自己得到理智上的宁静，但却不能让其他信仰者满意。因为这样所理解的他者不是真正的他者，也难以从其他信仰者那里学到什么新东西。

正如解释学所宣称的，自愿理解和希望被理解混合构成了硬币的两面一样，诸宗教间他者意识和身份的真正确立服从于理解和被理解的自身愿望。那些依靠自身中排他论或者排他论的变体来处理自身危机、回应时代的需要和提出理论、定义真理的行为依然隐藏着危险。这种回应行为本身依然会和某种"软暴力"的联想并行。

## 第四节　宗教多元论下的宗教他者

宗教哲学家和神学家约翰·希克把卡尔·巴特视为排他论者，认为上帝的拯救不能只局限于一小部分基督徒那里；而把拉纳的这种匿名基督徒理论视为兼容论。他认为兼容论本质上也是排他论，只是比较委婉而已。约翰·希克本人所倡导的则是宗教多元论（雷蒙·潘尼卡也是宗教多元论者，但他的多元论可以称为不二论）。

约翰·希克认为，一个人的信仰很大程度上是因为出生的偶然性。一般而言，如果你生活在印度的印度教家庭，你就很可能是一个印度教徒；如果你生活在西藏佛教徒家庭，你就可能是一个佛教徒；如果你生活在印度尼西亚的穆斯林家庭，你就可能是一个穆斯林；如果你生活在美国南方的福音派基督徒家庭，你很可能是一个基督徒，等等。

希克无法认同传统基督教神学中关于拯救只局限于基督教中的观念，坚持上帝的爱是普遍的，不同信仰的人都有可能根据各自的信仰道路获得救恩。为此，希克从多个方面论证他的观点，影响巨大，并被视为宗教多元论的代表。

希克认为，轴心时代后世界各大信仰具有一个共同的救赎论结构，即人类的生存从自我中心转向实在中心；各大信仰都具有一致的伦理标准：爱和慈悲；各大信仰从认识论上说，都是对同一终极实在同等有效的回应，不同信仰各自以位格或非位格的方式对这个终极实在作出回应。他说，如果我们以我—它的方式体验终极实在，那么这个终极实在就可能被理解为儒教的天、道教的道、非有神论的印度教的梵、佛教的空；如果我们以我—你的方式体验终极实在，那么这个终极实在就可能被视为犹太教的阿窦尼、基督教的天父上帝、伊斯兰教的真主安拉、有神论的印度教的毗湿奴。

然而，希克的多元论受到了很多的挑战，如来自保守主义的、后自由主义的、后现代的挑战等。而从神学上说，比较神学则是对希克的多元论的一种最新的挑战。

比较神学的代表是克卢尼（Francis X. Clooney）和弗雷德里克（James L. Fredericks）。弗雷德里克认为，排他论、兼容论和希克的多元论都没有正确对待宗教他者。排他论缺乏他者，兼容论扭曲他者，而希克的多元论则是驯服他者。

　　排他论者只有自我意识，对其他人、其他宗教缺乏独立的他者意识，他们认为自己的真理才是真理，其他宗教中没有真理可言，不可能有救恩。对其他宗教信仰者而言，除非他们皈依自己的信仰，否则只能下地狱。兼容论注意到了排他论的缺陷，却要坚持自己的信仰之绝对真理性，具有最后的发言权，但又不能否定其他信仰中的善。它通过转变自己的信仰表达，做出了一定的让步，将其他信仰者融入自己的信仰之中。但这在比较神学看来歪曲了宗教他者。

　　以希克为代表的多元论者则具有驯服宗教他者的嫌疑。希克为了让基督教和其他宗教都符合他所设定的多元论模式，对各个宗教都进行了修订。对基督教而言，为了让它和其他信仰可以对话，可以和平相处，希克对基督教的基本教义进行了改造，将诸如道成肉身的教义加以神话化，把它视为一个隐喻。根据希克的理解，道成肉身不是一个字面真理，而是一个隐喻真理。耶稣的完全神性又是完全的人性也是不可能的。由于基督教基本教义的去神话化，很多基督徒认为希克所谈的基督教就不是他们所理解的基督教了。

　　对于其他宗教，希克也同样根据他的多元论去理解。凡是符合他的多元论模式的，就会得到肯定，如果不符合，就被边缘化，或被排斥，或者加以驯化，使其符合他的多元论模式。

　　弗雷德里克认为希克是在驯服宗教他者，使得包括基督教在内的所有宗教都得符合他的多元论模式。但是，这样的多元论模式无法让各个宗教不受伤害地彼此接受和理解。

　　同样是多元论者的天主教神学家保罗·尼特，在20世纪80年代初提出了以上帝为中心的宗教多元论模式，其观点和希克接近。到了90年代中期，保罗·尼特发展了以生态—人的（eco-human）福祉为中心的对话模式。在这一新的对话模式中，保罗·尼特可以说已经超越了传统的上帝中心的拯救模式。他已经注意到了两个他者，一个是苦难的地球，还有一个是宗教的他者。苦难的地球要求他坚持解放神学的道路，而宗教的他者则要求他坚持宗教多元论。他对宗教他者的理解由于强调对人类生存基本问题的关注，让其在一定程度上避免了很多神学难题。但他同样要面对基本的神学问题，其中基督论问题是一个最基本的问题。

　　在《耶稣和其他的名》（中文版改名为《全球责任与基督信仰》）中，尼特为了坚持他的神学而不得不处理基督论问题。在他的理解中，他对基督中一些涉及基督唯一性方面的难题进行了独特的处理，试图让传统的基督徒可以接受他的多元论。然而，由于保罗·尼特熟悉比较神学和后自由神学，到了20世纪末、21世纪初他已经意识到自己以生态—人的福祉为中心的对话模式并不是唯一合适的。在《诸宗教神学导论》中，他开始倡导基督教内部不同神学需要对话，而基督教和其他信仰之间则强调彼此的合作。这是他的一个转向。

　　比较神学家弗雷德里克等人的宗教对话思想是在排他论、兼容论和多元论基础上发展起来的。但他们事实上反对宏大的理论叙事，认为现在还不是足以建立诸宗教神学的时候。比较神学是一种实践神学，它坚持两个原则，一个是委身于自己所在的信仰传统；另一个是朝宗教的他者开放。

委身自己的信仰是对话的前提。如果没有委身，或者放弃了委身，那么对话就失去了意义；如果只有委身而没有对宗教他者开放，那么这样的信仰可能会封闭自己。在比较神学家弗雷德里克看来，置换论者、排他论者委身于自己的信仰传统，但对宗教的他者没有开放，他们是在否定宗教他者；成全论者、兼容论者委身于自己的信仰传统，但对宗教的他者开放不足，他们是在歪曲宗教他者；多元论者（如希克）委身不足，开放有余，他们是在驯服宗教他者。只有比较论者才能正确处理委身和开放之间的张力。比较论者意识到了委身和开放之间存在一个张力，并主张生活在这一张力之中。因为只有这样才能正确处理宗教他者问题。

由于没有自己特别的宏大叙事理论，比较论者就把重点放在了向他者的学习上。通过进入另一个传统，并根据另一个传统的信仰语言学习，然后返回到自己的传统之中，反思自己的传统，看看这种逾越会如何促进自己信仰的完善和丰满。它的目的不是去批评其他信仰，而是去学习其他信仰；不是皈依其他信仰，而是尊重和拥抱差异。通过比较走向不同信仰共同体之间的友谊和团结。

## 第五节　在宇宙—神—人共融神话中确立宗教他者

基督教对宗教他者的认识，从没有他者意识到有充分的他者意识，这从神学的发展历史看，经历了很长的过程。就对宗教他者的认识而言雷蒙·潘尼卡应该是基督教神学领域的先驱人物。

潘尼卡的父亲是一个和甘地同时代的印度教徒，他的母亲是一个天主教徒，这种独特的信仰背景使得潘尼卡很早就开始反思跨宗教理解的问题。他身处两大传统中，在年轻时需要处理很多文化间的、信仰间的难题。但他是一个天才式的人物，早在年轻时，他就有了一个深刻的洞见，那就是宇宙—神—人共融的直觉（神话）。

根据这一直觉，终极实在是三个维度的，一个是宇宙、一个是人、一个是神。它们不能等同，不能合并，不能通约，但它们彼此不分，共同构成实在。在这一基础上，潘尼卡反思了我们的信仰所经历的过程，宇宙中心的信仰、神中心的信仰和人中心的信仰。如今，我们正走向一个宇宙—神—人共融的信仰。

这种信仰需要具有大地意识。由于宇宙（大地）是独立的一极，我们不能把它视为没有生命的、可以随意控制的对象，如今的生态危机已经向我们表明我们传统的自然观已经不行了。这种信仰具有强烈的他者意识。不同信仰可以被视为一个又一个他者，不同的他者都是独特的，我们不能用我们的意识把他者纳入我们的意识范围。我们和他者的关系是一种对话的关系，用潘尼卡的话说，我们和他者的对话是一种对话的对话的关系。

不同信仰就是不同的他者。由于不同信仰都是独特的他者，我们需要通过持续的对话才能彼此沟通和相互受益。对话是一场"冒险"，但正是这持续的冒险性对话才使得我们不断成长和圆满。

潘尼卡对对话进行了彻底的反思，完成了他的重要著作《不可回避的对话：诸宗教的相遇》。在这部著作中，潘尼卡讨论了宗教对话的必要性、开放性、内在性、语言性、政治性、神秘性、宗教性、整体性、未完成性。对于潘尼卡来说，我们人类已经走向历史的终结，我们的历史神话已经过去，需要一种新的神话，这个神话就是他所说的宇宙—神—人共融的神话。在这个神话中，我们能充分意识到他者的独立性，他者是我们认识自身的镜子。我们不能将他者融入我们的意识图像中，我们不能控制他者。大地是他者，他人是他者，其他宗教和信仰是他者，我们生活在不同他者的极性张力之中。

# 结　　论

宗教对话本质上是人的对话。对话的目的之一是学习和欣赏。学习，不是为了颠覆信仰，而是加强、更新和完善信仰。在这个过程中，宗教他者就是首要的问题。

根据潘尼卡的理解，在实践中，宗教相遇经历了五个凯逻斯阶段：孤立和无知、冷漠和蔑视、拒绝和征服、共存和沟通、占用和对话。其中他者意识是逐步建立和发展起来的。一种宗教越成熟，就越具有他者意识。

或许我们可以认为，正是"他者"的存在，才印证了"我"的存在以及"我"的所有意义。也正是人类对"我"的终极探求和询问，才使得人类不断地要求协作或者自觉地寻求与"他者"的对话。在对话中，我们时而热烈、时而冷漠地拥抱他者，我们紧紧抓住自我存在的意义，在"他者"和"我"的两极之间不断迂回。

宗教对话是复杂的，宗教对话更是多变的。要认识宗教对话的全部内涵、理解宗教对话的全部意义并促进宗教对话的实践，我们必须具备一种大智慧。当然，理论不能为实践提供最后的辩护，实践也不能为理论提供终极的基础。但是，无论对于理论还是实践，我们都需要开放的态度和宽容的胸怀。

唯有与他者真正相遇，我们才能窥见那无穷的奥秘。唯有与他者真正地对话，我们才能真正更新自身。

孔汉思说，没有宗教之间的和平，就没有民族之间的和平；没有宗教之间的对话，就没有宗教之间的和平。我要说：没有宗教之间的对话，就没有宗教之间的和谐；没有充分的宗教他者意识，就没有宗教之间的对话。

愿诸宗教和谐！

# 第三章　基督教面临挑战的拓扑分析

从凯逻斯（kairos）意义上说，基督教自进入希腊化世界开始主要经历了来自希腊哲学、科学、世俗化和其他宗教的挑战。正确应对这些挑战，实质上需要基督教正确处理他者（the other）或他在性（otherness）的问题。我们考察的结果表明，基督教没有比较正确地处理好他者或者他者性的问题。在已经来临的第二轴心时代，基督教只有更好地意识并处理好他者或者他在性问题，才能真正服务这个世界。

## 第一节　基督教与希腊哲学：利用及问题

在原始基督教①信仰时代，信徒体认耶稣是弥赛亚。不过，他们对耶稣的信仰完全建立在犹太传统基础之上。但是，当福音传向希腊化世界之后，基督教开始利用希腊哲学思想尝试建构新的世界关系图像。

如果说对基督教最终成功进入希腊化世界起决定作用的人是保罗，那么可以说，保罗在将基督教传向希腊化地区的过程中，就已经根据自己的理解勾勒出了一幅崭新的世界关系图像。根据《圣经》② 记载，保罗宣称："世人都犯了罪，亏缺了神的荣耀；如今却蒙神的恩典，因耶稣基督的救赎，就白白地称义。"（《罗马书》3：23-24）根据他的理解，世上的每一个人都是罪人并处于上帝的愤怒之下，耶稣基督则为了把人从罪恶中拯救出来而甘愿受死。人必须认罪并通过信仰基督而得到拯救。这样，人与这个世界的关系问题实质上变成了人与基督之间的信仰关系问题。历史事实证明，如何建立人与基督之间的关系也是传统基督教信仰主要关注的问题之一。

如果说，保罗神学是传统基督教信仰大厦的一块基石，那么支撑起这座信仰大厦的另一块重要基石就是《约翰福音》。正如美国《圣经》学者霍华德·克拉克·基（Howard Clark Kee）所说："每一位《新约》作者都在不同程度上或多或少地修改了传统，用以保留他自己的文化内涵、见解和价值。"③与同观福音的叙事方式不同，《约翰福音》的作者在此修改了有关耶稣的历史材料，用以达到自己用希腊文化理解耶稣的目的。他一开始就宣称："太初有道（word），道与神同在，道就是神。"（《约翰福音》1：1）他把耶稣基督和希腊哲学概念"逻各斯"（logos）结合在一起，耶稣成了"逻各

---

① 这里指公元70年以前的基督教信仰。

② 本章所引《圣经》经文出自中文新标点合和本，其中冒号前后数字分别代表第几章和第几节。同时参看 Kenneth Barker *The Reflecting God Study Bible*. Michigan：Zondervan, 2000. 下同。

③ Howard Clark Kee. *Understanding the New Testament*. New Jersey：Prentice Hall, 1993：77.

斯"，即道成肉身的上帝。

从一定意义上说，保罗神学和《约翰福音》奠定了传统基督教的神学基础。但是需要指出的是保罗和《约翰福音》对耶稣的理解当时并没有得到人们完全的认同。公元1世纪末2世纪初，希腊社会流行的各种思想对保罗神学和耶稣道成肉身的质疑形成了对基督教的巨大挑战。

公元2世纪初出现的一种被称为伊便尼派（Ebionism）的学说认为耶稣只在身份上是上帝之子，他是人不是神。与此同时，基督幻影说（Docetism）则相信基督的肉身只是一个幻影，因此道成肉身不可能真正发生。产生于公元1世纪，约在公元135—160年发展到顶峰的诺斯替教（Gnosticism）否认上帝在《旧约》中的启示并拒绝承认《新约》所启示出来的道成肉身。

这些思想从某种意义上说是人们对基督信仰的认真思考，但客观上给基督教带来的挑战曾一度使基督教会中的一些人意识到基督教能否在希腊化地区生存下来，很大程度上取决于教会如何应对这些挑战。基于这种认识，教会中有人开始系统地将基督教的基本信仰表达出来，并做出了详尽的解释。到了公元2世纪，教会已发展出《使徒信经》，教会组织也日益严密起来。到了公元2世纪的最后30年，教会开始自称为大公教会，同时标准的信经和权威的正典也确立起来了。

公元1世纪末2世纪初的基督教会已完全进入了希腊社会，此时的基督教迫切需要把希腊哲学和基督教信仰结合在一起，以期巩固自己的信仰地位。以殉道者查斯丁（Justinus Martyr）等人为代表的护教士们利用柏拉图主义的思想，就耶稣的神人二性和道成肉身等问题与持不同意见者展开了著名的三一论和基督论之争。出生于北非迦太基的神学家圣奥古斯丁（St. Augustine）最终把基督教信仰和经他利用、改造过的新柏拉图主义的形式糅合在一起，制定出了传统基督教的基本教义。长期以来，很多基督徒坚信上帝创造世界、上帝道成肉身为基督、耶稣基督是三位一体的唯一救世主、上帝的一切只通过耶稣基督启示出来。事实证明圣奥古斯丁对三位一体教义的论证奠定了教会一千多年的神学基础。

如此，经希腊文化浸润的基督教正统神学把保罗勾画的基督信仰图景精致化了，并形成了以上帝创世—人之堕落—基督的救赎—末世的审判为基本线索的神话故事。可以说，这是自保罗以来的基督教神学家面对希腊文化的挑战，建构出来的一个精美的宏大叙事。它似乎将希腊哲学思想成功地糅合进了基督教信仰，以后的传统主流基督教神学将沿着保罗神学的道路发展下去。但是，我们必须看到这种新的基督教神学思想已经是神学家们改造、利用希腊哲学的形式，以基督教信仰为核心的一种综合物。圣奥古斯丁和中世纪的托马斯·阿奎那（St. Thomas Aquinas）就是这样确立并阐释正统基督教教义的。

根据主流基督教神学的信仰图景，基督信仰之外无拯救，甚至教会之外也无救恩，人们既不可能在基督教之外找到信仰空间，也不可能凭借理性找到真理和光明，因为真理和光明只体现在基督教信仰中。显然，主流基督教的这一教义具有明显的排他性，难以平等处理与诸多他者之间的关系。正统基督教基本教义的形成过程十分复杂，在某种程度上说，基督教是通过长期斗争，最终依靠其在政治上的绝对优势才战胜其他各种不同思想的，尽管它对三位一体教义的解释无法令人满意。

基督教在希腊化过程中对待希腊哲学思想的态度在某种程度上说是很成问题的。基督教正统教义的形成过程表明基督教在处理它与希腊哲学的关系问题上并没有把希腊哲学视为独立的他者，二者之间存在的关系实质上不是吸收与被吸收的关系，而是利用与被利用的关系。当基督教成为罗马帝国的国教之后，它就开始大肆排除异己，凡是违背正统教义的学说都会受到排斥和压制。历史事实表明基督教难以平等地对待他者。这一点在基督教应对科学的挑战中表现得更加突出。

## 第二节　基督教与科学：对峙还是调和

中世纪传统基督教坚持信仰之外无救恩，一切真理都启示在基督信仰里。它拒斥各种不符合信仰的理性探索和诉求，人们的一切思想和活动都不能偏离信仰一丝一毫，否则就会受到严厉的惩罚。因此，13 世纪以来由于西方近现代科学研究受到基督教神学世界观的束缚，人们从事科学研究的目的基本上只是证明信仰的正确性。在这漫长的几百年间，人们对自然知识的追求往往只是从属于神学事业。例如，13 世纪的罗杰尔·培根（Roger Bacon）认为数学可以帮助人们理解《圣经》，对数学的研究在他看来只不过是为了装备基督教会。14 世纪的让·布里丹（Jean Buridan）和尼古拉·奥雷斯谟（Nicole Uresme）认为地球有可能绕轴自转，但是他们的目的在于证明人的理性和经验不能决定一些最基本的问题，因此人们不能依赖理性去判断信仰。①但是，1543 年哥白尼的《天体运行论》一书的出版改变了这种情况，从此以后，近现代科学开始了摆脱传统基督教神学世界观束缚的漫长旅程。哥白尼反对托勒密的地心说，并提出了日心说，在自然事物方面向教会权威进行公开挑战。哥白尼之后的开普勒、伽利略更是推进了这一革命性的挑战教会权威的进程。牛顿发展了开普勒和伽利略的科学成果，建立了系统的古典力学，有力地驳斥了教会对哥白尼学说的否定。17—19 世纪近现代实验科学发展迅速，基于实验科学的机械论自然观否定了上帝安排一切的天命神学，直接导致了哲学和宗教观上的无神论思想的产生，对基督教传统的神学世界观构成了严峻挑战。

另外，在自然科学方面，法国哲学家和科学家笛卡儿首先提出了天体演化理论，他认为宇宙是按力学规律运动发展出来的产物，否定了诸如上帝创世之类的说教。德国哲学家康德和法国科学家拉普拉斯提出了天体演化的星云假说，消除了上帝创世的作用。19 世纪，达尔文的生物进化论以其丰富的实证和科学的推理在社会上引起了巨大反响，从一定意义上否定了基督教关于上帝创造人类和整个世界的神话。

17—19 世纪基督教和科学之间的关系发生了很大变化，自然神论、唯物主义和不可知论等思想都对传统基督教神学构成了很大威胁。如前所述，哥白尼的日心说天文学基本上否定了基督教神学家们过去视为理所当然的宇宙图景。人们可能会抛弃原先的宇宙论，重新构造一个新的宇宙论，这对传统基督教来说无疑是一个巨大挑战。18 世纪末，特别是在法国，自然哲学家们对神学的干预置之不理，他们认为人类问题的解决应

---

① 约翰·H. 布鲁克. 科学与宗教. 苏贤贵，译. 上海：复旦大学出版社，2000：59-63.

该依靠人类自己的努力，无需基督教会的干预。德国哲学家康德认为对上帝存在的客观证明是不可能的，神学仅限于道德领域，这一理论使科学最终脱离了基督教的窠臼。

科学的发展导致基督教神学发生了变化。19 世纪达尔文的生物进化论矛头直接指向传统基督教神学的基本教义，这促使神学家们开始意识到基督教神学如果要生存下去，就必须改变自己的形式。例如，当时的"神学解剖学"认为实施解剖有助于更充分地揭示神的技艺。

19—20 世纪，历史科学开始反思宗教信仰问题。以奥地利著名心理学家弗洛伊德为代表的科学家认为，人类必须学会在上帝缺席的情况下生活。根据弗洛伊德的理论，人类无需被宗教解放，而是必须从宗教中解放出来。宗教不可能赋予人生任何价值。

总之，科学在西方的发展进程中，首先是作为验证基督教的正确性和服务于基督教的手段而出现的。英国后现代宗教哲学家唐·库比特认为："'科学'一词直到 19 世纪初才具有了其现代意义。"①但是，随着科学手段的不断改进，科学发现的不断更新，科学作为最初手段的意义发生了根本性转化。在科学的意义不断转化乃至革命的进程中，科学作为文明的要素之一成为相对于基督教的一个独立的"他者"。这个"他者"打破了基督教的创造神话，动摇了传统基督教教义的根基。事实上，科学的发展强大过程从某种程度上说也是传统基督教教义不断受到科学挑战的过程。但是，面对科学的挑战，基督教一直没有采取正确的态度。

对于科学这个他者，基督教一开始就采取压制的态度。当科学的探索与其教义相左，抑或基督教意识到某种科学理论可能对宗教信仰形成威胁或带来挑战时，基督教对科学总是采取排斥的态度。中世纪的基督教会设立宗教裁判所，把许多进步的思想家和科学家当做异端处死就是基督教采用强硬手段拒斥科学探索的典型例子。直到今天，持这一立场的一些基督教基要派人士仍然坚持认为《圣经》无谬误，耶稣的神性不可怀疑，他替人赎罪，死而复活，将来一定"肉身再临"。基督教基要派学者拒斥达尔文的进化论，认为它只不过是"伪科学"，真正的科学蕴涵在《圣经》之中。坚持这一立场的基督教基要派实际上把基督教与科学完全对立起来了。这种态度不利于基督教的健康发展。

尽管如此，我们还是看到了在基督教与科学的冲突过程中，以基督教名义建构起来的诸多宇宙论在科学的理论面前被迫退缩，让位于科学。除了以上提到的排他论之外，另外还有以下两种关系模式：

### 1. 分离论

持这一立场的人认为基督教与科学完全是独立的，它们各自有自己的目标、对象和方法。它们各有各的理论，"井水不犯河水"。

新正统派神学家卡尔·巴特是持这一观点的代表人物。在他看来，神学处理的是上帝在基督里的自我启示；存在主义者，如尼采、萨特等人则认为宗教与科学领域存在明显的区别；语言分析哲学家维特根斯坦则主张神学和科学是完全不同的语言活动，它们

---

① Don Cupitt. *The Worlds of Science & Religion*. New York：Hawthorn，1976：6.

既不会相互作用，也不会相互冲突。20 世纪最有影响的新教神学家保罗·蒂利希（Paul Tillich）认为科学的最新发展不应该用来证明宗教信仰的真理，因为宗教真理和科学真理是截然不同的。

### 2. 对话论

与上述观点不同，有相当一部分人认为宗教与科学之间是相互关联、相互依存并相互作用的，二者有展开对话的空间，而非完全对立或彼此不相干。宗教和科学之间应该互相学习，取长补短。

英国牛津大学教授约翰·霍顿（John Horton）认为如果我们变换思考问题的角度，重新思考上帝与宇宙的关系，科学家就可以把上帝视为"第五度空间"。事实上，霍顿认为，科学与宗教在方法上是一致的，科学探索和宗教信仰是统一的。唐·库比特把宗教与科学的关系做了一个浪漫的类比，他说："科学和宗教之间的关系犹如大人与小孩之间的关系；也好像是现代科学工业世界与旧世界之间的关系……宗教与科学二者之间的区别并不十分明显，因此它们可以肩并肩地坐在一起，无需争吵不休。"①在上述关系模式中，排他论和分离论拒绝承认科学平等的他者身份，对话论从某种意义上说已经把科学与宗教视为相互独立的他者，提倡二者展开对话，比较有利于基督教正确处理它与科学的关系问题。

基督教能否积极面对科学的挑战，关系到它未来的命运。如今，人们在处理基督教与科学之间的关系问题上仍然存在如下的情况：有些保守的基督教派别或神学家看到了科学的发展给基督教神学理论带来的威胁，但从情感上又难以接受这一挑战。于是，不惜采用歪曲、利用的手法力图把科学纳入神学体系之中，要求人们皈依基督教。这种现象表明，某些基督教教派仍然没有正确地面对科学的挑战，没有把科学视为完全独立、平等的他者。

事实上，面对科学的挑战，如果传统基督教能够认真进行神学思想上的反省，积极发展新的符合时代需求的神学，而不是歪曲利用，阻碍科学的发展，基督教就可能具有强大的生命力。然而，事与愿违，我们看到的是，传统基督教神学不仅没有处理好与作为他者的科学之间的关系，在处理它与社会世俗化的关系方面，它又被迫面临新一轮的挑战。

## 第三节　基督教与世俗化：走向世俗化还是回归传统

1962 年 10 月，第二届梵蒂冈公会议第一次会议在罗马的圣彼得大教堂开幕。教皇约翰二十三世（John XXIII）在这次大公会议中批准通过了 16 项文件。其中不少文件在确定教会发展的新方向上具有重大意义。它与 16 世纪的特兰托公会议以来一直统治罗马天主教神学的那种教会形象大相径庭。这次会议适当修正了"教皇永无谬误"的传统信条，并在救赎论和末世论问题上改变了传统主张，号召整个教会要认识到人类事务

---

① Don Cupitt, *The Worlds of Science & Religion*. New York：Hawthorn，1976：6.

的合法的自主性，要投身于自己"在尘世的使命"，去建设地上之国。① 此外，它还提倡开辟基督教神学本土化、多元化的发展道路，提倡神学参与讨论人自身以及与人类社会密切相关的各种社会问题。

"梵二会议"标志着天主教开始走向开放革新，但事实上，它遭到了捍卫传统的保守势力的激烈反对，甚至有人公开与教廷分庭抗礼。例如，法国大主教勒费弗尔（M. Lefevre）就坚决反对"梵二会议"神学，强烈要求天主教会重新回归传统教义。这两个事件引发了许多复杂的疑问：是什么力量促使"梵二会议"进行这样的改革？从 16 世纪一直沿袭至今的教会基督教信条是否完全过时陈腐？"梵二会议"神学能否在教会实际的日常生活中被付诸实施？"梵二会议"是教会的一个起点还是一个终点？

追根溯源，上述问题实际上牵涉到的是传统基督教与当今社会世俗化的关系问题。② 社会的世俗化进程开始于近代的政教分离政策。马丁·路德·金（Martin Luther King）发起的宗教改革明确反对教皇对世俗事务的控制，主张世俗事务应由世俗政权管理。1787 年美国首次以国家宪章立法的形式规定了政教分离原则，社会世俗化进程加快。另外，18 世纪在欧洲兴起的启蒙运动在哲学、艺术和思想文化领域都掀起了一种高扬人性、赞美理性和现世的世俗化浪潮，人们的注意力从来世转向了现世，由彼岸转向了此岸，更多地关注此世和人的生活。20 世纪末，物质主义和消费主义甚嚣尘上，加速了社会世俗化的步伐。21 世纪社会的世俗化趋向更向纵深发展。

随着经济全球化进程加快，随之引起的政治多极化和文化多元化也日益明显。再加上高新科技的迅速发展，现代社会的发展呈现出多元化趋势。面对如此迅速的社会发展，传统基督教被迅速卷入了社会现代化的变革之中，面临如此巨大的挑战，传统基督教神学不得不改变自身面貌，以适应现代社会的迅速发展。

一些思想比较自由的基督教派别已经意识到了这一问题，它们开始积极地关注并参与世俗社会的各项事务，以图在世俗社会维持它们的作用和影响。在不否定基本信仰的前提下，基督教开始更多地关注这个世界的现实问题并寻求共同解决问题的办法。它们更多地承担社会福利事业。有些神学家甚至积极倡导基督教徒与其他社会各界人士一起关注这个地球的苦难，美国著名的天主教神学家保罗·尼特意识到"我们必须辨别什么东西能够在共同的关切和行动中把我们团结起来共同面对我们众生及地球的苦难"。③

在西方，基督教走向世俗化的趋势日益明显。在英国，保留基督教信仰身份的人仍然不在少数，但是进教堂做礼拜的基督徒在其中所占的比例已经下降到了现在的不足 3%，并且还有继续下降的趋势。针对这种情况，我们看到基督教内部已经开始有限度地修正部分旧的神学思想了。

---

① 詹姆斯·C. 利文斯顿. 现代基督教思想. 何光沪, 译. 成都：四川人民出版社, 2003：991.
② 关于世俗化的定义，当前学术界看法不一。本章参考了贝格尔的看法，即认为世俗化指的是社会和文化的一部分摆脱宗教制度和宗教象征控制的过程，人们越来越少地依靠宗教来理解世界和个人的生活。
③ 保罗·尼特. 一个地球，多种宗教. 王志成，思竹，王红梅，译. 北京：宗教文化出版社, 2003：93.

但是，这并不是基督教适应社会世俗化的总趋势。由于世俗化的变革改变了固有的信仰传统，势必损害到教会传统体制的既得利益者。于是，与基督教自由主义神学主动适应现代社会、走向世俗化的趋势相反，基督教基要派反对世俗化进程，以神圣的名义坚持和维护古老的传统。

在西方，基督教基要派人士坚持认为《圣经》是唯一的权威，《圣经》无谬误，相信个人因信得救。他们把传统教义信仰总结为五条"基本要道"，不仅反对《圣经》批评、世俗人道主义和进化论，而且在社会政治问题上与马克思主义和社会主义针锋相对。基督教基要派对20世纪六七十年代出现的各种世俗化现象均激烈反对，把这些现象说成是背叛上帝和破坏道德的行为，并表示他们决不宽容这种世俗化现象。在当代，基督教基要派已经在一些国家发展成为一支非常重要的政治力量。

从以上分析可以看出，基督教基要派不能积极面对现当代社会日益世俗化的挑战。世俗化是当今世界的总趋势，相对于基督教来说，可以视之为独立的他在性（otherness）。但是，基督教基要派不愿意主动顺应社会的世俗化，害怕失去既得利益（包括物质利益和精神利益），对种种世俗化现象加以抨击、排斥，这种态度是很成问题的。正是因为传统基督教神学不能平等地对待作为他在性的世俗化问题，没有处理好与世俗化的关系，所以导致了在当今社会日益世俗化的过程中，基督教在处理它与其他宗教的关系中存在很多难题。

## 第四节　基督教与其他宗教：对抗还是对话

在人类历史上由于宗教信仰不同而引起的不同信仰群体之间的矛盾、冲突，甚至激烈的宗教战争屡见不鲜。20世纪发生的两次世界大战以及后来发生的两伊战争、震惊世界的"9.11"事件以及美国同伊拉克一系列的政治和战争冲突等，实际上都或多或少与不同信仰和民族对立有关。

不同宗教群体或社会群体之间的对立冲突实际上都可以归属于不同利益群体之间的冲突和宗教观念之间的分歧。它通常表现为不同群体执著地追求自己的信仰和信念。当不同信仰背后牵涉到有形的利益冲突，而任何一方又都坚持自己的信仰和信念是唯一的神圣真理时，这种矛盾就会激化，彼此难以认同对方，矛盾不可调和，导致战争冲突发生。但是使用武力往往并不能从根本上消除这种矛盾冲突。

在人类社会日益全球化和世俗化的今天，由于高科技的发展，过去隔离的状态已经结束，代之以不同民族、不同文化和信仰等之间的面对面接触，甚至彼此利益唇齿相依。不同信仰群体之间的沟通对话，成为每个信仰群体生存与发展的基本要求。我们只有行动起来，充分尊重他者，确立起他者的身份，共同促进世界和平，才能消除不同信仰群体之间的误解和仇恨，更好地实践和发展自己的信仰。

或许在今天，不同的宗教都已经看到了宗教对话的必要性，但是真正有效的宗教对话与充分尊重他者、完全确立起他者身份密切相关。反观过去近一个世纪的变迁，通过基督教对它与其他宗教之间的关系的处理可以看出，它对待作为他者的其他宗教的态度已经经历了如下几个凯逻斯阶段：

### 1. 排他论：拒斥他者

基督教传统的主流神学认为上帝创造世界、耶稣是童贞女所生，他完全的神性不可怀疑；耶稣为救赎人类而甘愿牺牲生命，死后肉体复活；将来必定肉身再临。耶稣基督是唯一的救世主，上帝的启示就在耶稣基督那里。许多基督徒都坚信只有耶稣基督才是唯一的真理，只有通过耶稣基督才能获得救赎。根据这样的信仰图景，其他宗教没有真理，没有启示，也就没有光明。据此，基督教拒绝承认其他宗教是一个独立的他者，也就不能平等地处理彼此之间的关系。新教神学家卡尔·巴特是持这一立场的典型代表。他明确宣称唯独依靠恩典、唯独依靠信仰、唯独依靠基督、唯独依靠《圣经》，我们才能得救。显然，拒斥其他宗教作为他者的排他论不可能进行真正有效的宗教对话。

### 2. 兼容论：包容他者

天主教神学家卡尔·拉纳和梵二会议神学认为拯救归于耶稣基督。其他宗教中的真理、启示的最后根源来自耶稣基督，而不是其他。这种处理基督教与其他宗教的关系在神学上被称为兼容论。

根据兼容论，各个宗教都有好的和善的地方，都有上帝的启示，但在基督教中这种启示最完满。不论耶稣基督在其他宗教中是否得到完全的认可，他仍然在其他宗教中做工。兼容论充分肯定了其他宗教之中也有真理和启示，在一定意义上说，它承认了其他宗教的他者身份，但是，这种认可并不彻底。

### 3. 多元论：驯服他者

宗教多元论是继排他论和兼容论之后兴起的一种重要的处理宗教之间关系的理论。目前，多元论具有诸多形态。约翰·希克是当代宗教多元论的理论代表。他严厉批评了宗教排他论和兼容论，认为它们在理论上不成立。希克认为不管是有神论宗教还是非有神论宗教，本质上都是以实在为中心的（Reality-centered）。基于这样的认识，希克提出了宗教多元论。他认为有一个终极实在者，超越一切语言范畴和二元论，我们不能谈论它。但这个实在者也临在于我们人类，人类会以不同的方式对这一临在作出回应。

希克的多元论看到了各个宗教共同的救赎论结构，尊重各个宗教，承认其他宗教的他者身份。但是过程神学家和哲学家约翰·科布（John Cobb）认为终极实在可以有多个；[1] 雷蒙·潘尼卡也批评希克，说他没有真正意识到独立的他者。[2]

---

① 科布关于终极实在有多个看法，参看第二轴心时代博客：http://chinasaa.bokee.com/2615554.html，2005-08-17.

② 雷蒙·潘尼卡. 看不见的和谐. 王志成，思竹，译. 北京：宗教文化出版社，2005：107-109.

**4. 比较论：接受他者**

究竟该如何处理基督教与其他宗教之间的关系？从巴特的排他论到拉纳的兼容论，再到希克的多元论都无法让大多数人接受，因为要进行成功有效的宗教对话，就必须完全平等地确立起作为他者的其他宗教的身份。人们探索宗教对话理论的进程还在继续。近年来出现了以天主教神学家弗雷德里克和克卢尼为代表的比较神学思潮。他们强调比较论者需要进入另一个或几个宗教，用另一个或几个宗教自身的语言去理解，而不是用基督教的语言和范畴。要真正逾越到其他宗教之中，而不是做旁观者，更不是要强加自己的观念。换言之，人们既应该委身于自己的宗教，又需要向其他宗教开放，进入其他宗教，向其他宗教学习，再返回来丰富自己的宗教信仰。弗雷德里克强调，通过深刻了解其他宗教，基督徒可以从新的视角思考自己的宗教生活。基督徒应该把其他宗教看成是丰富自己的宗教灵性的宝贵资源，而不是威胁，从而与其他信仰的人达到全新的宗教团结。①

比较论者的思想和前面三种理论相比，可能是一种比较合理的处理基督教与其他宗教关系的模式，因为它呼吁人们在委身信仰的同时，充分尊重他者，比较好地确立起了作为独立他者的其他宗教的身份。通过完全开放自己，主动向其他宗教学习，达到丰富自己信仰的目的，也有利于培养起新的宗教间友谊，促进世界和平。

总而言之，面对其他宗教的挑战，传统基督教最终走向对抗还是对话，将直接关系到它未来的命运。但是，严峻的现实是，时至今日，很多基督教信仰者还没有真正意识到有效的宗教对话的意义和价值。传统的主流基督教对待其他宗教的态度，目前看来基本上是排斥他者的，一些比较自由的基督教派别也最多走到了包容他者的阶段。希克驯服他者的多元论思想并没有得到传统基督教主流神学的认可。我们认为，基督教要成功回应来自其他宗教的挑战，首先必须完全确立起其他宗教的他者身份，任何排斥、包容、驯服、扭曲宗教他者的模式、态度事实上都是无视他者的错误态度。这种态度不可能真正处理好基督教与其他宗教之间的关系。

在 21 世纪的今天，人类历史已经进入了一个崭新的时期。世界变化日新月异，一个充满活力的新时代已经来临。传统基督教应该如何面对并适应一种正在来临的新生活？它将如何回应新时代的巨大挑战呢？

## 第五节　基督教与第二轴心时代：保持还是转化

或许生活在不同时代的人都相信自己正处在历史的某个转折点上，但今天我们遇到的问题似乎越来越难处理。传统主流基督教面临的问题也变得不同寻常。自 20 世纪末以来，地球生态灾难、人类的苦难和各文明之间的冲突等成为人类必须共同面对和不可回避的问题。面对这一切，也许我们可以通过反思德国哲学家雅斯贝斯（Karl Jaspers）

---

① James L. Fredericks, *Buddhists and Christians*, Maryknoll, New York: Orbis Books, 2004: 26-29.

所称的"轴心时代"（the Axial Age）得到启示，探索基督教的未来发展趋势。

大约在公元前8世纪至公元前2世纪，在地球的不同区域同时出现了影响人类两千多年文明的主要文化形态。这一时期被认为是"人类精神发生巨大变迁的关键时期。"① 中国的儒家和道家学说、印度的印度教和佛教、以色列的一神论信仰和希腊的哲学理性主义等纷纷出现。一大批宗教界和哲学界的伟大人物在世界上相互隔绝的不同区域涌现出来。如：中国有孔子、老子和庄子等诸子百家；印度有释迦牟尼，古希腊有赫拉克利特、巴门尼德、苏格拉底、柏拉图、亚里士多德等哲人；巴勒斯坦有以利亚、以赛亚、耶利米等先知，在伊朗有祆教的开创者琐罗亚斯德，等等。人们开始关注个体自我的意识和命运，并明显具有自然与超自然相对立的二元论世界观，这标志着人类进入了"轴心时代"。轴心文明产生之后的人类主要生活在发端于轴心时代的宗教和哲学世界里，形成了关于宇宙、世界、自我、人、真理、价值、善等思想观念，同时他们也对自己所生活的世界产生了诸多抱怨和不满。许多人认为人类生活在末世、末法或者卡利（Kali）年代。

人类历史的发展证明有问题就有反思。对轴心文明的反思可以说在西方从哥白尼时代就开始了，而人文主义的发展则表明人的意识在发展和转变。自20世纪末以来，高新科术的飞速发展直接改变了人类的生存状态。20世纪90年代是一个非常特别的年代。特别值得一提的是来自世界各地的人聚集在一起召开了世界宗教会议，通过了《全球伦理宣言》。种种迹象表明我们已经进入了一个全新的时代——第二轴心时代（The Second Axial Age）。

第二轴心时代是全球化的时代、跨文化的时代。发达的交通和通信技术让我们的生活全面全球化。特别是国际互联网技术的发展使世界各地的人们相互之间的沟通不断增强和深化。高新科技的普及和发展直接支配了人们的日常生活。它把世界各国的经济、政治、文化联为一体，把人类社会生活融为一体。女性主义时代悄然来临，生态意识、非实在论意识、后现代意识和生活意识也不断涌现出来。

全球化时代也是雷蒙·潘尼卡所称的"多元论困境"② 的时代。全球化生活给现代人的生存带来了一种前所未有的张力或危机。人们不得不摆脱个体、国家、民族、种族的限制，尝试从一种全球意识出发，立足于全人类的利益考虑问题和采取行动，否则我们将陷入极端危险的处境，很有可能导致全球毁灭。③ 时代的需要促使人们不得不进入相互自觉沟通、对话的时代。当然，人类的诸多旧思想观念也要经受巨大冲击并不得不接受严峻的挑战。

如前所述，传统主流基督教尚未完全处理好它与科学、世俗化和其他宗教等他者和

---

① Karen Armstrong. *The Great Transformation*. Great Britain: Atlantic, 2006.

② 雷蒙·潘尼卡所称的"多元论困境"，也是池田大作所说的"负面重力"。他们发现全球化生活给现代人的生存带来了一种前所未有的张力或危机，生态危机、能源危机、核威慑等都是这种危机的表现。

③ 王志成，段丽萍. 走向第二轴心时代. 北京：宗教文化出版社，2005：2.

他在性的关系问题，就匆匆迈进了 21 世纪。传统基督教需要全面认真地反思并调整自身传统教义，才能在已经来临的第二轴心时代走出一条符合新时代发展的道路。

传统基督教首先需要调整的就是关于耶稣是唯一的拯救之道的宣称。事实上，当基督教在做这种宣称的同时已经否定了其他宗教作为有效的拯救道路的可能性，在全球化的今天，这样的宣称带来了很大的困难，从根本上说不利于世界和平，耶稣基督关于爱的教导将被窒息。

其次，传统基督教神学关于创世、原罪、末世审判和道成肉身等教义并不是什么绝对真理，而是具有历史性的，需要不断得到重新理解和发展，否则就会过时，阻碍社会发展，给人带来痛苦。

事实上基督教神学中的每一个教义都是富有争议的，需要人们反思的。可以说人们所接受的教义都是被传统或权威强化出来的，它们都是可以发展的，并且一些神学家已经开始反思传统的基督教教义了。比如道成肉身的教义并不能被视为字面真理，而只能看成是一种隐喻真理。这一教义如果不能得到比较合理的理解和解释，就会给世界带来灾难而不是爱。宗教哲学家约翰·希克认为道成肉身只是一种隐喻；雷蒙·潘尼卡则把它提升到了不伤害其他信仰的高度。他认为我们每一个人都是道成肉身的神，作为神的我们与上帝同一，换句话说我们是上帝的形象。① 另外，基督教的原罪观念、实在论的上帝观等在新时代也开始面临挑战。基督教里有些神学家认为原罪观念并不是基督教神学必需的观念，他们的神学不倾向于原罪观念；一些后现代神学家则强调上帝的非实在性，强调当下的生活，认为基督教实在论的上帝观已经给信徒带来了很多灾难性的问题。

到目前为止，虽然部分神学家和宗教哲学家已经对传统基督教进行了深刻的反思，但是尚处在轴心时代信仰语言系统之中的主流基督信仰神学由于种种原因，还没有实质性的发展，远远跟不上社会的发展形势。在第二轴心时代，传统基督信仰神学需要继续探索处理它与其他信仰之间关系的模式，完全确立起他者身份，从其他宗教文化或世俗文化中汲取营养，在真正意义上和其他文化展开深度对话，才能走上健康发展的道路。

神学不是永恒的，它是不同时代人们对自身信仰的反思和表达。在第二轴心时代，传统基督教只有全面深入地反思自身，大胆改革和进一步发展自身，走自由开放、对话的创造性发展道路，最终才能实现自身的轴心式转变，为新时代的发展和世界和平作出贡献。

# 结　　论

时光匆匆，当人类历史迈入 21 世纪之际，我们迎来了第二轴心时代，一种新的生活方式正在悄然产生。传统基督教神学已经面临极大的挑战。事实上，基督教信仰界的

---

① 雷蒙·潘尼 . 人的圆满 . 王志成，译 . 北京：宗教文化出版社，2006：24-26.

有识之士已经意识到本章所涉及的种种挑战，并主动地反思基督教的基本教义以适应新的世界环境，以使基督教可以继续服务于这个脆弱的世界。在轴心时代意识向第二轴心时代意识的转化过程中，我们可以寄希望于传统基督教能够主动地进行自我转化，成为新时代和平和爱的力量。

# 第四章　《摩罗迦小经》与宗教对话

　　《中部经典》第六十三经《摩罗迦小经》是佛教的一部重要典籍，它相应于汉译《中阿含经》第二二一经《箭喻经第十》。该经的重要性是多方面的。在经中，尊者摩罗迦（Malunkyaputta，又译鬘童子）是一个好思好问的人，他自己不能解决自己心意中的问题，佛陀则帮他超越了这样的难题。对摩罗迦来说，他解决的是一个生存论问题，而对广大佛教徒来说，摩罗迦的问题是一个非常实在的问题，佛陀的处理艺术为他们提供了重要的参考。随着时间的推移，不同信仰之间的相遇日益频繁，《摩罗迦小经》对于处理宗教之间的关系也同样具有重要的意义。事实上，一些西方神学家和宗教哲学家就从该经中汲取营养，促进了宗教之间的对话。

## 第一节　《摩罗迦小经》文本分析

　　该经不长，大致内容如下。

　　（1）摩罗迦的疑虑。摩罗迦独自禅思，引出了一系列形而上学的问题，也就是无记。它们包括：世间有常（世界恒常存在吗？）；世间无常（世界不恒常存在吗？）；世间有边（世界有边际吗？）；世间无边（世界无边际吗？）；命是身（灵魂与肉身是同一的吗？）；命异身异（灵魂与肉身不是同一的吗？）；如来死后有（如来死后还存在吗？）；如来死后无（如来死后不存在了吗？）；如来死后有无（如来死后既存在又不存在吗？）；如来死后非有非无（如来死后既非存在又非不存在吗？）。摩罗迦认为这些问题很重要，他希望从佛陀那里得到答案，并确定这些问题对他自己是否具有特别的重要性。如果佛陀不能予以回答，他要责难他、离开他，不再师事他。

　　（2）摩罗迦的质疑。摩罗迦前往佛陀那里，询问了上述问题，并提出了自己的立场，要求佛陀知道就知道，不知道就承认不知道。

　　（3）佛陀的反问。佛陀反问摩罗迦，摩罗迦皈依他之初是否以回答这些问题为前提。摩罗迦予以否定。

　　（4）佛陀的呵责。由于摩罗迦皈依佛门不是以回答这些问题为前提，因此摩罗迦接受了佛陀的教诲。

　　（5）佛陀的教训。佛陀指出如果有人坚持要回答这些问题，那么他至死也得不到答案，因为佛陀不会回答这些问题。对此，佛陀通过箭喻来教化摩罗迦。一个中了毒箭的人首要的是接受治疗，而非探讨和回答一些关于射箭者的状态、箭的构造和质料等问题。如果以弄清这些问题为接受治疗的前提，那么不等他明白，就已经死了。类似的，佛陀为了帮助人脱离苦海，达到觉悟，不会回答诸如世界有无边际的问题。

（6）佛陀的开示。佛陀之所以不回答这些问题，是因为这些问题的任何一种可能的回答都无法避免生、老、病、死、忧、悲、懊恼，而佛陀关注的是灭苦之道。

佛陀进一步区分了两类问题：应置答的问题和置而不答的问题。他觉得前者是有意义的问题，后者是没有意义的问题。衡量有没有意义的标准在于是否认清五蕴的真相、去执灭苦、断除贪爱、涅槃寂静、开发解脱慧。佛教徒应该接受佛陀的教导。

《摩罗迦小经》篇幅很短，但论述得非常精彩。摩罗迦和佛陀的形象栩栩如生，它让我们看到了一个试图通过理性思辨达到解决人生大问题（基本的形而上学问题）的尊者形象，也看到了一个如何把形而上学问题转向解脱问题的觉悟者佛陀的形象。

《摩罗迦小经》是一个记叙性文本，也是一个完整的报道，可以让读者身临其境，体验到摩罗迦的困惑和佛陀的智慧。

很多佛经的文本构成形式都是相似的。除了可以从文本本身获得一些佛教的道理之外，对于不少经文，我们还可以结合不同时代的处境以及当下的处境，从中挖掘出新的意义来。在我看来，《摩罗迦小经》在处理形而上学问题上的艺术对于当今佛教处理内部关系以及处理它与其他宗教（本文主要涉及基督教）的关系具有重要的启发意义。

# 第二节　《摩罗迦小经》与形而上学问题

这篇短短的经文反映了一个重要的问题：佛陀的历史使命和形而上学之间的关系问题。

在经文中，摩罗迦的问题当然是他心意中的问题，而这些心意中的问题都是一些形而上学问题。它们涉及一些基本的哲学问题，主要有存在与非存在、有限与无限、身心合一、人（佛）死后是否续存的问题。严格来说，这样的问题至今我们也很难真正说清楚。近代哲学家伊曼努尔·康德在《纯粹理性批判》中研究了一些基本的形而上学问题，结果他得出了一组二律背反的命题。①

在古代，人们同样很难真正回答这样的问题。很多回答都只能通过神话的语言表达人们对一些形而上学问题的理解。在《摩罗迦小经》中，摩罗迦却是一个好玄思的修行者，他尝试通过哲学性的玄思达到对人类基本问题的解答。然而，这些都是他苦思冥想也无法解决的问题。

这些形而上学问题如何能有一个明确的答案呢？显然的，任何一种可能的答案都是理性的推理、心意的想象。我们如何可能去探讨世界的有限还是无限？如果我们说世界是有限的，那么这个世界在我们的意识范围之内。如果说世界是无限的，那么世界还是在我们的意识范围之内。如果世界的有限和无限都发生在人的意识领域，那么人自身如何可能跳出自我的意识？康德的探讨结果是，我们在理性范围内不可能明确得出世界是有限和无限的结论，我们的探讨只能导致二律背反。

后现代哲学告诉我们，传统形而上学所探讨的问题的核心是实在论的问题，换言之，形而上学要探讨世界的本质或实在，这个本质或实在在我们之外独立存在着。在希

---

① 参见康德．纯粹理性批判．邓晓芒，译．北京：人民出版社，2004.

腊哲学家柏拉图那里，这个实在就是相（理念）。根据柏拉图主义传统，我们要去追求这个相。我们的生活意义在于超越我们这个物质世界，进入相的世界。但是，对于早期佛教来说，佛陀强调的并不是另一个世界，他是非常经验主义的，他具有强烈的亲证意识。正如格文达喇嘛（Lama Govinda）所言：

> 使人受惠的不是信仰（就接受特定教条的意义而言），而是变化的实体意识，只有在我们还没有体验到它时，实体对我们来说才是形而上学的……从外表看（作为一种体系），佛教是形而上学；从内部看（作为实体的一种形式），它是经验论［主义］。①

换言之，佛陀对事物的认识，主要不是依靠理性的推理、心意的想象，而是基于他的实际经验。

然而，摩罗迦提出的那些形而上学问题，全都是他个人玄思的结果，并且他在这些问题上无法找到答案，这让他非常痛苦。佛陀超越了这些形而上学问题，已经不受其困扰。

佛陀如何超越这些形而上学问题的呢？佛陀自己已经作了回答。他走的是中道。在佛陀看来，一切都是缘起的，不可能存在永久的自我。他避免了走两端：常见和断见。摩罗迦显然陷入了两端并且难以摆脱。理智的痛苦非常闹心，以致他对佛陀提出了不合理的要求：如果佛陀不能回答他的问题，他就要求佛陀承认自己不知道，并且他要离开佛陀。佛陀面对这样的形而上学问题，不是沿着摩罗迦的路子，继续探索下去，而是转变思维方式。

佛陀的基本方法是，用经验论超越形而上学。我们已经说过，形而上学问题是心意中制造的问题，在心意之内是无法得到最终解决的，它或者终止于一个信仰的预设，或者陷入其中没有出路，或者找到一条经验主义的出路。佛陀没有把这样的问题终止在信仰上，也没有陷入形而上学的泥潭不能自拔，而是跳出形而上学问题本身，通过一种经验的亲证，让形而上学问题自动消失。就佛陀而言，他坚持万物的缘起，走中间道路，避免陷入形而上学的困扰。在教导摩罗迦时，佛陀直接避开了形而上学问题，并告诉他作为一个生活在苦难中的人应该关注的不是一些无关其解脱的问题。就如一个人被毒箭射中，他首要的问题不是去探讨、弄明白射箭之人的姓名、长相、身材的高矮胖瘦、肤色、出身、居住地，不是去探明射箭者所用的弓的材质，也不是去弄清楚捆绑弓杆所用的索的质料。如果要弄明白再治疗，他就会被毒死。同样的，一个人如果一直执著于一些形而上学问题，那么他就不可能达到解脱。

从这里可以看出，佛陀对待形而上学问题，显然是回避的，然而，他回避的理由是非常实用主义的。佛陀反问摩罗迦，他来跟随佛陀难道是基于这些问题的解决吗？摩罗迦承认不是。如果不是，那么摩罗迦执著于这些形而上学问题不是偏离其目的了吗？

---

① 拉·莫阿卡宁. 荣格心理学与西藏佛教. 江亦丽，罗照辉，译. 北京：商务印书馆，1996：77-78.

佛陀说了，他的使命是让人离苦得乐。实用主义一定是经验主义的。经验主义一定是远离形而上学的。然而，一般人的经验和佛陀的经验也是有差别的。一般人容易拘泥于一般性的经验，还不够大胆。佛陀则非常大胆，他不仅摆脱了恒常的灵魂问题，而且用比喻表达了深刻的经验主义。例如，在回答婆蹉种（Vacchagotta）关于真如死亡的问题时，佛陀认为这个问题超越了婆蹉种的理解力，而他的经验又不能抵达。为了让婆蹉种理解真如死后存在或者不存在的问题是一个非法的问题，他通过一个例子进行了说明。

> 佛陀接着说道："婆蹉种，我现在问你几个问题，你可以随意回答我。婆蹉种，倘若有人在你面前生火，你会看到并且知道'这火正在我面前燃烧着这个事实，对吗？'"婆蹉种回答道："对！"佛陀问道："婆蹉种，如果有人问你'在你面前这堆火依靠什么而能继续燃烧？'，你会如何回答他？"婆蹉种回答道："乔达摩，我会如实回答他说：'这火之所以能够继续燃烧，是靠着不断添加薪草。'"佛陀问道："婆蹉种，如果这火在你面前熄灭了，你也能清楚看到并且知道它熄灭了，对吧？"婆蹉种回答道："对！"佛陀问道："婆蹉种，那么如果有人问你说：'那在你面前熄灭的火去了哪里？去了东方？去了西方？去了南方？去了北方？'，你会如何回答他？"婆蹉种回答道："乔达摩，在这个场合，'熄灭的火去了哪里？'的问法不恰当。那火能继续燃烧，乃是因为有薪草为燃料。当燃料耗尽，无所依凭，火就熄灭了；说它去了东方、西方、南方、北方……乃至任何地方，都是错误的说法。"[①]

我们知道，火熄灭了，谈论火去了四个方向的任何一个都是非法的。同样的，真如死后，谈论真如死后存在或者不存在都是非法的。就这样，佛陀把形而上学问题转化成了经验问题。通过实用主义，避免了形而上学问题。佛陀通过箭喻告诉摩罗迦，解脱才是根本。那些形而上学问题和解脱无关，属于置而不答的问题，可以不予理睬。

## 第三节 《摩罗迦小经》与佛教内对话

摩罗迦和佛陀之间的对话是佛教中典型的弟子和师父之间的对话。很多佛经都很有意义，也很有影响。在我看来，《摩罗迦小经》就是其中之一。

在这一经中，核心的问题就是佛教如何处理形而上学问题。佛陀通过箭喻表达了佛陀的一贯主张，我们没有必要把精力放在一些属于置而不答的形而上学问题上。因为那些问题都无助于认清"五蕴的真相、去执灭苦、断除爱欲、涅槃寂静、开发解脱慧"[②]。

摩罗迦和佛陀之间的对话，在我看来是佛教内对话的一个典范，它为佛教内的对话

---

① 转译自《中阿含经》第 221 经。
② 转译自《杂阿含经》第 962 经。

提供了很多有益的启发。

在任何一个大的宗教传统中，都会出现很多小的传统或亚传统，甚至亚传统本身就是一个巨大的传统。在佛教内部，有很多小的传统，它们之间的差别很大，彼此的差异也可能影响彼此的关系。在《摩罗迦小经》中，摩罗迦因为形而上学问题，指出，如果佛陀不能回答他的问题，他要出言"责难他，并且离开他，不再师事他"。同样的，在传统内部，不同宗派之间可能在一些形而上学问题上立场不同，会彼此批评对方，攻击对方，甚至彼此对峙，成为宗教内关系难以处理好的根源。例如，小乘佛教和大乘佛教之间区别很大，藏传佛教和大小乘佛教之间区别很大，密宗和显宗之间区别很大。

在处理佛教内诸传统之间关系的问题上，我们有很多的问题需要妥善处理，其中涉及的一个问题就是彼此对形而上学问题的理解的差异。佛陀本人是采取宗教实用主义立场来对待形而上学问题的。事实上，对于形而上学问题，不可能在人们之间达成一致看法。因为，我们已经说过，它基于人的有限经验和理性推论，它们都是心意中的问题。它们本质上和人的解脱之间不是必要的，更不是充要的关系。我们可以持有不同的形而上学立场，却都可以走解脱之路。在佛陀看来，我们没有必要让这些问题阻碍我们对世界苦难的意识，它们不能阻碍我们走向解脱之路。佛陀没有去否定我们是否需要形而上学，而是回避这些问题。佛陀这一行为本身也是中道。

基于此，后来佛教中发展起来了诸多亚传统，它们之间在形而上学问题上的争论不应该成为彼此对峙的理由。在佛教中，有著名的"三法印"，就是"无常、无我和涅槃"，但在实际生活中，我们看到佛教并不真正强调"无我"。并且，不同人或宗派对于"无我"的解释也不尽相同。显然，不少人相信"有我"。在佛教中，如果"有我"和"无我"问题不能达成一致，我们是否就自然走向佛教的分裂或彼此对峙？

佛陀提出了"无我"说，但人们的理解为什么不一样？为什么甚至在很多高僧那里也是不同的？理由难道不在于人的具体经验和理性推论吗？面对佛教内部的不同立场和观点，我们持什么立场？特别是面对不同宗派的不同形而上学立场，尤其是在"有我"和"无我"立场上的差异，需要彼此否定吗？需要走向分裂吗？甚至需要对抗吗？①

如果我们接受佛陀的宗教实用主义，那么我们就不会把问题的重点落在彼此所持有的形而上学观念上，而是立足于我们的当下经验，把重点落实在我们如何摆脱苦难上，也就是如何达到解脱上。我们可以对自我有不同的理解和解释，但我们还是属于佛教大家庭。我们不会也没有必要在"我"的问题上达成统一的看法。事实上，这是不可能的。在佛教中，开始时，在佛陀那里，人们对"无我"的理解应该是比较统一的，但即便如此，其中的僧人也一样疑虑，并和佛陀讨论。摩罗迦反思了不知多少时间，不知那些形而上学问题让他经历了多少心理的痛苦，不然他不会对佛陀发狠话，如果佛陀不能回答他的问题，他就要离开他。恰恰形而上学的问题，对他也是存在论的问题，只是佛陀将解决问题的方法进行了转化。

---

① 对原始佛教中"无我"说的详细分析，可以参见郭良鋆. 佛陀和原始佛教思想. 北京：中国社会科学出版社，1997：182-191.

如果是这样，佛教内部不同宗派之间对待一些形而上学问题有不同看法是正常的，也是可以接受的，只是我们不要被这些所谓的形而上学的答案所迷惑，更不要被它们之间的差异所迷惑。我们需要把重点放在佛陀所关注的解脱上。如果是这样，那么佛教中不同宗派之间的对话就比较容易，并且能够达成很多共识。还有，不同宗派之间可以形成丰富性和统一性的结合。丰富性就是不同宗派之间的差异性，统一性就是不同宗派都关注人的生命，关注人从苦难中摆脱出来，关注人的解脱。

在禅宗中，我们不需要谈论实在论意义上的西天，也不会突出自我（灵魂），但在净土宗中，人们所理解的西天基本上是实在论的，并且突出个体自我（灵魂）。禅宗和净土宗都是佛教中的宗派，它们在佛教中各自有效。如果你是属于禅宗的，你没有必要去否定净土宗；同样，如果你属于净土宗，也没有必要去批判禅宗。禅宗和净土宗以各自不同的方式帮助人们摆脱痛苦，走向觉悟。

所以，《摩罗迦小经》对于佛教内部不同宗派之间的关系的处理是有借鉴意义的。它的核心信息就是突出佛陀的宗教实用主义，突出解脱中心而非具有广泛差异的并且不可能具有最后答案的形而上学问题。佛教内的对话意味着以佛陀的解脱为中心，避免形而上学的困扰，从而在对话中形成一和多的统一。

## 第四节　《摩罗迦小经》与佛耶对话

佛教是一个强调智慧的宗教，也是一个强调实用主义的宗教，它在不同地区会根据不同地区的特征发展出相应的佛教形式。在全球化的今天，佛教和世界各大宗教之间的关系更加紧密了。自阿育王（Asoka）时期开始，佛教就朝全球化方向发展，到了20世纪下半叶，佛教真正实现了全球化。在此背景下，如何处理佛教和其他宗教之间的关系不仅具有重要的理论意义，更具有重要的现实意义。在传统西方一神教传统处理宗教间关系的空间中，佛教为处理彼此的关系提供了全新的视角和有益资源。这里不准备更多地展开探讨佛教和其他宗教之间的关系，而是就《摩罗迦小经》和佛耶对话问题做点探讨。

前面已经论述到，《摩罗迦小经》的实质是佛教如何对待形而上学问题。佛陀采取的是宗教实用主义立场。那么佛陀对待形而上学问题的实用主义立场对处理佛教和基督教的关系有什么意义？

在基督教中，宗教哲学家和神学家约翰·希克在他著名的吉福德演讲（1989年以《宗教之解释》为名出版）中，就特别地关注了《摩罗迦小经》。在第19章"神话、奥秘与未得回答的问题"中，希克分析了这个文本，并指出佛陀关注解脱，而不让一些未得回答的问题，也就是形而上学问题，影响一个人走向解脱的道路。在吉福德演讲中，希克仅仅分析了该《摩罗迦小经》文本，还没有实质性的研究。他肯定了佛陀关注解脱的重要性。[①] 在比较通俗的著作《第五维度》中，希克几乎重复了吉福德演讲

---

① 参见希克. 宗教之解释. 王志成，译. 成都：四川人民出版社，1998：400-405.

中的内容。① 吉福德演讲之后他撰写的一篇论文中也同样讨论了《摩罗迦小经》。② 由此可见，希克对于《摩罗迦小经》的高度关注，同时也可以看到，一个基督教神学家从佛教中学到的处理基督教问题的艺术：我们不需要执著于那些形而上学问题，它们和得救或者解脱没有直接关系。

希克研究《摩罗迦小经》，是为了从佛教中学到一点处理基督教中难题的艺术。但他还没有太多地讨论《摩罗迦小经》对于处理宗教之间关系的意义。事实上，谈论这一点并不困难。

我们认为，佛陀对于形而上学问题的回避在佛耶对话中同样重要。例如，佛教对一些基本问题的看法和基督教不同，但这并不应该成为影响彼此和平相处的理由，相反，彼此的差异在不少地方是可以互补的。基督教中没有的或者没有得到足够强调的，在佛教中可能得到充分发展，反之亦然。在宗教相遇中，我们可以逾越到对方宗教中，并用对方的概念来理解。然后，回到自己的信仰传统中。如果在对话中，对于一些形而上学问题太过于执著，那么我们就很难从对方那里学到有用的东西，我们就会习惯于否定对方。佛陀提出回避形而上学问题，把重点落实到宗教的关键点上，即得救或者解脱上。如果是这样，彼此即便有很不一样的形而上学看法也没有关系。最终，在不同信仰之间实现了一和多的统一。

基督教本身就是一个巨大的传统，其中包含三大亚传统：天主教、东正教和新教。事实上，在某种意义上，这三个亚传统就是三个大传统。它们之间就需要彼此对话，在对话中同样需要避免形而上学问题的争论，因为越争论，它们就越不可能有共同的答案。在基督教传统中，不管是道成肉身、三位一体，还是二性论，在历史上这些神学形而上学问题一直争论不休。它们完全可以通过逾越到佛教中，向佛教学习。可以通过和佛教对话，接受佛陀这一智慧，将其用来处理基督教内部各个传统之间的关系。

宗教之间的抵触很多，我们需要弄明白它们之间抵触的原因是什么。通过向佛陀学习不关注形而上学问题，而是把时间和精力放在宗教的根本目的上，这样不仅避免了很多浪费，而且避免了彼此因为在形而上学问题上的差异所带来的张力。人生有限，我们需要把精力放在最重要的地方。

通过研究《摩罗迦小经》，我们可以在佛教经典中找到一个对佛教本身以及对基督教，还有对佛教和基督教之间的关系处理具有积极的影响和智慧的资源。它向我们提供了一种生活的艺术。毫无疑问，《摩罗迦小经》在这个信息无限丰富的时代，在这个全球化时代，为处理佛教和基督教之间的关系带来了新的启发。

同样的，我们正进入卡曾斯（Ewert H. Cousins）等人所说的第二轴心时代（the Second Axial Age），我们的意识需要进行不同程度的转化，需要从个体意识转向全球意识。③ 在这一转化中，我们看到不同宗教，特别是佛教和基督教，具有大量形而上学的因素，我们很可能被这些形而上学因素所束缚，而《摩罗迦小经》则让我们可以避免

---

① 参见希克. 第五维度. 王志成，思竹，译. 成都：四川人民出版社；2000：302-305.

② John Hick. *Disputed Questions*. New Haven：Yale University Press, 1993：105-118.

③ Ewert H. Cousins. *Christ of the 21st Century*, Element, Inc. 1992：1-14.

形而上学的负担，甚至形而上学的恐怖。① 我们可以说，《摩罗迦小经》的智慧是减负剂。在我看来，《摩罗迦小经》甚至对于我们各个宗教顺利走向第二轴心时代都是重要的精神资源。

# 结　论

在从轴心文明转向第二轴心文明的过程中，各个宗教都面临对自身和他者的重新认识。我们需要多种因素来推进第二轴心文明的到来和发展。而在佛教以及基督教自身传统中就具备不少智慧资源。佛教《摩罗迦小经》就是一个特别的"礼物"。它能让我们摆脱形而上学的局限，让我们更多地转向具体的实践，摆脱哲学中所说的本质主义的陷阱，从而可以让佛教自身更健康地发展，还能更有效地推进佛耶对话。

---

① 参见柯拉柯夫斯基. 形而上学的恐怖. 唐少杰，等，译. 上海：上海三联书店，1999.

# 第五章　基督信仰和儒家信仰的对话关系
## ——对蒋庆观点的批判

在如何处理中国儒家和其他文化（本章主要讨论基督教）的关系问题上，很多学者（历史上的和当代的）做过大量的反思。由于信仰背景、文化差异、个人选择、历史现实等原因，人们提出了多种解释性和实践性的理论。我也曾经就基督信仰和儒家信仰的关系做过类型学的分析，本章重点批判和反思当代儒家的重要研究者和实践者蒋庆先生的观点，在此基础上进一步提出一种新的基督信仰和儒家信仰的对话关系。

## 第一节　蒋庆对基督信仰和中国文化（儒家）之关系的理解

蒋庆是当代儒家研究和实践中最重要的人物之一。他生于 1953 年，字勿恤，号盘山叟。出生金筑，祖籍沛丰。主要著作有《公羊学引论》、《以善致善》（合著）和《政治儒学——当代儒学的转向、特质与发展》等。他关于基督信仰和中国文化（主要是儒家，下同）的关系之论述主要体现在《政治儒学——当代儒学的转向、特质与发展》一书第五章第二节中。

蒋庆对儒家完全认同，主张儒教救国、治国。他的立场异常坚定，对儒家的理解具有"复古"特点。他相信儒教中有永恒的东西。他差不多成了中国文化保守派的代表，显然，他也自然而然成了很多批评者的批评对象。

在基督信仰和中国文化关系的问题上，蒋庆是一个冲突论者。他说："基督信仰传到中国后，就一直同中国文化处于紧张的冲突状态。尽管许多热诚的西方传教士与真诚信仰基督的中国人都力图消除它，但他们的努力顶多只能使这种紧张冲突有所缓和，即他们顶多只能做到使基督信仰与中国文化在表面上能够和睦相处，相互尊重，而二者在根源处的紧张冲突则依然存在。"① 他说学界谈会通融合的人多，谈不能会通融合的人少，而他本人则要提醒学界两者之间为什么不能会通融合以及如何处理两者的关系。

蒋庆从三个角度论述了基督信仰和中国文化不能会通融合：历史文化、民族精神和生命选择。关于历史文化，蒋庆说，任何信仰都具有历史性和文化性，我们无法接受基督信仰是超越历史文化的绝对信仰和普遍真理，也无法接受基督信仰可以超历史地传播和被接受。他坚持认为："基督信仰不能超越历史文化而存在，基督信仰本身就是历史

---

① 蒋庆. 政治儒学——当代儒学的转向、特质与发展. 北京：生活·读书·新知三联书店，2003：416.

文化的一种表现，在世界上不可能有离开历史文化的基督信仰。"① 首先，基督信仰不是人类有史以来就存在的，而是人类历史发展到某一阶段的结果。其次，基督信仰不能超越历史文化。换言之，基督信仰是一种历史文化中的信仰，它不能超越特定的历史文化而存在，其本身就是历史文化用以表现普遍真理的一种形式。虽然基督信仰是人类心灵对普遍真理和终极价值的体认，但历史文化的独特性与有限性决定了这种体认只能通过有限的、相对的特定历史文化来体现。他的结论是：当基督信仰进入中国时不可避免地要遭到中国文化的阻碍。他认为，只要历史不终结，只要基督信仰以一种历史文化的形式出现，基督信仰和中国文化的紧张冲突就不会消失，彼此会通融合是不可能的。②

关于民族精神，他说基督信仰和中国文化相遇时各自表现为一种民族精神，基督信仰必然同代表中国文化的民族精神处于高度的紧张冲突状态，主要是和儒家信仰的紧张冲突状态。这种紧张冲突不只是两种生命信仰的紧张冲突，同时也是两种民族精神的紧张冲突。他认为，生命信仰的紧张冲突可以通过个人改宗得到解决，但民族精神的紧张冲突则不能通过民族的改宗得到解决。这是因为民族精神是民族的灵魂，是民族存在的标志，如果改宗了，就等于民族消失了，这是最不道德的事。他坚持每一个民族都有一样的权利，基督信仰和儒家信仰所表现出来的民族精神都是合理的，只能相互谅解、彼此尊重，不能彼此取代。他认为，基督信仰应该尊重儒家信仰在中国的特殊历史地位，帮助儒家成为中国的民族精神（归位）。他的理由是，上帝必不灭亡中国文化，必不毁灭中华民族的民族精神，以不忍之心恢复上帝的创造物正是每一个上帝子民的应尽责任。③

在生命选择上，蒋庆说，个人有权决定自己个体的生命信仰，但无权决定整个民族的生命信仰。民族的生命是历史文化的产物，有一个神圣的源头，将会万古不息地沿继下去。任何民族中的成员都无权截断这一民族的生命之流，而只有维护这一生命之流的义务。因此，基督信仰在中国只能作为中国人个体的生命信仰，不能作为中华民族的生命信仰，中国人只能以个人名义接受基督教，不能以民族的名义接受基督教。未来中国的民族生命永远建立在儒家文化的基础上。儒家文化的复兴不是需要不需要和能不能的问题，而是民族觉悟与时间早晚的问题。对于基督信仰和儒家信仰，个体对它们只能选择其中之一，不能同时忠诚。否则只能是无尽的内心焦虑和冲突。④

最后，在基督信仰和中国文化的关系问题上，蒋庆的结论是：彼此的冲突是永恒的。任何融合的道路都是走不通的。在如何处理彼此关系的问题上，不是通融二者，而是厘清二者的分际，划定二者的范围，使二者各守其分，不能相互逾越，更不能彼此侵

---

① 蒋庆．政治儒学——当代儒学的转向、特质与发展．北京：生活·读书·新知三联书店，2003：417.

② 蒋庆．政治儒学——当代儒学的转向、特质与发展．北京：生活·读书·新知三联书店，2003：422.

③ 蒋庆．政治儒学——当代儒学的转向、特质与发展．北京：生活·读书·新知三联书店，2003：429.

④ 蒋庆．政治儒学——当代儒学的转向、特质与发展．北京：生活·读书·新知三联书店，2003：433.

夺。在此基础上，使得二者能够相互宽容、相互尊重，长期和睦相处。①

## 第二节　关于蒋庆处理基督教和中国文化
## （儒家）之关系的文本批评

蒋庆关于基督信仰与中国文化关系问题的论述很清楚地向我们表明：基督信仰和儒家信仰是彼此冲突的。尽管在一个注释中他明确肯定彼此吸收对方营养是可能的，但二者的关系无论如何都不可能是融合关系，而只能是对立和冲突的关系。换言之，蒋庆在基督信仰和儒家信仰的关系问题上是一个冲突论者。

在对他的冲突论进行新的反思和批判之前，让我们先对他论述二者关系问题中的一些细节加以考察。

《政治儒学——当代儒学的转向、特质与发展》第 418 页说道："……人类注定是历史文化中的存在，从上帝把人驱出伊甸园的那一天起，人就开始了历史文化的纪元。"我觉得蒋庆的这一表达方式是有问题的，如果接受我们人类的历史从驱出伊甸园开始这样的话语，我们就已经陷入了基督教神学话语，这是没有历史根据的，更没有科学根据。我们无法具体知道人类历史的开端。我认为，蒋庆的这一表达是不够严肃的。

《政治儒学——当代儒学的转向、特质与发展》第 419 页说道："耶稣必然要通过玛利亚受孕变成拿撒勒的木匠耶稣，必然要学习犹太律法，必然要反抗世俗政权，最后必然要走向十字架。"耶稣一般被视为木匠的儿子，而不是说耶稣是木匠。这里蒋庆使用了四个"必然"，我要问的是，这四个"必然"是"必然"吗？为什么不可以理解为四个偶然呢？按照蒋庆的思路分析，《圣经》中发生的一切都是"必然"，都是上帝的安排。例如，彼得三次不认主，犹大出卖耶稣等。而关于玛利亚受孕，这是传统基要派和福音派基督徒所接受的，自由派基督徒以及其他一些教派的基督徒显然不会把玛利亚受孕视为一个事实，最多视为一个隐喻或者神话。如果我们接受太多的"必然"，那么我们不得不感到《圣经》里的一切都是上帝自导自演的独角戏。

《政治儒学——当代儒学的转向、特质与发展》第 419 页说道："……这种绝对超越的普遍真理只有上帝才知道，这对有限的人类存在来说是没有意义的。即使我们可以通过启示来把握普遍的真理，但接受启示的人已经是具体历史文化中的人了，这种启示已经具有了历史文化的性质。"问题是，蒋庆如何知道只有上帝才知道普遍真理？什么是普遍真理？那些超越了历史文化的真理就是普遍真理？什么是超越了历史文化的真理？数学真理是不是超越了历史文化的真理？它难道依赖于历史文化？一般地说，自然科学中的真理似乎和人文社科中谈的所谓受制于历史文化的真理是很不一样的。如果是一个大众的基要派或福音派的基督徒，他/她会接受《圣经》是启示出来的，每一个字都是对的，是上帝的话。在他/她心中，这启示是不能被扭曲也不会被扭曲的，不太可能接受蒋庆的历史文化制约论。启示就是启示。但对于有的自由派基督徒来说，蒋庆的

---

① 蒋庆. 政治儒学——当代儒学的转向、特质与发展. 北京：生活·读书·新知三联书店，2003：435-436.

说法是可以被接受的。因此，我们要知道谁可以接受蒋庆的观点。

《政治儒学——当代儒学的转向、特质与发展》第 420 页说道："……如果没有犹太文化，我们至今就不会知道上帝；如果没有基督教文化，我们至今就不会知道基督；如果没有印度文化，我们至今就不会知道大梵；如果没有中国儒家文化，我们至今就不会知道天道。"关于蒋庆的这一理解，我觉得也存在问题。传统上，对犹太人来说，上帝是没有名字的，也没有上帝一词。用中文来说，他们称他们的神为耶和华或者雅威。希伯来文中的弥赛亚一词的希腊文表达方式是基督一词。基督徒称他们的神为天父。这个天父是三位一体的，耶稣被视为上帝道成肉身，是三位一体的第二位格的肉身化。从历史的观点看，三位一体观念、道成肉身观念等都是教父时代提出的，并非直接见于《圣经》。显然，这是一种文化创造。它们的出现是偶然的。

《政治儒学——当代儒学的转向、特质与发展》第 425 页说道："……（各民族会继续存在下去），从宗教来看，特别是从基督教来看，笔者认为这是上帝的密意，也许上帝创造了不同的民族正是希望通过这些民族来完成其创造历史的计划。"我认为，蒋庆在这里陷入了神秘主义，从学术上看不太可能得到肯定。

《政治儒学——当代儒学的转向、特质与发展》第 425 页说道："……由于民族精神要受到具体的民族性的限制，当两种民族精神相遇时必然会造成紧张与冲突（尽管这两种民族精神在根源处都体现了绝对超越的生命真理）。"我认为，两种民族精神相遇并非都表现为冲突，也可以是互补的。就民族之间的冲突而言，可能其中的利益冲突比观念的冲突要强大得多。当然，人们也会利用观念的冲突为利益冲突作辩护。

《政治儒学——当代儒学的转向、特质与发展》第 425 页说道："……（基督信仰应该尊重儒家……）这是因为上帝必不灭亡中国文化，必不毁灭中华民族的民族精神，以不忍之心恢复上帝的创造物正是每一个上帝子民的应尽责任。"蒋庆在这里谈到了基督教神学，而非世俗大学里的那种严格学术，也谈不上是儒家话语。

从有限文本分析，蒋庆在论述基督信仰和中国文化的关系时，对儒家的理解有余，但对基督信仰的理解不足，不能说他把握到了基督信仰的实质，他也不太了解基督信仰的现状，例如基督信仰在当代欧洲普遍衰落的状态。

## 第三节　对蒋庆关于基督信仰和中国文化<br>（儒家）之冲突论的批判（一）

基督信仰和儒家信仰之间的关系可以从历史的角度考察。著名的天主教神学家孔汉思在《中国宗教与基督教》① 一书中已经先于很多人系统反思了基督教和中国文化的关系范式。

孔汉思说，基督教和中国文化之间的关系经历了若干模式。这些模式包括：外面的同化、信仰的混合、不同层次的互补、传教士的冲突、"文化帝国主义"、反传教、外

---

① 秦家懿，孔汉思. 中国宗教与基督教. 吴华，译. 北京：生活·读书·新知三联书店，1990.

来宗教的本土化。① 显然的，蒋庆从儒家的立场出发，也从当前儒家的现实处境出发，认为首先要让儒家"立"起来。但在处理基督信仰和儒家的关系上，他不认同它们之间具有对话的空间，认为它们是完全不同的话语系统。他从历史文化、民族精神和生命选择三个角度分析，认为基督信仰和儒家信仰是对立的，不存在融合的可能。

蒋庆的分析让我意识到他的冲突论和当代后自由主义的观点之关系。根据林贝克②的后自由主义理论，我们理解宗教信仰有三条进路：认知-命题主义的、经验-表现主义的和文化-语言学的。他认为认知-命题主义的方法已经过时，只能存在于一些保守的教条主义者那里，经验-表现主义还很有力量，但在大学的学科研究中，这种方法已经过时。他个人倡导文化-语言学的研究方法。根据他的理解，不同宗教信仰就是不同的文化-语言学系统。它们各自独立，彼此具有不可通约性。企图通过对话找到彼此共同的东西是不可能也是不必要的。对话不是为了达成共识，而是为了分清彼此的界限。宗教如一套规则系统，是有其作用范围和空间的，不能越出自己的范围。在某种意义上，后自由主义的对话不同于自由主义的对话。林贝克的宗教研究和神学研究被视为是保守的，但保守的不一定是不好的，也会存在一定的合理性。

蒋庆的信仰冲突论和林贝克的文化语言学方法之间似乎存在一些共通性，即基督信仰和儒家信仰是两个不同的信仰系统，它们之间是不可通约的。因此，通过对话达到某种一致或找到某种共同的本质是不可能的。它们不能相互混淆。所需要做的是，彼此尊重，只要做到彼此尊重就可以很好地相处。

但是，林贝克并不认为不同的文化-语言学系统一定是冲突的，而是说它们属于不同的系统。它们各自在自己的文化-语言学系统中发挥作用。这里不是冲突的问题。林贝克强调对话，但他的对话并不是像传统的自由主义神学家那样，要对自己的教义进行修订，也不会去干预其他文化-语言学系统（其他宗教系统）。如果把不同的文化-语言学系统放在一起，则会引起混乱。而蒋庆认为，它们一定是冲突的。

这里有一个问题，人们是否可以自由进入两套或两套以上的文化-语言学系统。从现实来看，这是可能的。在中国，儒家、佛教和道教是三套话语系统，对有的人来说，可以自由出入这三套话语系统，而不会引起林贝克理论所谈的混乱，也不会引起蒋庆所说的冲突。蒋庆要说的冲突是指基督信仰和儒家信仰之间的冲突，而不是儒家、佛教和道教之间的冲突。但我们应该知道，佛教来自印度，是异质的文化-语言学系统。蒋庆为什么不像他分析基督信仰和儒家的关系那样去分析佛教信仰和儒家之间的关系呢？如果愿意，我们套用蒋庆的逻辑也可以得出佛教信仰和儒家信仰之间是冲突的，不能融合。事实上，儒家和佛教在中国文化中可以彼此相异地存在和融合。问题是，基督信仰和儒家信仰的关系能不能像佛教信仰和儒家信仰的关系一样？

在处理佛教和儒家之关系中，儒家是在发展的，佛教也是在发展的。换言之，彼此

---

① 秦家懿，孔汉思．中国宗教与基督教．吴华，译．北京：生活·读书·新知三联书店，1990：208-231.

② 林贝克．教义的本质——后自由主义时代中的宗教与神学．王志成，译．香港：汉语基督教文化研究所，1997.

是一个不断互动的、转化性的过程，从先秦儒家到宋明儒家不是一种发展吗？儒家面对不同的异质文化，它自身不是在不断发展吗？因此在我看来，儒家信仰和基督信仰的关系不应该像林贝克那样认为的是两个不同的文化-语言学系统，不需要彼此互动。也不能像蒋庆那样，认为基督信仰和儒家信仰是冲突的，不能彼此干涉。从客观上说，干涉或影响已经存在，并且关系很密切。

## 第四节　对蒋庆关于基督信仰和中国文化<br>（儒家）之冲突论的批判（二）

我们同样发现，蒋庆的信仰冲突论和希克的多元论之间可以做一下比较。希克是当代著名的宗教哲学家。他为了解决不同信仰之间相互抵触的关系，克服相互抵触的状态，提出了多元论假设。

希克在他的吉福德演讲中系统地提出了他的多元论假设。根据这个假设，存在一个终极实在或实在者，这个实在者是超越一切语言和历史的，不能使用任何语言去表达，类似伊曼努尔·康德的物自体。这个终极实在会临在于人，但人不能直接接收和面对这种临在，人不能承受太多实在，只能通过不同文化和信仰去面对这一实在的临在。他发现不同文化和信仰对于终极实在的临在之接收主要有两种方式，人格的和非人格的。以人格的方式接收实在，主要体现为有神论的宗教，以非人格的方式接收实在的临在，主要体现为非有神论的宗教。在接收了实在的临在之后，不同宗教和文化对于这个实在的体验和理解是有差异的，并有不同的称呼。儒家的天在希克看来是非有神论的实在。而基督教的天父上帝则是有神论的实在。由于文化和宗教的差异，人们必然生活在不同的信仰世界中。

希克面临的问题是，如何处理不同宗教和文化之间存在的彼此抵触的教义、信念和理论。从表面上看，很多教义和信念是相互抵触的，如果相遇很可能会发生冲突。为了解释宗教和文化的差异性，希克专门处理了相互抵触的宗教真理宣称问题。

他认为，我们可以在不同层面上处理宗教真理宣称问题。第一是历史层面的，有的相互抵触的宣称是无法证实和证伪的，它们之间的抵触无法消除，只能依赖于彼此宽容；第二是形而上学层面的，例如宇宙是从虚无中创造的还是缘起的。我们可以采取佛陀的智慧，看它们是否促进解脱或自我超越；第三是实在本身的差异，根据多元论假设，我们体验和理解实在本身的两种方式是完全不同的。希克借用康德的认识论解决了这样的难题。

希克认为，儒家信仰和基督信仰都是人类对终极实在同等有效的回应。蒋庆差不多可以认同这一点。他认为儒家信仰和基督信仰以各自的方式表达普遍真理，如果没有具体的文化和历史，我们是不能把握这个普遍真理的。换言之，不可能抽象地把握普遍真理，就如希克的终极实在不能抽象地被把握。

蒋庆认为历史文化、民族精神和生命选择阻碍了不同信仰之间的沟通和融合的可能。基督信仰和儒家信仰是两种不能融合的信仰。它们之间是冲突关系，而非融合关系。然而，这一看法在希克那里是不能被接受的。希克认为不同信仰之间不仅可以沟通和融合，而且在这个全球化时代必须彼此沟通对话，共同促进全人类的和谐与发展。

蒋庆提出的冲突论其实是阻碍论，因为他分析的几个理由是阻碍了基督信仰和儒家信仰之间展开有效对话的理由。如果我们接受不同信仰都是对同一实在同等有效的回应，那么它们之间对人类的拯救性转化就是共同的，且彼此可以分享。

基督信仰和儒家信仰之间的对话和融合，已经成为事实。尽管由于种种原因，基督信仰和儒家信仰之间存在很多的差异、张力，但彼此的对话已经结出不少的果实却是事实。蒋庆认为未来中国的文化之根只能是儒家。我觉得这样的说法存在问题。现实并非像他所说的，而且将来也不可能恢复到他所说的文化形态。类似的，在西方，情况也不是像蒋庆所说的那样。在英国，我们能说英国文化是基督信仰的文化吗？同样，在美国，我们也不能简单地说美国的文化是基督信仰的文化。基督信仰一词是一个历史性词汇，它的存在形式一直在改变。

我的基本看法是，希克是个对话论者，蒋庆是个冲突论者，希克的对话论可以尝试并可以带来实际的效果，而蒋庆的冲突论则增加了不同信仰之间的隔阂，和全球化时代的要求发生抵触，差不多可以被视为反全球化的一种理论。如果说林贝克的后自由主义保守的话，蒋庆的冲突论则更加保守。参照希克的对话论，他的保守依据难以成立。

## 第五节　对蒋庆关于基督信仰和中国文化（儒家）之冲突论的批判（三）

我在一篇论文中尝试探讨儒家和基督教之间的关系。[①] 我不支持优越论（很多基督徒认为基督信仰最为优越，也有的儒家人士认为儒家是最好的）、互补论（儒家和基督信仰相互补充）、冲突论（认为儒家和基督信仰是水火不容的）、化解论（其中一个将另一个化解掉）。在某种程度上我支持比较论。

比较论的理论代表是基督教神学家克卢尼和弗雷德里克。克卢尼擅长基督教和印度教的比较，而弗雷德里克则擅长基督教和佛教的对话。他们都是基督徒，但他们分别进入印度教和佛教，对于不同于自己的话语系统很熟悉。他们如实地学习印度教和佛教，之后又回到基督教自身的传统中；他们通过学习印度教和佛教反过来反思自己的传统，并没有去攻击和否定其他宗教传统。这种逾越行动的结果是，充分意识到了一个完全不同于自己的他者，通过对他者的敞开，反过来丰富了自己的传统。换言之，比较论是这样一种宗教态度：委身于自己的传统，同时向其他信仰开放，是委身和开放的统一。这是一种继排他论（卡尔·巴特）、兼容论（卡尔·拉纳）和多元论（约翰·希克）之后的另一种处理宗教间关系的理论。

根据这种类型学分析，蒋庆的冲突论属于哪种呢？也许很难分类。它在某种意义上接近卡尔·巴特的排他论，而不是克卢尼和弗雷德里克的比较论。比较论具有强烈的他

---

① 王志成. 第二轴心时代与儒耶关系之变迁. 浙江学刊 2007，(6)：55-62.

者意识，而卡尔·巴特对其他宗教缺乏他者意识（他所说的他者不是其他宗教，而是上帝本人。只有上帝才是绝对的他者）。相比之下，蒋庆也是比较缺乏他者意识的，不愿意和其他宗教沟通、互益。但他和卡尔·巴特不同的是：卡尔·巴特受制于他的绝对排他论，否定了一切宗教，不认为各个宗教可以体现普遍真理，而蒋庆则坚持各个宗教以自己的方式表达了普遍真理。只是他考虑到彼此各自受制于历史文化、民族精神和生命选择，断言彼此不能融合、对话。所以，蒋庆缺乏他者意识和卡尔·巴特缺乏他者意识是不同的。从我对他的理解看，儒家在当今处于劣势，不能对话和融合，因为对话和融合的结果不仅不可能对儒家有利，而且可能对儒家很不利。所以，我们不能简单地说蒋庆缺乏他者意识，而更多地要从传统发展、民族精神、生命意义的落实的角度去理解。但不管如何，蒋庆不主张基督信仰和儒家信仰的对话、融合。与比较论者相比，他至少不够重视宗教他者。

不过，我也并不完全同意比较论的观点。因为它可能过于强调他者问题了。在我看来，他者的形成是一个过程，并且不是绝对的。比较论者很自然地会处于委身和开放之间的张力中，对于信仰发展的动力缺乏足够的意识。在我们这个全球化时代，他者的身份已经受到挑战，我们几乎无法完全地将自己的身份固定在某个传统中，相反，我们的身份是不断发展的。

蒋庆在当代却比一般人更深刻地意识到自身身份的确立之重要性，他感受到我们中国人缺乏强烈的身份意识，尤其缺乏儒家身份意识，而这个身份才是中国人真正所需要的身份。在这一点上，我是要肯定他的，但我觉得需要反思在全球化时代，我们的身份是什么。我们能接受一个过去的可能的身份吗？我倾向于认为，我们的身份不是固定的，而是不断发展的。蒋庆同意个人的身份是可以变的，但却认为民族的身份是不变的。我不同意他关于民族身份不变的观点。我认为民族的身份同样是不断发展的。我们的民族认同不是不变的，而是始终处于发展之中。中华民族是一个包容性的民族，它可以不断吸收新的营养。以前，中国没有佛教，但我们接受了来自印度的佛教，并加以发展，它无疑转变着中国的民族身份；我们接纳了马克思主义后，我们的民族身份继续发展；我们也坦然接受并发展西方近代以来的科学和技术，而科学和技术更是快速推动着我们的民族身份的发展。西方人的民族身份也不是固定的，也是不断发展的。蒋庆有时说话是否有静态化的嫌疑？

如今，由于科学技术和人文主义的发展，人类正进入新的轴心时代，我们称之为第二轴心时代。在这个新的时代，不管是儒家信仰还是基督信仰，都需要不断去适应新的轴心时代特征，不断更新自身。只有这样，儒家信仰和基督信仰才有可能在新的时代为各个民族、为人类作出贡献。所以，我坚持的观点是：在新的轴心时代背景下，儒家信仰和基督信仰应该走彼此转化的道路。

这种转化当然不是基督信仰转向儒家信仰，也不是儒家信仰转向基督信仰，而是儒家信仰和基督信仰都需要面对第二轴心时代的现实，都需要转向第二轴心时代，在这种转化中，儒家信仰和基督信仰之间通过对话和比较不仅可以改变自身，而且可以彼此学习和相互丰富。

# 结　论

作者在本章中做了这么几项工作。第一，根据蒋庆的《政治儒学——当代儒学的转向、特质与发展》，梳理了他关于基督信仰和儒家信仰之间的冲突关系；第二，大致考察了他有关基督信仰和儒家信仰之关系的文本中一些段落文句可能存在的问题；第三，将蒋庆的冲突论和后自由主义神学家林贝克的文化-语言学方法作了比较；第四，比较了蒋庆的冲突论和约翰·希克的多元论假设；第五，比较了蒋庆的冲突论和比较论（比较神学），并在此基础上指出了作者自己的看法：儒家信仰和基督信仰应该在第二轴心时代的背景下相互转化。

# 第六章 走向儒性时代
## ——当前儒学思潮的考察及儒学可能的发展

## 第一节 儒学在现代的困境

在全球多元文化、各种思潮、消费主义等竞相呈现和扩张的情景下，儒学遇到了前所未有的困境。这是历史上任何时期都无法相比的全球语境下的困境。

早在 1988 年，余英时教授就撰写了《现代儒学的困境》一文。余教授指出，历史上儒学遭遇了多次困境。第一次是孔子之后，杨、墨提出的挑战；第二次是汉晋之际新道家反周孔名教运动；第三次则发生于晚明。

余教授分析说，这三次反儒思想运动都发生在中国社会解体的阶段。但从现代眼光看，这三次社会解体都没有突破中国文化传统的大格局。儒学经过一番自我努力和自我调整之后，还是摆脱了困境，恢复了活力。余教授反思了儒学困境和社会解体之间关系密切的原因。他认为，这是由儒学的性质决定的。"儒学不只是一种单纯的哲学或宗教，而是一套全面安排人间秩序的思想体系，从一个人自生至死的整个历程，到家、国、天下的构成，都在儒学的范围之内。在两千多年中，通过政治、社会、经济、教育种种制度的建立，儒学已一步步进入国人的日常生活的每一角落。"①

余教授认为，儒学对中国社会的支配主要是通过制度化完成的，所以它和中国传统社会的制度具有内在的联系。换言之，儒学的影响力是依赖于制度的。但在近代中国传统社会的解体中，政治制度以及其他一切社会制度快速地崩溃了。从戊戌变法到"五四"运动这短短 20 年中，中国传统制度的全面瓦解已表面化。余教授注意到"五四"就是"新文化"，这个新文化就是西方文化，其核心是民主和科学。在新文化运动中，儒学成了反击的对象。而近代以来，中国传统制度的崩溃则让儒学失去了支撑的依据。"所以在中国人，至少是知识分子，追求'民主'和'科学'最热烈最紧张的时代，也往往是反儒学的情绪最高涨的时代。现代儒学的困境，以此为始点。"②

如此，儒学和制度之间关系断裂，制度化儒学消亡。在此背景下，儒学如何发挥作用？如何"安排人间秩序"？显然不可能。余教授提出儒学已经成了"游魂"。过了七八年后，余教授再次对儒学如何融入现代中国人生活的问题进行反复思考，并于 1996 年再次撰文《儒学思想和日常人生》，完成了他对儒学未来走向的成熟思考。

---

① 余英时. 现代儒学的回顾与展望. 北京：生活·读书·新知三联书店，2004：54.
② 余英时. 现代儒学的回顾与展望. 北京：生活·读书·新知三联书店，2004：56.

在这篇文章中，余教授继续反思儒学在其和制度的关系断裂后如何能发挥作用的问题："我所得到的基本看法是儒学的现代出路在于日常人生化，唯有如此儒学似乎才可以避开建制而重新产生精神价值方面的影响力。"①

余教授认为儒学走向日常生活始于明清时代。从王阳明开始，儒学就开始走向日常生活。儒学的日常生活化导致"一种重点的转移，以前儒者把希望寄托在上面的'圣君贤相'，现在则转而注重下面的普通百姓怎样能在日常人生中各自成圣成贤"。② 余教授对基于《大学》八条目的"内圣外王"之道进一步作了新的阐释。他认为，内圣和外王之间没有必然关系。当打破"格物、致知、诚意、正心、修身"（内圣）和"齐家、治国、平天下"（外王）之间的逻辑关系时，我们就能够坦然接受儒学的日常化。

余教授是要让儒学退到文化层面，对人们的日常生活发挥作用。换言之，儒学不再是通过制度化去影响和支配人们的生活。它不再和"外王"有任何直接的关系。这就是余教授为儒学开的被他视为可行的药方。

对于儒学在现代的式微，第三代新儒学代表杜维明教授对于儒学发展的未来似乎也有类似的看法。近几十年来，杜维明试图在西方的大图景下安顿儒学，希望儒学可以在当代体制下找到自己的位置。杜维明要为儒学自我定位确立一个全球性背景。在《儒学与文明》③ 一文中，他认为儒学在当代发挥作用需要意识到四个大的背景：生态意识、女性主义、宗教多元论、全球伦理。

事实上，中国儒学传统中本就有不少可以发展出生态意识的内容，例如"天人合一"、"仁者与天地万物为一体"。又如，张载的《西铭》中就有万物一体的观念。这些大生态的儒学内容已经成为儒学复兴的一个主要动因。传统儒家文化中对女性意识重视不多，甚至因为对女性的轻视而遭受指责。近代以来，尤其是 20 世纪，女性主义得到了极大的发展，深深影响了人类文化的形态和发展。女性意识已经成为儒学不可回避的时代问题。

宗教多元是当下全球化现实中突出的一种时代特征，已经得到了普遍的倡导和响应。杜教授指出，在这一背景下，儒学要参与时代进程并发挥作用，就需要把自己视为众多的信仰之一，参与到与世界各大信仰的对话之中。在对话中发挥作用、成就自己。各个主要宗教都存在的共同的伦理准则——"金规则"为全球伦理提供了资源。全球伦理是当今世界和谐相处的必要条件。儒学思想中"己所不欲，勿施于人"（《论语》）简单明了地阐明这一金规则。无疑，儒学可以为全球伦理贡献自己的一份力量。

杜维明被视为当代新儒学的代表人物之一，他对儒学自身存在的问题具有强烈的批判意识。他说："对儒学可以进行不同层次的严厉批判，诸如小农经济、家族制、权威

① 余英时. 现代儒学的回顾与展望. 北京：生活·读书·新知三联书店，2004：255.
② 余英时. 现代儒学的回顾与展望. 北京：生活·读书·新知三联书店，2004：257.
③ 杜维明. 儒学与文明//彭国翔. 儒学传统与文明对话. 石家庄：河北人民出版社，2006.

性的理念、工具理念、人的自觉发展等。"① 杜维明举了两个例子，我觉得特别重要。一个例子是关于圣王的观点。传统儒学的一个基本信念是内圣外王。但中国文化的实践不是圣王而是王圣。杜维明觉得，一个彻底政治化的儒学社会比一个纯粹的法家社会对人的迫害和压迫更厉害。因为儒学不仅支配人的身体，还要支配人的意识，而法家只是对那些不服从法律的人进行支配。② 另一个例子就是关于三纲的理解。他说，三纲是从汉代开始由法家进入儒学的，它们曾经被视为不可消解的观点，"君为臣纲，父为子纲，夫为妇纲"。从现代文明的角度看，君为臣纲是专制主义，父为子纲是权威主义，夫为妇纲是男性中心主义。这些都应该加以抛弃。事实上，在五四运动的影响下，它们被消解了。③ 但杜维明肯定了儒学在当代的价值。作为一个新儒学代表，他把儒学视为一种可以为全球多元文明共存提供有益资源的地方性知识。在儒学中可以找到一些基本的价值观，并让这些价值观作为地方性知识服务于全人类，参与全球多元文明和信仰的对话。

很显然，在余英时们和杜维明们那里，传统制度化的儒学早已不再可能。在这个现代化的时代里，对于儒学及其复兴需要后现代的批判反思。余教授的"儒学日常化"彻底解构了儒学的宏大叙事，将儒家"内圣外王"之道化作了日常性；而杜教授"地方性知识儒学"则把儒家尴尬地抛向了多元文化的舞台。对于文化现代化来讲，日常性和地方性并不是根本解决之道。在看似坦然的文化态度之下，儒学依然处在现代性的困境中。

## 第二节　内地儒家的现代分类

随着西方"文化霸权主义"扩张色彩的弥散，随着中国内地政治、经济和外交的迅猛发展，各种文明纷纷站到了时代的前沿。人们需要在新的处境下重新确立自身的文化自信、找到自身的文化身份认同。形形色色的儒家出场了，并且呈现出多元的态势。大致看来，这些新时代的儒家主要有以下几种。

第一种是儒家熊猫论。代表人物是北京大学的张祥龙教授。2001 年，张教授受邀在《现代教育报》（2001 年 7 月 20 日 B1 版）发表了建立儒家文化保护区的设想。这一设想引起了很大争论。根据张教授的意见，中国儒家文化在当今处境下，已经没有自我生存能力了。如果不加以保护，它必定消亡。从文化物种多样性的角度出发，非常有必要像保护大熊猫一样来保护儒家文化。在 2007 年出版的《建立儒家文化保护区意味着什么?》④ 一文中，张教授简明但却非常系统地就儒家保护区问题给出了一个规划图。

① 杜维明. 儒学与文明//彭国翔. 儒学传统与文明对话. 石家庄：河北人民出版社，2006：226.

② 杜维明. 儒学与文明//彭国翔. 儒学传统与文明对话. 石家庄：河北人民出版社，2006.

③ 杜维明. 儒学与文明//彭国翔. 儒学传统与文明对话. 石家庄：河北人民出版社，2006：226-228.

④ 干春松. 儒学、儒教与中国制度资源. 南昌：江西人民出版社，2007：162-169.

他说我们需要给儒家文化一个最低的生存机会，让这个对中国乃至世界来说十分珍贵的文化物种能够活下去。鉴于此，他具体提出了建设儒家文化保护区的设想。他认为这个保护区需要具备四点：（1）要有一定的面积，就如熊猫一样，需要给它一个长有竹林的土地；（2）需要一定数量的居民，就如需要一定数量的熊猫一样；（3）需要被隔离保护，不受外界影响；（4）需要按照儒家原则组织起来共同生活。

这种极端的文化态度显然认定儒家文化在当代已经没有了活力。对之加以熊猫式的保护可以保留一个基本的"物种"。这种态度对于认为儒家需要全面复兴并在当今会越来越发挥重要影响的人们来说，是一种污辱。对于主张全盘西化的人来说，此乃多余之举。

第二是**儒家新公羊论**。代表人物是阳明精舍的蒋庆先生。蒋庆先生盛赞儒家外王主义。他强烈主张建立新外王，并在此基础上将儒家政治化，将儒教推向国教地位，以此和西方文化、政治、信仰体制相抗衡。

在其名著《政治儒学——当代儒学的转向、特质与发展》① 一书中，蒋庆先生强烈批判了当代新儒学，认为它最大的危机是未能开出新外王。蒋庆认为，儒教不是一个学派，而是一个具有独特文化自信的、自足的文明体。并且，中国一直以来都存在着这个文明体。儒学是儒教的教义系统，其价值渊源则是儒经。"儒教的历史长于儒学，夏、商、周'三代'即有儒教，严格说来伏羲时代已有儒教，因儒教是一个文明体，伏羲画卦即开创了中国文明。'圣王合一'、'政教合一'、'道统政统合一'是儒教的本质特征，也是儒教追求的目标，伏羲时代即具备了这些特征，故伏羲时代即有了儒教。春秋、战国、秦汉之际儒教退出中国文化权力中心边缘化为儒学，汉武帝'独尊儒术'后儒学又回到中国文化权力中心的位置上升为儒教，一直到1911年儒教崩溃，儒教又退出中国文化权力中心的位置下降为儒学。"②

蒋庆对西方是很了解的，只是基于自己的文化身份以及对中国文明的反思，他觉得中国儒教文明是真正确立中国人身份认同的原点。因此，他说："面对今天西方文明的全方位挑战，必须全方位地复兴儒教，以儒教文明回应西方文明，才能完成中国文化的全面复兴。……如果离开儒教的重建来谈儒学与儒学的重建，将是放弃复兴中华文明的努力，把中华文明降到思想学派的位置与西方文明对话，这是中国文化的自我贬黜。所以，复兴儒教是复兴中国文化，重建中华文明的当务之急。"③

要使得儒学政治化、制度化，最终让儒教文明可以抗衡西方文明影响的同道之人也不少。首都师范大学陈明教授、中国人民大学孔子研究院王达三教授、中国人民大学哲学院彭永捷教授等都在呼吁儒教的复兴和制度化。

儒学制度化的道路或许是个乌托邦，因为乡愁式的愿景只有和在实践中前进的步伐

---

① 蒋庆. 政治儒学——当代儒学的转向、特质与发展. 北京：生活·读书·新知三联书店，2003.

② http：//www. zgrj. cn/p_ info. asp? pid = 1227.

③ 蒋庆. 政治儒学——当代儒学的转向、特质与发展. 北京：生活·读书·新知三联书店，2003.

相比较时才能有其意义。儒学制度化的实践和实现，现在没有迹象还无法判断。

第三种可以被视为俯瞰儒学论。它站在马克思主义立场上分析和批判儒学。其代表人物是方立天教授①和汤一介教授。② 这是纯粹学术性研究的一种，它对儒学和现代新儒学进行理性的分析，根据马克思主义的立场辨别它们的是非曲直，预测它的发展前景。它本身不推行一种儒学运动。

目前还有第四种，可以被称为**儒学第三期论**，这种声音是沿着现代新儒学代表的杜维明、刘述先等人的方向发展的。这一领域有个年轻的代表，他就是彭国翔教授。2007年彭教授出版了他的论文集《儒学传统：宗教与人文主义之间》。③ 这本书中，儒学被认为既是人文主义又是宗教的文化传统，并且可以在当今世界继续发挥其作用。

借用欧阳竟无和方东美先生的话，彭国翔为他的书名作了辩护："儒学非人文主义非宗教，而亦人文主义亦宗教。"④ 一方面，在某种意义上，彭教授把儒学视为一种人文主义，但它又和世俗人文主义不同，它还有超越的一面；另一方面，彭教授把儒学视为一种宗教传统，但它又和西方犹太—基督宗教⑤不同。于是，他把儒学作为一种文化传统定位在宗教和人文主义之间。从当今时代的视角看，这个定位具有一定的合理性。

彭国翔教授对儒学第三期的展开有了自己的解释。他回顾了儒学第三期发展的线索，考察了杜维明对儒学第三期的发展，指出杜教授的儒学第三期说已经非常强调儒学发展的全球性，儒学发展的核心已经不再是儒学传统自身在中国这一范围内如何进行转化和更新的问题，而是如何进入中文世界以外的整个世界与以西方文明为代表的其他文明进行对话沟通的问题。⑥ 从儒学影响的范围看，儒学第一期的影响是中国本土的，第二期则辐射到朝鲜、日本、越南等国家，而第三期则是儒学走向世界。彭教授认为杜维明晚期儒学三期有两个基本要点：首先是儒学如何让自身走向世界，而不再局限于中国、甚至东亚文明；其次儒学三期发展的核心课题必定是文明的对话。⑦

彭国翔似乎要推进儒学第三期的发展。他说：儒学三期说的真正意义，"与其说是描述了一种传统在其内部自身的时间意义上的绵延，不如说是指出了一种传统在与其他文明对话从而丰富自身的空间意义上的拓展"。⑧

文明对话必然成为儒学第三期开展的主要内容之一。但是，彭教授不能接受儒学"全面安排人间秩序"。彭教授不可能认同蒋庆先生等人的进路。他说："就目前而言，无论在中国内地还是其他任何地区，儒学只能作为一种宗教性的价值系统和信仰方式发挥作用，并非作为一种'全面安排人间秩序'的整体性的'文明'而存在和表现自

---

① 方克立．现代新儒家与中国现代化．长春：长春出版社，2008.
② 汤一介．新轴心时代与中国文化的建构．南昌：江西人民出版社，2007.
③ 彭国翔．儒学传统：宗教与人文主义之间．北京：北京大学出版社，2007.
④ 彭国翔．儒学传统：宗教与人文主义之间．北京：北京大学出版社，2007：11.
⑤ 我们用基督宗教指称基督新教（基督教）、天主教和东正教。
⑥ 彭国翔．儒学传统：宗教与人文主义之间．北京：北京大学出版社，2007：267.
⑦ 彭国翔．儒学传统：宗教与人文主义之间．北京：北京大学出版社，2007.267-268.
⑧ 彭国翔．儒学传统：宗教与人文主义之间．北京：北京大学出版社，2007：268.

身。"①

彭教授从广义的宗教来理解儒学，即把宗教性视为"理一"，把各个宗教视为"分殊"。这样，在他看来儒学符合宗教的要求，宗教也不再局限于亚伯拉罕传统的宗教模式。并且，他认为，把儒学作为一种宗教传统和精神性传统已经是一个不争的事实，至今具有代表性的儒耶国际性对话已经召开了五次。②

彭教授认为，儒学一直具有强烈的对话传统。本质上，儒学是在不断的对话中发展的。在儒学发展的第一期，儒学经典《论语》主要是以孔子和弟子之间的对话为形式的。唐宋直至明清，儒学发展更体现了文明对话的过程。通过对话，儒学发展出了理学，并进入朝鲜和日本，出现了它们各自的朱子学和阳明学。从清末到现在，儒学也是充满对话性的。在余英时、成中英、杜维明等学者们那里，对话则是进入了更高的层次。彭教授也要沿着他们的道路继续将儒学的对话精神更推进一步。他指出儒学中具有"和而不同"的对话原则、"理一分殊"的多元主义宗教观以及多元宗教参与其认同的理论和实践资源。③

从悲观的儒家熊猫式保护区到激昂的儒家新公羊主义提出新外王，从站在马克思主义批判视角上俯瞰儒家到要走向世界参与对话的儒学第三期，学者们反思着儒学在现代的出路，寻找着儒学现代化的良方，规划着儒学在新时代复兴光大、参与世界文明的进程。其穷理之精神实为可敬，其多彩之风姿实在感人，其雄壮之气象实可震慑天下。然而，儒学究竟还有没有现代化发展的可能道路呢？

## 第三节　批判与反思

余英时教授是精通历史的。他比较清楚地看到了儒学在近代的式微，原因在于儒学在传统上和制度不能分离。一旦和制度分离，儒学失去了存在的依托，结果就成了"游魂"。20世纪90年代，他认为自己找到了儒学在当今世界发挥作用的可能进路。日常化、或者藏于日常、存于日常、盛于日常的看法显然是西方文明处于绝对优势语境下的后现代的理解。

杜维明教授要比余英时教授乐观一些。他也看到了儒学在近代的式微。他似乎有一种使命感，作为现代新儒学第三期的代表之一，他提出儒学作为地方性知识，要在当今多元文化、多元信仰背景下发挥作用。作为主张多元文化共存和互益的学者，他倡导儒学参与到与其他文化和信仰的对话之中，通过对话让儒学发挥其应有的作用。然而，在某种意义上，印度教、佛教、伊斯兰教、基督新教、天主教都是非常实体化的对话伙伴，而儒学尽管在西方被很多人视为一个宗教，但和印度教、佛教、伊斯兰教、基督新

---

① 彭国翔. 儒学传统：宗教与人文主义之间. 北京：北京大学出版社，2007：269.

② 第一次于1988年在香港中文大学举行；第二次于1991年在美国加州伯克利举行；第三次于1994年在波士顿大学举行；第四次于1998年在香港中文大学举行；2007年在香港浸会大学召开了儒耶对话会议，可以被视为第五次儒耶国际对话会议。

③ 彭国翔. 儒学传统：宗教与人文主义之间. 北京：北京大学出版社，2007：280-285.

教、天主教相比，这一"宗教教派"实在太小了。而且，在中国，关于儒学是不是宗教的问题一直争论不休，至今也没有最后的结论。儒学如何能作为一个具有类似其他信仰传统的力量发挥作用是值得反思，甚至值得怀疑的。

由于中国经济和政治的发展，一些学者或者非学者开始关注中国人的身份认同问题，关注中国发展的前景问题。他们不走现代新儒学的道路，他们似乎更强调中国儒学宗教化，以此保护儒学或者发展儒学。张祥龙教授基于西方文化的强大，从文化多样性的角度出发，觉得保护儒学需要专门开出地盘，实践传统的儒学生活方式。而以蒋庆先生为代表的儒家，他们更加激越，强烈主张儒学建制化。他们甚至认为儒教从上古就已经存在，儒教文化是我们的文明之根，我们需要弘扬儒教，要在新的时代开出新"外王"来。当今政治民主进一步发展，在"王"的内涵和实体意义上，蒋庆代表了一家一派之言。但是，任何理念要实现，首先就要符合时代的语境和发展的迹象。传统马克思主义把儒学视为一个客体，比较少地具有参与性的体验。对它来说，儒学仅是一个学术对象，不是一个实践和发展的对象。而以彭国翔教授为代表的年轻儒家学者们，可能沿着余英时、杜维明、刘述先等人开辟的方向前进。但彭教授似乎也面临着一系列的问题。尽管"儒学作为一种宗教传统和精神性传统"参与着宗教文明之间的对话，尽管人文主义在国际性对话中可能给予了儒家"空间上的拓展"，但是，仅仅作为一种标本式的"传统"是远远不够的。

我们正进入一个新的轴心时代，根据哲学家卡尔·雅思贝斯的理解，公元前8世纪到公元前2世纪是轴心时代，那时在地球的不同地区出现了影响后世两千多年历史的哲学家、宗教家。① 到了20世纪上半叶，卡尔·雅思贝斯意识到我们人类可能处于新的轴心时代来临的低谷期。但到了20世纪下半叶，特别是到了20世纪90年代，人们越来越感到我们正进入一个新的轴心时代，我们可以称之为第二轴心时代。②

我曾经对第二轴心时代做过整体性分析，概括了它的七个意识特征：第一，全球或者整体意识；第二，生态或者大地意识；第三，女性或者阴性意识；第四，对话或者他者意识；第五，跨文化意识；第六，非实在论（非本质主义、非基础主义）意识；第七，亲证（生活）意识。

在某种程度上，杜维明、刘述先、彭国翔等都意识到了当今世界已经兴起的第二轴

---

① 卡尔·雅思贝斯. 历史的起源与目标. 魏楚雄，俞新天，译. 北京：华夏出版社，1989.

② 在华人学者中，余英时教授已经意识到了第二轴心时代的观念，但他没有去深入研究第二轴心时代的问题，却对中国先秦轴心时代的一些现象做了自己独特的分析（参见余时英. 现代儒学的回顾与展望. 北京：生活·读书·新知三联书店，2012：392-423.），而杜维明教授则直接谈论了第二轴心时代的一些观念，并努力让儒家去适应它们，但他对第二轴心时代观念本身还没有提出独立的看法。在大陆学者中，汤一介教授是比较早注意到第二轴心时代观念，并撰写过结合中国儒家和中国文化观念的论文，但汤教授也没有就第二轴心时代提出独立的看法，而只是尝试让中国文化，尤其是儒家文化去适应这一新的轴心时代。他的《新轴心时代与中国文化的建构》一书的书名也体现了他的愿望。浙江大学王志成教授则特别地注意了第二轴心时代的观念，对它们进行了梳理，撰写了多篇论文，并出版了两部相关论文集——《走向第二轴心时代》（北京：宗教文化出版社，2005）和《解释、理解与宗教对话》（北京：宗教文化出版社，2007）。

心时代思潮。事实上，杜维明本人就曾经说过，他和倡导第二轴心时代思想的卡曾斯（Ewert Cousins）是好朋友，对其倡导的思想非常熟悉。而刘述先教授则多次介绍过倡导第二轴心时代的斯威德勒（Leonard Swidler），斯威德勒也把第二轴心时代理解为对话时代。不管人们如何理解儒学，也不管传统上儒学曾经为何，当下，儒学都需要面对人类时代正在大转变的事实，儒学更需要随着时代的大转变而起到应有的文化作用。这就需要儒学进行自主创新和根本变革。时代的发展呼唤着儒家的实践。多元时代的创造实践呼唤着现代性的儒学参与。关于儒学问题，我们需要有一种新的认识视角，超越对儒教乡愁式的怀念，进行轴心式的思维转变。

## 第四节　儒　性　时　代

到目前为止，人们对第二轴心时代的理解并不一致。有的主要关注第二轴心时代的某个或几个方面。① 在这样的背景下，我们需要对于儒学有个更加清晰的认识：至今，从根本上说，儒学可能是最容易进入和接受第二轴心时代的，它很有可能在第二轴心时代为人类做出极其重要的贡献。

尽管杜维明、刘述先等意识到了第二轴心时代的一些观念，但他们把主要的注意力放在卡曾斯和斯威德勒所谈的第二轴心时代观念上。他们还没有充分意识到唐·库比特、凯伦·阿姆斯特朗等人所倡导的第二轴心时代观念。卡曾斯和斯威德勒意识到我们进入了第二轴心时代，他们所做的工作是努力让基督宗教（主要是天主教）去适应第二轴心时代。而唐·库比特、凯伦·阿姆斯特朗，尤其是唐·库比特，要激进得多。唐·库比特强调的是，我们不仅要去适应第二轴心时代，而且要有一个全新的开始，要进行宗教传统的再创造，要走向第二轴心时代的信仰。

传统意义上的儒学、儒家、儒教都面临困境，这和传统意义上基督宗教面临的困境有些类似。但是，从客观的现实意义上讲，儒学所受到的挑战以及遭受的打击乃是最彻底的，它的命运处于像"游魂"一样的飘零状态。基督宗教在历史上同样受到了挑战，尽管基督宗教在英国以及北欧等地区面临着越来越大的挑战，人文主义、科学主义取得了根本的胜利，但至今基督宗教仍然没有成为"游魂"。基督宗教内部非常分化和多元，内部的张力有时比基督宗教和佛教之间的张力还要大。在基督信仰内部，我们可以看到它走向第二轴心时代的声音和力量。事实上，它对基督宗教进行了根本的解构和重构。例如，我们在跨文化对话的倡导者雷蒙·潘尼卡②那里可以看到他对基督信仰所进行的反思。③

对于雷蒙潘尼卡来说，基督国（Christendom）是一种文明，它已经过去，我们不

---

① 程竹教授已经对第二轴心时代的跨文化研究做了反思，参见程竹. 走向第二轴心时代的跨文化研究. 浙江大学学报，2004（6）：32-39.

② 雷蒙·潘尼卡对跨文化的研究是目前思考得最深入的，他关于文化间哲学的思想可以指导儒家和基督宗教之间的对话。参见雷蒙·潘尼卡. 文化间哲学引论. 浙江大学学报，2004（6）：47-55.

③ Raimon Panikkar. The Dawn of Christianness. *Cross Currents*，2000-03-22.

再可能恢复基督国。基督宗教（Christianity）是一种宗教，自基督国退场后，西方进入基督宗教时代，它一直维系到现在。但雷蒙·潘尼卡发现，西方正从基督宗教时代逐渐进入基督性（Christianness）时代。① 对于唐·库比特来说，在消费主义盛行的时代中，宗教神圣性变成了日常性，而日常性本身成了神圣性的实践场所。

儒教崩溃了，儒学成了游魂，但儒学不能一直做游魂。那么它如何表现和表达自己并进入实践、参与轴心时代的创造呢？也许合适的表现和表达是：儒学需要自觉进入儒性（Confucianness）时代。儒性是儒家参与轴心时代创造的一个标志——正像孔夫子在他的那个年代曾经作为标志一样！作为伦理实践，儒性体现了儒家文明的内在性，是儒家之为儒家的品格。儒性本身不依附于任何体制化的形式。儒性是开放的，它邀请全部宇宙要素参与进来，地球伦理仅仅是它的一种外化；儒性是对话的，与其他文明的对话仅仅源于它对自身内在张力的自觉拷问；儒性当然也是政治的，它是一种承载着伦理理论的实践，儒家气象正是它的一种表达，也是创造第二轴心时代新文明的一种方式。

儒性是第二轴心时代儒学展示和创造的原则。用传统的语言表达，即在走向第二轴心时代的过程中，儒学要成为第二轴心时代的儒学，就要充分展示儒性。儒性原则和第二轴心时代的七个主要意识特征相结合，可以在这个新的时代创造出全新的儒家文明。由于各种原因儒学在近代式微，但这种式微并不预示着儒学将消失。儒性是内在的。在经过一个转型期之后，儒性会重新爆发出它的内在生命力——因为和谐是人类最高秩序的律令。

---

① 雷蒙·潘尼卡. 智慧的居所. 王志成，思竹，译. 南京：江苏人民出版社，2000：187-195.

# 第七章 宗教对话与健康人生

非常感谢傅有德教授的邀请。有机会参与这个由山东大学犹太教与跨宗教研究中心和哲社学院联合举办、刘庚子弘道基金资助的"天人讲堂",能够和同学们分享一些想法,我深感荣幸。

今天我要和大家分享的话题是"宗教对话与健康人生"。

15 年前,我开始宗教哲学和宗教对话的学术研究。最初主要是研究当代西方宗教哲学家和对话思想家约翰·希克。那时,大陆的宗教对话研究还不像现在这样热闹。但当时隐约预感到宗教对话研究的重要性。我的学术背景是西方哲学,当时我也认为对话研究属于应用性的,而不是纯粹的理论学术探讨。这样的观念几年前还有。但现在我已经放弃了这样的观念。我认为宗教对话研究既可以属于纯粹的理论研究,也可以包含丰富的对话实践。

宗教对话和健康人生的关系十分密切。正确的宗教对话对我们的生活具有极大的影响。在今天的话题中,我主要谈论宗教对话本身的一些理论问题,并从中思考宗教对话和健康人生之间的一些关系。

在个体关系意义上,对话包含与他人的对话、与社会的对话、与自然的对话、与超自然的对话、与自我的对话等。对话中的个体并不是孤立的实体。换言之,你的存在是和其他的存在不能分开的。仔细想想,我们的存在一旦脱离了某个条件,我们就成了非存在。我们不能孤立地生活。我们需要他人、他物的彼此关联。

从西方宗教的角度看,人们认为我们的对话对象是上帝。人和上帝的关系是西方一神论所关注的核心之一。一般来说,人们把上帝或者终极实在视为人格的,人和上帝或者和终极实在的对话可以采用祈祷的方式。在《圣经》中,我们可以看到,上帝和亚伯拉罕是朋友关系,《圣经·雅歌》(在隐喻意义上)中体现了人神之间的爱侣关系,上帝和耶稣的关系则是父子关系。通常,基督徒感到自己和上帝的关系是父子关系,这个关系我们是从耶稣那里学过来的。但人和上帝的关系也可以有其他关系:我们可以是上帝的女儿而非儿子,可以是上帝的爱人而非朋友。人和上帝的对话在不同的传统中具有不同的内涵,人和上帝之间具有不同的关系,不同的关系在对话中具有不同的体验。

另外,可以看到,也有一些人把上帝或者终极实在视为非人格的。他们和上帝或者终极实在的对话主要是通过默观进行的。他们也可以把这个终极实在视为道教的道、儒家的天、印度教的梵、佛教的空。

传统宗教对话主要关注的是人和上帝或者终极实在之间的关系。人的身心健康也是从这一角度去理解的。现在也有人说,一个人如果没有宗教信仰则是不健康的,他/她的生活是没有意义的。换言之,人的存在缺乏一个维度,即人和超自然的关系这个维度。

但是，在当今越来越世俗化、全球化的处境中，宗教对话出现了新的转向。对话处理的核心问题越来越多地集中于人自身的问题而非上帝或者终极实在本身的问题，甚至也不是如何处理人和终极实在之间关系的问题。

我们可以看到宗教对话模式正在发生根本的转变。从基督教的角度看，从凯逻斯意义上说，基督教已经经历了若干的对话模式：教会中心的、基督中心的、上帝中心的、实在中心的、问题中心的、生活或者生命中心的。① 然而，我们可以看到，对话的核心越来越转向了人的问题。

反思对话本身，我们可以发现人类的对话智慧经历了几个凯逻斯阶段②。

## 第一节　对话就是独白

对话者相信自己拥有真理，相信只需要将自己的信念、真理、教条、生活方式直接表达出来就行了。它预设了一种一元论（monism），对话主体处于真理的中心地带，见证了真理。独白者似乎有使命告诉大家生命的意义、合适的生活方式以及看世界的方式。独白者只有一个神话，那就是他③自己的神话。他不相信在其他宗教中也存在着真正的真理、意义和独立的生活方式。对话只意味着大家要倾听他的神话、真理、信念、价值、生活方式。世界的色彩是统一的，也就是他所提供的那种色彩。

作为一种对话态度，独白并不都是一无是处的。它让人们知道独白者的主张、立场、理念、神话和生活方式等。相对于封闭和对峙，独白已经是完全不同的存在方式和态度了。至少独白者可以和对话伙伴坐下来，可以避免无视的态度，并有可能排除抵触。

尽管独白在一定程度上打破了封闭和对峙，彼此可以坐下来，但却没有真正走向他者。独白者只需要他人聆听他、理解他。如今，尽管完全的独白越来越少，但还是处处可见。有时，我们看到一个基督徒和佛教徒相遇，基督徒可能根本不理会佛教徒心里所持有的佛教信念。他只是不断地宣传基督宗教信仰。

## 第二节　对话就是对白

对白（duologe）一词中，"duo-"有"二"、"双"的意思。对白不同于独白。独白者不需要去了解聆听者，他只是将自己的立场、观点、真理、信念、生活方式表达出来。只有一个说话者，另一个只是聆听者。他们之间不存在互动和回应。对白则包含一定程度的互动。对白意味着彼此都需要成为说话者和聆听者。他们不仅要表达自己，也

---

① 王志成. 论宗教对话的轴心式转变. 新世纪宗教研究（台湾），2006，4（4）.

② 对对话模式的分类，主要来自雷蒙·潘尼卡。参见他的著作《宗教内对话》（王志成，思竹译. 北京：宗教文化出版社，1999），第二章。作者只是依据他的模式做了自己的理解。

③ 本章中使用"他"字并没有偏男性中心主义的意思，只是为行文方便。

要聆听对方。然而，他们彼此之间不存在真正深入的互动。他说他自己的，并不渴望真正地了解他者的立场、观点、真理、信念、生活方式。但出于礼仪，他需要倾听对方。对于对方的立场、观点、真理、信念、生活方式，他从内心里是不认同的，或者视之为无关紧要的。

独白中包含的他者意识很弱。而在对白中，则已经包含一定程度的他者意识。他者不再是一个完全接受自我的对象，而是包含对方拥有独立表达立场、观点、真理、信念、生活方式的权利。尽管内心不一定能够接受他者，但也意识到对方是一个独立的他者，意识到自己无法完全将自己的东西强加给对方。对白中，彼此保持礼节，可以微笑。但基本上，他们没有把注意力放在理解他者上，而是放在表达自我以及礼仪性的聆听上。

独白的意义在于开启了一种对话的姿态，而对白的意义则在于意识到他者的独立性。独白没有形成明确的他者意识，而对白也没有意识到理解他者本身的重要性。对话需要继续。

## 第三节　对话是辩证的对话

辩证的对话是一种理性对话。它肯定他者的存在，肯定对话各方具有共同或者类似的愿望，都坚持真理。这种对话有一个前提：一切都可以基于理性而得到确立。辩证的过程就是一个去伪存真的过程。辩证的对话看到人类的共性，并且认为这个共性是人类最宝贵的内容之一。

基于理性我们可以形成许多共识。很多的误解和矛盾都是因为我们没有诉诸理性。启蒙意味着理性。在宗教对话中，不管是个体之间、宗教传统内部不同宗派之间，还是不同宗教传统之间，只要各方坚持理性原则，似乎就可以达成一致。对话的过程就是一个消除误解、达成普遍一致的过程。

人们有理由坚持，基于理性原则我们可以让差异呈现出一致性，可以形成共同的世界图像。我们可能坚持认为，世界是根据理性原则建构的，当我们揭示了世界内在的建构原则，我们就有可能形成普遍一致的共识，可以让所有人生活在一个由可普遍接受的理性原则支配的世界中。

然而，我们也发现，在辩证的对话中，对话各方事实上很难形成普遍一致的共识。相反，各方常常对同一问题不能形成共同的看法。原因是：在坚持具有普遍性的理性时，维系对话和让理性成为可能的却不是理性本身。人不是单一地由理性支配的。在更多时候，人受到情感、意志的支配。理性常常服务于人的意志。在宗教对话中，我们可以看到对话者之间可以有很多很多的对话，却在一些基本问题上达不成一致。

基于理性的宗教对话非常必要，因为没有理性，对话是无法成功进行下去的。但只停留在理性对话层面的宗教对话则是不够的。事实上，在宗教对话中，很多对话的理论假设无法得到最终认可。以著名的宗教对话思想家约翰·希克为例，可以说明这里的问题。

约翰·希克具有法律、哲学和神学方面的知识预备。法律要求他讲证据，哲学要求他根据理性来分析问题，神学则让他关注宗教哲学、神学问题。约翰·希克的思想并不是固定的。他经历了从保守到开明的过程。在他成熟的宗教哲学思想中，约翰·希克为当今世界所作的最大贡献是他提出的宗教多元论思想。

读过他的书的人都知道，约翰·希克是最好读的西方学者之一，因为他非常强调证据和理性。他的书不容易被误解。在长期的宗教研究和社会实践中，作为一个基督教神学家，他意识到传统的基督教神学无法解释当今宗教之间的关系：难道只有基督徒的信仰是真理，其他宗教的信仰都是虚假的？难道只有基督徒得救，其他信仰者都得下地狱？难道世界只能从基督教的图像中得到解释，其他信仰的解释图像都是虚幻的？由于约翰·希克参与了很多其他信仰的实践，这让他感到传统基督教的若干教义无法让他满足。在 20 世纪 60 年代末，他开始关注基督教和其他宗教的关系，并从一个保守的基督徒慢慢成为一个开明的基督徒。

在一篇重要的论文中，他提出，我们需要进行基督教神学哥白尼式的革命。① 这个革命的实质是：摆脱基督中心，走向上帝中心。他认为，只有上帝才是中心，而基督不是。这时的希克关注到的是有神论传统。但他没有注意到还有非有神论传统。他的上帝中心对话模式是不能让主张非有神论的学者和信徒满意的。基于理性原则，约翰·希克放弃了他的上帝中心对话模式，提出了实在中心的对话模式。

约翰·希克借用了康德的认识论原则，将康德的认识论原则运用于宗教。他认为，各个宗教都承认存在一个超越了我们经验的对象，这个对象在不同的信仰中有着不同的名称。这么多的名称之间有什么关系呢？

约翰·希克提出了他的多元论假设。这个假设认为，存在一个不能用我们的语言来描述的终极实在或实在者（the Real）。这个实在临在于人。不同文化以不同的认识方式对终极实在的临在作出回应。其中主要有两类，一类是以人格的方式回应终极实在，把它体验为有神论的终极对象，如犹太教中的阿窦尼、基督教中的天父、伊斯兰教中的安拉、有神论的印度教中的毗湿奴；另一类是以非人格的方式回应终极实在，把它理解为非有神论的终极者，如儒家的天、道教的道、佛教的空、非有神论的印度教的梵等。

这样，约翰·希克就把轴心时代后各大宗教传统整合了起来。在他看来，各大宗教传统都是同等有效的拯救道路或者空间。他所说的拯救指的是人的生存从自我中心转向实在中心。

但是，我们怎么能认为在各个宗教中都发生了人的生存从自我中心转向了实在中心呢？约翰·希克的根据是伦理的，即他认为各个宗教中都出现了大量富有道德的人。

他得出了一个基本结论：基督教是诸宗教中的一种，而各大宗教都是同等有效的拯救道路或者空间。在当今背景下，不同宗教需要彼此对话，共同促进宗教和谐、世界和平。

可是，这个看起来具有相当合理性的多元论假设，如果对之进行理性的分析，就会发现其中存在很多问题。事实上，学术界并没有太多人在理论上能够真正接受这个多元

---

① 约翰·希克. 神学中哥白尼式的革命//王志成，朱彩虹，译. 上帝与信仰的世界. 北京：中国人民大学出版社，2006：112-123.

论假设。相反，这个假说受到了很多神学家和宗教哲学家的批评。

约翰·希克的神学和宗教哲学本质上是一种不可知论。因为我们无法知道终极实在如何作用于人，我们无法先验地判断某个宗教是否接触到终极实在，并且所谈的就是终极实在本身。

后现代主义者批评他的终极实在是多余的，认为这个终极实在只是一个无效的假设。因为后现代主义者认为上帝或者终极实在一词是语言中的，而我们无法谈论语言之外的实在。

福音派神学家断言上帝的启示之实在性，反对约翰·希克的多元论假设，反对非字面化地理解诸如三位一体、道成肉身。①

我们意识到，每一种批评都站在自己的立场上进行了理性的分析和判断。换言之，理性本身并不能让我们在哲学的基本问题和神学问题上达成一致。因为达成一致的前提往往是我们的意志、利益或者愿望应达成一致。在意志、利益或者愿望达成一致或者大致一致的情况下，我们的理性往往就容易发挥正面的作用。我们不能依赖理性本身达成普遍的一致。

在理性层面的宗教对话属于辩证的对话。辩证的对话是必要的、不可或缺的。因为离开了辩证的对话，我们就无法展开各种对话。显然的，辩证的对话有一个预设，那就是它背后有一个普遍性的神话。

不同信仰者、不同宗教信仰都具有自己相对独立的神话。辩证的对话必然导致神话冲突。本质上，它是一种理性一元论：基于理性，我们试图达成普遍一致。然而，它所存在的问题在对话中却是显而易见的。不但在理论争论上，而且在个人交往中，都存在问题。我们看到，一个基督徒和一个佛教徒相遇时，基督徒试图表明基督教的真理是完整的真理、得救的真理，并且要让佛教徒接受在佛教中不存在得救。然而，佛教徒对基督徒说，基督教的信仰可能是很浅薄的，人的解脱、圆满不可能依赖一个外在的上帝，觉悟需要立足于自己。这时，我们看到，他们的相遇不仅仅是教义的相遇，不仅仅是理性的相遇，而是两个具有生命的人的相遇。显然的，实际的对话一定超越了理性的对话、辩证的对话。

## 第四节　对话是对话的对话

·　前面介绍了约翰·希克的多元论假设和他的对话思想。但我们看到，约翰·希克最后持有的多元论之依据却是一个可以检验的伦理标准。换言之，看一个人的果实来判断一个人，看一个宗教的社会果实来判断宗教的真理性、救赎的有效性。这样的理论以及检验依据是经受不起严格的再检验的。尽管他的多元论受到了诸多批评，但我们还是需要肯定约翰·希克的理论贡献，肯定他在推动宗教对话方面所做的努力。约翰·希克不希望看到宗教之间很多的对峙和冲突，因为这和宗教追求的目的相违背。而他尝试提出

---

①　约翰·希克对上帝道成肉身的非字面化或者说隐喻化理解，参见约翰·希克.上帝道成肉身的隐喻.王志成，思竹，译.南京：江苏人民出版社，2000.

的解释性框架，就是服务于这一目的。

约翰·希克提供了一种新的一元论，让不同宗教各自降格，从本质层面下降到现象层面，从绝对层面下降到相对层面，以此让各宗教之间可以沟通，可以协调，可以修改，也就可以避免彼此教义上、神学上的抵触。然而，我们也清楚，只要人们不愿意（不管基于什么理由），约翰·希克的多元论就成了问题。多年前，我肯定约翰·希克的多元论具有重要的学术价值和实践意义，理由不是出于理性或者说不仅仅是理性，而是我们生活本身。

当今的各个宗教都是在轴心时代发展起来的，或者是在轴心时代宗教的影响下发展起来的，有它们自己的局限性。在当今全球化的时代，我们不可能无视世界处境的改变。约翰·希克看到宗教之间存在的问题，这种努力是应该肯定的，而不是无视我们的现实，退到各个宗教内部或者走向传统的宗教一元论，与其他宗教发生冲突。现实是，走内向的路是存在的，走抵触和扩展的路也是存在的。但约翰·希克从人类信仰的多样性以及人类自身文化的合法性出发，认为我们不能走传统的宗教霸权主义道路，不能走传统的宗教一元论道路。所以，他主张多元论。显然，这样的理解和诉求对很多信仰是非常合理的。尽管约翰·希克的多元论自身包含种种问题，但传统的宗教在处理宗教关系的问题上能提供更好的方案吗？能提供有效的解决之道吗？如果没有，我们就需要在约翰·希克的理论基础上发展，而非否定之，更不能退回去或者走宗教霸权主义道路。然而，现实似乎并不完全顺着约翰·希克所期待的方向发展。原因就在于，人类的很多行动和实践并不是完全基于理性，而是基于意志、利益或者愿望。

换言之，对话不单单是理性的对话、辩证的对话，而是人的对话、生命的对话。这一领域，最重要的思想家是雷蒙·潘尼卡。正是雷蒙·潘尼卡创造性地提出了我们的宗教对话需要走向对话的对话。雷蒙·潘尼卡指出了对话的三个类别：一元论、二元论和不二论。

本质上，独白式对话和对白式对话可以被归入一元论的对话。它们提供的是普遍的图像。事实上，一元论的对话提供了一种普遍的话语、统一的世界图像、真理和生活方式。对话不是为了差异或者为差异欢呼，而是为了消除差异。一元论是一种霸权思维。但它具有很大的诱惑力，对个人、群体、民族国家、宗教都具有极大的诱惑力。

然而，一元论的对话会导致彼此的崩溃。很多宗教灾难或者苦难很可能就来自一元论的思维和实践。对我们个体信仰者是这样，对作为整体的宗教也是如此。

在雷蒙·潘尼卡看来，二元论的对话是一种辩证的对话时，不同对话主体各自站在自己的立场上展开对话。它的优点是：大家可以在理性的基础上表达自己的真理观、生活方式。它的缺点是：彼此最终不能基于理性达成一致。在雷蒙·潘尼卡看来，二元论是不稳定的，它最终会倒向一元论——因为对话各方在彼此都有力量的情况下不得不持有一般人所说的多元论。但这种多元论不是雷蒙·潘尼卡所认同的多元论，他认为那其实是二元论。

可以注意到，一个佛教徒和一个基督徒对话时，在他们的内心或许都是想通过辩证的对话让对方接受自己，放弃原有的观念。如果这种辩证的过程实现了，如果有一方说服了对方，那么这种二元论就结束了，多元存在的格局就不复存在了。所以，人们甚至可以把二元论视为一种暂时的状态，本质上它是潜在的一元论。以约翰·希克的多元论为例，很多人批评它，是因为约翰·希克以一种新的宗教图像取代或者包容了其他各种宗教的图像，是一种强加的一元论。他的多元论是在他的一元论之下的多元论，而不是真正的多元论。

雷蒙·潘尼卡认为，真正的多元论是不二论。它保持对话主体之间的极性。一个极性不能去取代另一个极性。不二论的对话就是不同主体之间持续的对话，他称之为对话的对话。这种对话是卷入生命的，属于生命的对话。人不是只有理性。对话显然超越了理性，尽管理性是不可或缺的。

如果我们意识到人是由知情意构成的，人有身体的一面、理性的一面、精神或者灵性的一面，那么我们宗教的对话就不能只停留在理性层面。个人之间的对话是这样，宗教之间的对话也是这样。如今，对话不是为了皈依，而是为了彼此的成长。

对话的对话是神话之间的相遇。不同信仰就是不同的神话。它们是理性得以展示力量的前提。一个佛教徒和一个基督徒对话，其实就是两个世界之间的对话。我们可以看到他们之间的对话是非常艰难的。在科学领域的对话和在宗教领域的对话是不同的。在科学领域，对话几乎完全基于理性以及证据，属于同一世界、同一神话内的对话。从某种意义上说，信仰之间的对话是属于不同世界之间、不同神话之间的对话。

基于此，对话的对话是一种跨文化的解释学，是一种创造性的活动，是一种高难度的实践活动。

# 第五节 宗教对话和健康人生

历史上，宗教对话是存在的，但多为辩证的对话。例如著名的佛经《南传弥兰王问经》就是典型的辩证对话。在该经中，龙军菩萨和希腊的弥兰王进行了大量的对话，这些对话都属于辩证的对话，都是龙军菩萨说服了弥兰王。在印度教经典《薄伽梵歌》中，克里希那和阿周那之间的对话也属于辩证的对话，阿周那从克里希那那里学习所谓的绝对真理。

独白的对话和对白的对话在一定程度上都是允许的，也是必要的。独白和对白，客观上对当事人和对话伙伴都是有益的。基督徒和佛教徒需要对话，在对话中表现自我，让他者了解自己，通过对话和他者展开可能的互动。这种互动包含着潜在的意义：不是对抗而是对话，不是封闭而是开放。

然而，只有独白和对白的宗教对话是不够的。在辩证的对话中，如果各方不能在对话的前提上达成一致或者妥协，对话就不能达成一致。但这种对话本身非常重要，它可以让各方将自己表达清楚。尽管彼此不能达成一致，但可以了解彼此各自的不同。这种对话是避免彼此抵触的必要步骤。人们相信辩证对话，相信通过理性可以解决我们生活中的各种信仰问题。但这是不恰当的，甚至是错误的。如果我们执著于理性的力量，并陷入其中，我们就会犯理性幼稚病。

在对话的对话中，我们意识到对话各方是独立的一极，彼此不能相互取代。对话不是为了皈依对方，不是把对话作为一种策略。我们和对话伙伴不可能是同质的。如果通过对话使彼此同质化，那么这就是一元论的诱惑。在对话中，如果放下皈依的欲望，而强调彼此的分享、互益，不再将对话伙伴变成"我"，而是把对话伙伴真正视为"他者"，一个无法穷尽的"他者"，那么彼此的对话就具有创造性。

从独白的对话、对白的对话、辩证的对话，再到对话的对话，其实是一个不断意识到对话伙伴是个独立的他者的过程。在独白的对话中，对话伙伴的他者地位是边缘化的，是不独立的，是摆设；在对白的对话中，对话伙伴则是一个未知的，也是不需要去知的对象，但却不得不认可其存在，并且不仅仅是一个潜在的、需要转化的"我"，而且包含和我不同的意识；在辩证的对话中，他者的地位得到了承认，但这个他者本质上和我可以在理性上达成一致，成为普遍的我；在对话的对话中，对话伙伴是真正的他者，没有一方要把另一方变成一个"我"，使其同质，而是彼此处于创造性的极性张力之中。

如果冲突和对峙视为否定他者的话，那么独白意识到他者，却只是在边缘化意义上承认他者；对白是在对话伙伴处于未知的状态下承认他者；辩证的对话则是在理性基础上承认他者；而在对话的对话中，也就是生命的对话中，他者的身份得到真实的体现。

从独白发展到对话的对话，表明了对话者对他者意识不断成熟的过程。这种对对话的理解，能够让我们更加合适地处理信仰者之间的关系。从独白发展到对话的对话是健康人生的标志。这种对话的转化不仅可以避免对话者之间的诸多抵触、误解、矛盾，而且可以使彼此了解、彼此互益、彼此朝更高生命层面转化。也只有建立拥有他者意识的文明信仰观，尊重差异，理解个性，才能拥有更加健康的生命。

当然，我们能够感到对话使命的艰难，尤其是生命卷入性对话的艰难。但是有大家同行、共同努力，那么对话就是可能的。

谢谢大家。

# 第八章 文明对话与世界新格局

## 第一节 关联的世界

今天我要讲的是当今世界的图像，包括传统图像和现在正在来临的图像。

其实，以前我们也是认识到了世界图像的改变的。在这个世界上，你当然可以认为人类是相对分离的，也就是说，时间把我们分离，或者空间把我们分离。可如今，时间和空间已经很难再把我们分离了。两台电脑之间就可以寄信，一个人在美国讲话跟在这个讲坛上讲话是一样的。这个世界，在生物学层面上，也就是我们的肉体层面上，已经很难限制人了。但是以前我们的身体是受限的。现在，你可以去全球旅行，甚至太空旅行，而以前这只能是想象的或者科幻小说里说的。这个世界，首先已经在身体层面或物质层面把人类关联在一起了，也就是世界一体化了。物质层面或身体层面的流动限制已经越来越少了，或者说，时空对人类的限制少了。

物质层面是关联的。这一点比较容易理解。作为一个人或一个生物体，比如，你吃的是猪肉或牛肉，猪和牛后面还有食物链，食物链其实是连在一起的。又比如，这个世界能量的流动是连在一起的，万物生长靠太阳。在生物学意义上或物质层面上，我们整个人类世界是一体的，只是因为各种因素、各种因缘，我们感觉到我们的表象是分离的。地球好像也是板块分离的，但是你能说，经过空气的流动，我的呼吸难道跟你的没有关系吗？我们身上排放的各种水汽本身就是这个世界的一部分。水汽自己上升，或者说，物质或者能量可以散掉，但上升的水汽最后可能变成了云，云又是流动的。到了中国的某一个地方，云就可能变成了雨。整个地球上的物质、能量是流动的。从江河里的水，到海洋里的水，到生物体里的水，都是流动的，可以说水在整个生命界流动。所以，物质能量层面上我们是关联的。

精神层面也是关联的。在理性层面我们都能够彼此沟通。为什么能够彼此沟通？沟通就意味着我们拥有共同的东西，这些共同的东西使得你和我之间相连、相通。当这个共同的东西被发掘了出来，就会发现其实大家在精神层面也都是相通的。再深入下去，进入潜意识。有个人要跟我谈谈，说他学过算命。他来，刚好我们两个碰上了。这是偶然的还是必然的？这样的问题有点麻烦。我们的意识外在地显现出来，看上去是偶然的。但是，来北京之前我根本就不认识他。他找到我，他知道我们可以联系。为什么？人的潜意识层面是沟通的、关联的。这是一种很奇妙的解释。我不认识他，他不认识我，这是意识层面。但是他在编辑一本杂志，在找关于环境保护、生态、人类命运的稿源。由于这个外在的意识、意念，他就到网络上寻找诸如"生态环境"之类的关键词，然后看到了一篇我的文章。他说他看到我的博客文章非常激动，在上面找到我的 E-mail 地址，就来联系了。这就是一个从意识到无意识、从无意识到意识的流动过程。我们不一定见得到单纯的无意识，但是意识使得我们能够沟通。也就是说，无意识上升为意识，这种意识又下降到无意识，经过这个过程以后，他找到了我，然后我们形成了一个采访默契，就可以对生态问题有一个彼此间的理解或分享。这就是从无意识变成意识。我们有共同的无意识，我们都关心这个地球和人类的命运，我们各自从不同的角度来关心这个世界，这也是前辈们在我们身上一直留下来的意识。

文化层面也是关联的。有人说，西方文化和我们的距离比较远。但近代以来西方的文化跟我们越来越密切，到了今天就更加密切了。印度的佛教传到了中国，现在佛教早已成了中国或中华文化一个不可或缺的部分。印度佛教文化也可以说是中国的文化，因为佛教已经进入并植根于中国了。有趣的是，印度反而很少有人信仰佛教了。印度的佛教文化在阿育王时代开始向全球扩展、传播，进入了当时所能达到的世界的极限，以至于佛教也进入了希腊（在《南传弥兰陀王问经》中，龙军菩萨使得希腊弥兰王皈依了佛门）。公元前 3 世纪，有一个哲学家叫皮浪，他到印度学到的当然不是佛教，而是怀疑主义的东西，西方的怀疑主义哲学传统就这样来自于印度佛陀时代的怀疑派。整个西方怀疑主义的传统很发达，但它的源头要追溯到印度去。我们中国有这么发达的佛教文化、文明，它的源头也要找到印度去。今天在全球范围内的瑜伽热，也要寻到印度去。扩展一下，瑜伽的观念不只是印度的。在其他文化里也有瑜伽理念的体现。瑜伽，在潜意识里面，在人类文化的底层里面是普遍的。

无论是生物学（即物质层）的，精神层的，还是整个外在表现的文化层，人类都是相互关联的。这个世界的景象不是分离的、不是隔离的，人与人的存在是相互关联的。把自己和外在的他者隔离开来，生活就会变得孤立起来，就会封闭起来，生命就没有了活力。

## 第二节 （第一）轴心时代

在几万、几十万甚至一百多万年的史前史里，人类的文化变化缓慢。德国哲学家卡尔·雅斯贝斯解读说，在这个过程中，大约从公元前 8 世纪到公元前 2 世纪的时候，在中国，印度，波斯（就是今天的伊朗这一带，还有两河流域）和希腊涌现了一批思想家、哲学家、精神之师、智慧之师。这一批人好像突然从天而降，给这个世界带来了全新的观念、理念。在中国，特别是先秦诸子百家，主要是孔子、孟子、老子、庄子、墨子等，这些人作为先秦文化或中华民族文化的缔造者涌现了。同时，在印度，佛陀大约在这个时候来到了这个世界；耆那教的教主和创始人大雄提出了非暴力思想；婆罗门教最重要的经典《薄伽梵歌》等定型了，这些均是印度文化的基石。在波斯，琐罗亚斯德出世。在希腊，毕达哥拉斯、赫拉克利特、苏格拉底、柏拉图、亚里士多德，这一系列不同的思想家、哲学家形成了不同的思想和哲学观念形态，影响了之后的文化格局。人类文明在这个时代被称为轴心时代。轴心时代形成了我们人类的基本观念和价值取向。

　　这个时代人类生活的特点是什么呢？一般说来，在轴心时代之前，人类缺乏的是个体意识。如蚂蚁，有集体意识而没有个体意识。这当然是我们人比喻的说法。就是说，个体价值没有体现，更重要的是整体。正如军队，作为整体，军人的个体意识不重要，打仗强调严格的纪律和集体意志。轴心时代的人们，特别强调个体意识——"我"出现了。所以，一直到现代，我们越来越强调"我"，"我"是一个中心。

　　那么，这个"我"的发展朝内还是朝外呢？朝内发展就是修行。在中国成为圣人或仙人就是一种修行。基督教说的上天国是一个朝内修行的追求，渴望进入伊斯兰教的乐园也是一种修行。佛教要达到的朝内修行目标就是涅槃或觉悟。印度教的修行目标是解脱。这都是朝内的证悟。作为个体要达到自我超越，就要朝内走。

　　这个"我"的发展还有一个是朝外走。"我"朝外走会发展出一个历史的观念，特别是在西方一神论的传统下，历史朝前走，从起点走向终点是越来越进步的过程，就是说，要走到"天国"。

　　人类要实现外在的追求，就要发展科学和技术，物质技术力量是外在追求的最大体现。人类一直在努力跳出地球，要跑到月亮、火星上，要到更远的星球，把特殊的东西放到宇宙里，希望能找到外星人。而在很大程度上，人类传统的艺术、宗教、哲学则是朝内和自我超越的。但这些都基于"我"，如果"我"不出现，则既没有朝内走也没有朝外走。修行高的人或思想家说，天堂没有，地狱也没有，因为他没有前也没有后。但是，作为一个整体的社会发展，它要朝内拼命走，朝外拼命走：朝内就是修行，朝外就是发展科学和技术。中国道教里面的内丹和外丹，一个朝内，一个朝外。人类文明发展就出现了一个历史运动，而且似乎历史是进步的，是一个从低级或初级到高级的进程。基督教认为，天国向人类的展开，即人类走向末世是发展的历史性进程。但是在印度教和佛教里面没有这样的观念，对于它们来说宇宙历史似乎是循环的。以基督教为背景的西方传统，和印度教、佛教的传统不一样，但它们都是从轴心时代发展而来的。不过，不管是哪种传统，历史还是朝前运动的。在今天全球化背景下，人们似乎在很多地方学西方，学西方的历史观念，讲科学的终结、哲学的终结、历史的终结、艺术的终结，什么都讲终结。为什么呢？在这个时代，人们开始重新反思很多大问题，思想家们纷纷提出不同的看法，之前的一切自然也就终结了。

　　轴心时代出现了各种观念。过程哲学家阿尔弗雷德·怀特海（Alfred Whitehead）认为，2000多年来的西方文明只是在注解柏拉图。这只是一种说法和解读方式。也就是说，两千多年来，西方文明没有根本的改变，西方文明只是在不断地被阐释，而不是一种创造性的转化。特别是，从西方的角度看，18世纪以后，技术发生了重大的转化和变革，西方精神则动荡得很厉害。动荡的结果就是西方传统的观念受到了颠覆，例如，达尔文进化论出现后，传统的基督教观念遭到了颠覆。西方启蒙运动的发展使得人文主义越来越强势。到了20世纪初的时候，整个西方文化开始大动荡。20世纪两次世界大战则加速了全球化的进程。战争结束后，许多人移居到了西方国家。大量移民的结果是不同文化和信仰的流动加速起来。在18世纪，可能我们对印度的理解、印度对外面世界的理解都很少。但是现在由于技术、战争、人口的流动，全球化开始发挥它自身的威力。就是说，人类外在扩张的要求已经发展出强大的技术，人类内在的冲动和追求则带来了种种修行的方式。朝内发展就沉淀为"内丹",出现各种修行方式;朝外发展最后就是技术,变成蒸汽机、火车、各种武器,这个发展导致了地球上的搅动。

20世纪50年代初,卡尔·雅斯贝斯在《历史的起源与目标》中说,我们遇到了时代的间隙期,新的时代可能要来临了。当时他预感到了,但是没有感觉新时代已经到来了。20世纪六七十年代以后,技术继续发展,特别是计算机和网络技术爆炸式的发展,信息的累积和沟通以几何级数加速发展,最终导致一切人卷入其中。网络的出现,不是一小部分人流动的事情,而是一切人流动的现象。一切人流动了,文化大融合、大碰撞就出现了。

## 第三节　第二轴心时代的引入

20世纪90年代,出现了萨缪尔·亨廷顿(Samuel Huntington)的"文明冲突论"。文明之间的关系问题成为热点。随着东欧社会主义国家纷纷崩溃,很多人以为两种制度间的斗争也终结了。西方文明好像独孤求败,没有了对手。萨缪尔·亨廷顿发现,文化冲突体现或取代了传统意义上的制度冲突。在这样的背景下,学界引发了争论,文明之间的关系是什么?萨缪尔·亨廷顿第一个提出了这个问题,1993年他在美国《外交》季刊上发表了一篇重要的论文《文明的冲突?》。1993年是非常奇怪的一年。这一年宗教界的最大事件,就是以孔汉思为代表的全球各个宗教传统的代表人物组织起来召开了世界宗教议会(Parliament of the World's Religions)。这种议会是全球化时代才能真正做到的。孔汉思提出,我们要建立全球伦理①,因为不同的民族、不同的信仰、不同的文化,彼此之间的相处需要有共同的底线。孔汉思希望,人类要以共同的伦理底线来解决问题,这是他到现在还在不断呼吁的。也就是说,人类面临着很多的共同问题,面临一个时代的转向问题——从轴心时代转向新的轴心时代,也就是汤一介先生说的新轴心时代,杜维明先生讲的第二轴心时代。在这个过程中,我们意识到,国际上思想家们都在关注和从事这方面的研究。关于"第二轴心时代"这个词的来源,美国哲学家、天主教思想家尤尔特·卡曾斯首先提出了"第二轴心时代"的观念。英国的凯伦·阿姆斯特朗也倡导这个观念。她写过非常有名的《神的历史》②,还有介绍给西方人的《佛陀》(Buddha,2001)。

按照尤尔特·卡曾斯的理解,由于全球化的发展,人类会出现两个特别重要的意识:一个是集体意识或全球意识。现在不能只有个人,要有全球性的、和他人一体的集体性意识。而这个意识的出现,确实早已经隐含在轴心时代的观念中了。这是一种回归。另一个是生态意识,也即人和自然、人和地球的关系意识。今天,技术的发展使得人类面临重大问题。生态问题得到广泛关注,是因为它不只是一个国家的问题,更是全人类共同面对的问题。全球化时代,人的得救不是个人的事,而是全人类的事;个人的

---

① 孔汉思,库合尔.全球伦理——世界宗教议会宣言.何光沪,译.成都:四川人民出版社,1997.

② 凯伦·阿姆斯特朗.神的历史.蔡昌雄,译.海口:海南出版社,2007.

命运就是他人的命运，个人和集体是关联在一起的。根据菩萨精神，我不下地狱，谁下地狱？所有人的命运都是菩萨（指地藏菩萨）的命运。第二轴心时代首先就体现了个人和整个人类命运关联在一起、人类命运和地球命运关联在一起的意识。生态意识是人类重新认识我们人类与地球、自然之间的关系，环保主义运动是一种新态度，素食运动是人类重新认识自己的一种方式。

还有一位重要的思想家是雷蒙·潘尼卡。据我所知，他每天都要入定坐禅。他写书写得很快，已经超过50本了，还有500多篇文章。他个人生命进入了四个传统：他既是天主教的神父，又是印度教的古鲁（guru），他既入了佛教，同时还是一个世俗主义者。他说过一句非常精彩的话：服务地球就是服务上帝。他的生态意识非常明显。他在关注和重新认识人和自然关系的时候，超越了人类中心主义和所谓的物质主义、消费主义。从某种意义上来说，在全球范围内流行的消费主义是摧毁性的。事实上，消费主义会加剧人和地球、自然的紧张关系。中国现在也有这个问题，就是消费主义膨胀得非常快，生态问题、污染问题、人和自然的关系问题会强化，也会越来越多。从某种意义上讲，经济的发展、繁荣是和毁灭挂钩的。我们要重新认识人自身的意义究竟意味着什么。

雷蒙·潘尼卡说，在轴心时代之前，社会的关系是以自然为中心的，人对自然很敬畏；但轴心时代之后，人慢慢发展成为中心，也就是人类中心主义，人类要控制自然、征服自然。特别是在西方，人类中心主义高度地突显了出来。基督教原本并不是人类中心主义的，现代化的思想被带入了基督教，这对基督教可能是一场"灾难"，因为基督教的本质并不以现代化为动力。但是，很多人已经被现代性的观念所束缚，并以为这是最好的。所以，很多人把现代化的发展归功于基督教信仰。我要告诉你们，这只是一个Maya（幻觉）。今天的人类可能进一步面对潜伏的灾难，比如说核武器的阴影，比如说过分攫取自然资源面临的生态灾难。所以雷蒙·潘尼卡说，我们现在处于一个"越来越不确定的世界"。以前，我们不担心世界会怎么样，因为我们对世界充满了信任。但是今天的金融风暴、各种生态灾难等使得人的确定性和信赖感在下降，我们的生活质量在下降。今天我们面临的问题是：轴心时代之前是以自然为中心的，对自然我们充满了敬畏与恐惧；轴心时代以来，我们发展了历史意识的观念，人慢慢发展成了中心，自然被当做攫取资源的对象，超越自身的神性或神圣慢慢被淡化了。今天，我们已经发展成了一切以人为中心、一切都为了人的图景，最后形成了以消费主义为搭档，整体地发展消费主义的文化。

科学家或哲学家、思想家们反思着人类的命运，人类的这种消费主义生存方式是否可以不断持续下去？今天看来，这显然是一个大问题，消费主义生存方式是充满危机的，也许这个危机会使得我们后代的后代无法生活。今天的污染已经导致环境越来越不适合人类的生活了。从自然环境来说，杭州可能比北京舒服多了；上海还有其他很多城市都是大马路和水泥房子，生活在其中其实很压抑。不少的人已经开始怀疑，这些城市是不是我们要一直生活下去的地方。城市生活是高度消费性的，一天产生的污染有很多。国家说不要用塑料袋了，可是现在塑料袋的使用却越来越普遍，没有东西不被包装，接受包装的东西已经成为我们的习惯，可是污染物却不能化解或者难以化解。很多人意识不到这个世界的观念出了问题。生活就像坐在车子上，车子一直在开，但驾驶员的眼睛却是瞎的；或者，这个驾驶员的眼睛是亮的，可是车子在朝山下开，刹车不灵了，只能一直开着，停不下来，但是下面却是悬崖。车里的一些科学家或思想家，想尽办法去弥补。也有些人说，没有办法停下来了。这是一个大问题。

事实上，我们真的出了大问题——这就是雷蒙·潘尼卡所说的"神话危机"。恩斯特·卡西尔（Ernst Cassirer）写了一本《国家的神话》。神话有两个意思：一个意思是虚幻不真实的；另外一个意思是，没有神话人类没法生活。在西方，最大的神话已经不是上帝，而是民主。对很多人来说，金钱是最大的神话，金钱能解决所有问题，所以他们对金钱有信任感，就像对上帝有信任感一样。可是我们今天对上帝没有信任感，我们只对金钱有信任感。这就是神话的意义。《圣经》里讲，玛门（意即钱财）与上帝之间只能选择一个。现在玛门取代了上帝，世界的神话图像发生了转变。

人类的理性思维依赖于神话。这个世界之所以可以理解，是因为世界最终不可理解，我们的可以理解基于不可理解，理解的基石是不可理解。我们的意识不断挖掘更大的空间，挖掘的空间大了神话也就后退了。历史的神话是进步的神话，因为我们相信历史是进步的。但是现在这历史的神话成了一个可以怀疑的神话。生态危机导致这个历史神话可能被颠覆。雷蒙·潘尼卡说，我们现在走到了历史的终结，人类要么走向毁灭，要么超越历史的意识。现在正处于观念的转折点上。我们的生活方式、生存态度都要发生重大转变。人类已有的发展、生存的观念可能已经受到了挑战。在未来有限的时间内，如果人类遭受灾难打击的规模和深度更大，那么我们的观念就更难持续。有人说，看来要走下去，唯有修行才是出路；也有人说，我要转变整个观念。作为一个先知性的思想家，雷蒙·潘尼卡说我们需要转变神话。轴心时代前的神话是自然中心的，原始人没有时间感，早晨和晚上没有什么差别；可是对于历史中的人来说，时间从起点到终点，是线性的。我们进入了一个重新认识时间的时代。如果人类沿着历史意识发展，可能意味着毁灭式的结局。生态大灾难已经引起了我们的警觉，人类有可能发生一些转化。至少有一些人已经意识到了这个问题：人类这样生活下去肯定不行。

唐·库比特是后现代哲学家，他也是当今整体思考传统观念的思想家。他沿着西方的传统几乎走到佛教里去了。他特别强调人的维度以及在当今世界如何生活的问题。至今他已经出了49本书。但他的许多专著都被西方教会否定和排斥，因为他反思、批判基督教的传统观念。我和他开玩笑，说他从西方走向觉悟，是不是辟支佛啊。

凯伦·阿姆斯特朗本来是英国修女，后来离开修道院到牛津去读书。她的传记《走过窄门》影响非常大，被翻译成了多种语言。中国社科院世宗所孙艳燕博士，最近翻译了凯伦·阿姆斯特朗的一本专门研究轴心时代的新书——《大转变》。这本书讲到了以赛亚、耶利米、佛陀、孔子时代的世界格局，其宏大的历史叙事把中国、印度、西方放在一起并列分析。她没有西方中心论，而是用全球观念写历史。她对整个轴心文明的研究，在某些方面比早期的卡尔·雅斯贝斯还要深刻。

雷蒙·潘尼卡提出，宇宙（地球是一个指向）、人、神是独立的，三者之间构成相互关联的整体。人不是中心，宇宙不是中心，神不是中心，而是多中心的。他说过一句警觉人类的话：没有地球就没有人，没有人也就没有上帝，没有上帝当然就没有地球也没有人。这三者是关联体，而不是独立的实体。我们进入了一个关联的时代。他的吉福德讲座以《存在的节律》之名出版。在这本重要的著作中，雷蒙·潘尼卡系统全面地探讨了宇宙、神、人彼此关联的新实在观。

## 第四节　第二轴心时代七大意识特征

### 1. 全球或者整体意识

概括起来，第二轴心时代特别重要的是全球意识的出现。在全球化时代，全球的政治、经济、文化、信仰都关联在一起。重新认识人自身、人和世界、人和社会、人类命运等，这种重新认识引发思维方式、价值取向的转变。

### 2. 生态或者大地意识

人生存在大地上，脚必须正对着的位置是地球。站的地方都没有了，是不行的。新的生态意识要超越现在的生态学。生态学是一个科学术语，但我们不仅仅需要科学术语，我们更需要一种智慧的哲学术语——生态智慧，从新的高度重新认识人和自然的关系。现在的生态学，是基于历史意识处理人和自然关系的一种思考；但是，新时代的生态意识则从全球意识上重新认识人和地球的关系。它站在了一个新的高度上。

### 3. 跨文化意识

人类的文明、文化是相互关联的。我们进入了跨文化的生存圈，我们不再孤岛般地被隔离，我们越来越关联。我们可以自由进入中国已有的儒道佛，我们也可以自由地进入西方文化。我认为，西方文化也会慢慢地被东方文化所浸染。从宗教上说，作为一个佛教徒，可以学习和了解印度教、基督教的有用的东西；反过来也一样。跨文化意识，从灵修、内在发展的角度看，是灵性间性（interspirituality）的问题，即灵性的发展不是单一传统的。我们就像一棵树，不同的肥料都可以帮助我们长成一棵大树。基督教的灵性、佛教的灵性、印度教的灵性和中国儒家的灵性、道家的灵性都可以对今天跨文化生活的人有益。跨文化意识已经吸引了一大批研究者。

### 4. 对话意识（或者他者意识）

面对不同的信仰、思维方式和价值取向，不同文化的人们相遇时可能碰到很多张力和冲突。大家都认识到要通过对话来解决问题、处理彼此的关系。要承认他者，取道对话。我们把对话视为中道，对话是处理张力的中庸之道。野蛮人可能通过冲突的方式来解决问题，而人类的成长需要通过对话来处理彼此的关系。对话是比较成熟的人类生活方式和生存方式。我们倡导对话的方式，而不是对抗的方式。

### 5. 女性意识（或者阴性意识）

可能有些女性比较容易认可女性意识，但是要知道，女性意识不只是女人的意识，男人身上也有女性意识。中国道家讲，任何生命都是阴阳合一的，任何一个女性身上都有男性因素，任何男性身上也有女性的因素；任何一个国家、民族都是阴阳综合、糅合在一起的。我们的传统过分地强调了男性的、男权的、等级制的意识。我们需要强调任何一个生物体身上的女性因素。不是说要强调女人，而是说可以从任何文化中发掘出女性维度，使得阴阳平衡。过分强调攻击性的、男性的维度，这个世界必然是脆弱的，但是如果只有女性维度，这个世界就可能太黯淡了。今天的女权主义运动和女性意识有关，但不完全一样。

### 6. 关系（非实体）意识（或非实在意识）

现在对后现代意识没有确切的表达式。后现代意识是说，这个世界没有可以把握的绝对本质。非本质是后现代的观念。按照佛教的说法，任何事物都是缘起性空的。缘起的意思是物体的存在都是有条件的，条件的变化就意味着所谓的本质消失掉了，所以，没有一个固定不变的绝对本质能让你抓得住。传统的文化过分地强调了本质。张祥龙教授在他对黄保罗的《儒家、基督宗教与救赎》① 一书的回应文章《〈儒家、基督宗教与救赎〉草读偶感》中批评了黄保罗（Paulos Huang），张教授认为中国的儒家文化并没有突出本质，在柏拉图的理念那里才强调实体的意识。今天的哲学强调事物是一个过程，是诸条件的聚合，我们在过程中把握这个世界。这同样意味着这个世界是相互关联在一起的。

### 7. 亲证意识（或者生活意识）

亲证意识的解释比较含糊，不同的人对它有不同的理解。我的基本理解是，我们来自生活，回到生活，一切为了生活。但是生活可能有低层面的，也可能有高层面的。科学发展是为了生活：武器是为了把敌人干掉或保护自己、用于防卫，所以要发展科学，这是一种生活方式。人类各种各样的方式，科学、艺术、哲学、文学、宗教、灵性等方式的发展，都是为了我们的生活。我们要重新反思生活，寻求一种合理的方式。不管怎么发展，科学、宗教都是为了人。可是，怎样的生活最合理？这就要进入新的意识里面去理解，把人当做和整个世界相互关联的网络整体中的质点，在宇宙、文化、社会、家庭等共同体里重新定位人自身和我们的生命，把"小我"放在"无限的我"中定义自身，重新认识人的价值和意义。

第二轴心时代的这七大意识都可以再发展。因为这些都不是观点，而是整体性质的意向或图像。学者可能会各自从某个方面去做研究。没有专门从事研究的人看世界的观念也会和以前的、原来的或其他的不一样。大家都会站在新的高度去重新看待自己、他人、社会、自然、宇宙、超越者，重新认识自己的定位，重新反思自身的价值和内在意

---

① 该书由宗教文化出版社 2009 年出版。

义。人活着有什么意义？怎样活更有意义一点？这样的问题依然是大问题，需要有新的自我反省。

## 第五节　文明形态的四种转变

从第二轴心时代涌现出来的七大意识可以发现，我们文明的形态发生了转变。我概括为四条（我这里不具体展开谈，是因为我在一篇论文中专门谈论了。参见我的论文集《走向第二轴心时代》中的论文《走向第二轴心时代的宗教对话》）。

第一，从对抗或冲突的文明走向对话的文明。用杜维明的话说，就是"学习的文明"。我们以前不太会学习，我们以前喜欢教导别人。文明转变的进程告诉我们要学会学习和倾听。今天我们的国家要和平崛起，经济、政治、宗教、哲学各个层面中都讲对话，不是只有一种哲学、信仰、体制、意识形态来支配整个世界。"和而不同"的观念要发挥作用，轴心时代带来的遗产要在继承创新的基础上发挥它的功能。

第二，从一元论转向多元论。也就是从唯我独尊的思维方式、价值取向以及管理控制世界的方式，转为多元的、协作的模式。从哲学到文学，从处理国家、民族的关系到个人关系，甚至家庭关系，成员之间相互对谈、交流、倾听、对话会更合理。

第三，从本质转向关系。不用外在的真理来处理两个人之间的关系，人与人之间是基于彼此关系而非本质。例如借用基督教的说法，上帝是三位的，父、子、灵之间是相互关联的。上帝是关系，不是一个本质。

第四，从第一轴心时代走向第二轴心时代。

## 结　论

在这样的理解下，我们就不会认同和主张亨廷顿的文明冲突论。即使冲突存在，我们也要强调通过对话来解决。台湾灵鹫山和伊斯兰的对话就是很好的例子。在英国和美国，基督教和伊斯兰教的对话也是非常普遍的。信仰之间的相遇、交流和对话非常正常。对话已经逐渐成为处理不同宗教信仰或文化彼此间关系的非常有效的中庸之道。我们不应该强调冲突，我们应该强调"和而不同"的对话立场。这表达了对各种不同文化的尊重态度。中国历史上，儒道佛之间相互学习，它们之间的关系本质上就是对话关系。日本裔作家福山的《历史的终结》一书认为，民主制度是最完美的，世界不会再发展了。我在《对话经》里讨论过他的思想。历史的终结是一个带有民主神话的说法，福山所理解的社会主义似乎在东欧政治风波以后就已经没有了。对他来说，现在只有民主一统天下。我觉得这可能又是一个幻相。没有什么"一统天下"。我们讲到了潘尼卡的历史神话的终结。我们需要新神话，需要重新认识人、宇宙和超越维度的神圣者。有人说那个维度是"上帝"，有人说是"道"、"天道"。就看你怎么说了，名称并不重要。在新的神话中，人不是中心，自然也不是中心，神圣者也不是中心，这三者相互关联、缺一不可。在此图景中，消费主义完全变了味，因为活着的意义不依赖于消费多少。

现代文明正在转折点上。转折得好，人类就会比较顺利地进入一个新时代；转折得不好，对于我们这一代或下下代的人来说，可能就会是毁灭性的。在某种程度上，我们要走的路，既在我们手上，又不在我们手上。人类要进入新的视域来重新认识人类自己。与 20 世纪初新文化运动的观念相比，新文明的观念，意义可能会更大。因为新文明不是只关注一个民族、一个国家的命运，新文明关注的是人类的问题，新文明是整体主义的。新文明将会带来人类图景的彻底转变。希望我们大家都能参与新文明的建设进程，都能加入建构人类的新图像之中，也希望人类有美好的未来。

# 第九章 全球化、第二轴心时代与中国宗教的未来

王雷泉教授：

真正的引导需要大师。2500 年前，在世界的东方和西方出现过伟大的老子、孔子、释迦牟尼、苏格拉底、柏拉图等。他们几乎在同一个时代出现，哲学家雅斯贝斯称那个时代为轴心时代。2500 年以后，世界进入了 21 世纪，这个世纪有很多变化，我们的物质文明已经发展到烂熟的地步，但是危机也随之出现，所以这个时代更加注重心灵的探求和重建，我们这次请来了浙江大学的教授、博士生导师王志成博士给我们讲解第二轴心时代文明，讲解我们中国将怎么来解决自身的问题，同时考察我们中国能对整个人类的未来作出什么样的贡献。王志成博士虽然年纪比较小，可是著作等身，光译著就有 40 多部，涉及东西方的宗教，自己的专著也有 10 多部，是一位非常勤奋的学者。他已关注到了当代宗教学的核心内容，现在我们就以热烈的掌声欢迎王志成教授为我们演讲。

王志成教授：

谢谢王老师，谢谢各位老师和同学。王老师跟我十多年前就已经认识，那时我准备去耶鲁大学访学，我们一起吃饭讨论过哲学。我于 1986 年进入杭州大学（后并入浙江大学），1990 年毕业，同年读研究生，我的导师是陈村富教授。1993 年我跟随夏基松教授研究外国哲学，攻读博士学位。我的硕士论文研究古代希腊哲学中的怀疑主义神学，我的博士论文研究当代宗教哲学家约翰·希克的宗教多元论。之后，我一直和约翰·希克以及相关的人士保持联系，并持续地做一些翻译工作。我的博士论文《解释与拯救》于 1996 年出版。之后，我一直在大学从事教学和研究工作。

今天我很荣幸来到复旦大学和大家谈谈关于我个人最近几年思考的一些问题以及对此的一些想法。从 2004 年开始，我们开始在北京宗教文化出版社主编一套丛书——《第二轴心时代文丛》。这些书里面有些观点和我今天晚上讲的有一些关系。

今天晚上我要讲的主题是：全球化、第二轴心时代与中国宗教的未来。这个主题讲三个内容，第一个是全球化问题，第二个是第二轴心时代问题，第三个是第二轴心时代与中国宗教的未来。

## 第一节 全球化问题

全球化是当今我们人类的处境。有人说人类进入全球化的时间是在 18 世纪，有人说是在 19 世纪。但全球化真正给人带来一种强烈的冲击感受的是在 20 世纪，特别是第二次世界大战之后，对我们多数中国人来说应该是改革开放之后。

　　这里，我要讲两点：首先，全球化这个观念发端于什么时候，一般来说我们不会把这个观念的起源推得很远，但是我在《中国宗教》上发表了一篇文章，谈到了全球化观念起源的问题，并提出该观念应该发端于轴心时代，也就是说在释迦牟尼时代、在耶律米时代、在老子和孔子的时代。因此，我的一个基本观念是：全球意识发端于轴心时代。之所以出现这种意识，这是一个很神秘的现象，并不容易解释。在轴心时代之前，人们的观念发展受到了地域的限制，但在轴心时代（公元前8—前2世纪）不同地区都出现了一批伟大的思想家、哲学家、宗教家、圣人。为什么会在那个时代集中出现这么一批伟大的人物呢？这是人们到现在都不能真正解释清楚的现象。因为，从时间观念来说，之前是比较原始的，而这时出现了一大批思想家，他们之间几乎都没有什么来往，他们的观念却又都在这个时代出现了，所以对于很多人来说这是一个神秘现象。

　　人类的智慧在那时发生了突变。对此，至今我们难以有一个理性的解释。雅斯贝斯最早提出了"轴心时代"一词。他自己也无法解释人类这种智慧的集中性的爆发，其他思想家也难以解释这个现象。但如果你是有信仰的，可能你会说这源于神圣的天启。

　　与全球化相关的全球意识，在它出现之后自身就会运动。当今时代，人人都可以感受到全球意识，而且越来越多的人接受了这种全球意识。例如，我们今天的一些学术研究或者我们各个领域的工作自然而然地都需要通过这种意识来思考、观察和分析。

　　其次，我们不能说轴心时代的那些思想就可以被称为宗教，只可以说是宗教的源头思想，佛陀本人不是要创宗教，他实际上是一个觉悟者，孔子、老子以及庄子他们本人都没有创立宗教。而他们的思想却成了在此之后所创立的各种世界宗教思想的源头。在中国，我们可以说我们在解读先秦的思想家。先秦之后中国哲学几乎没有什么特别的原创思想。很多人因此说要重返轴心时代。对于基督徒，就是要回到《圣经》；对于佛教徒，就是要回到原始佛教；对于道教徒，就是要回到老庄时代。但是各个宗教的创始人的头衔是我们后人给予他们的，他们是被给予者，而他们本人并没有很主动地去创造一个宗教，后人沿着他们的思想道路发展出一个个不同的宗教体系。

　　比如在佛教中，首先是佛陀的经验，而后沿着佛陀的经验继续践行。我们的佛教不断发展，我们不断证悟佛陀的思想、体验佛陀的思想，然后我们的意识因此也不断地扩展。所以，佛教以佛陀的经验为根本，不断地延伸，慢慢地形成佛教传统。而这传统由于我们对它的解读上的差异以及在修行方法上的差异而产生了分化，细化为不同的宗派。慢慢的，它们共同构成一个巨大的传统，所以宗教就成了传统而不是单单一个人创立的宗教，不是依靠佛陀一个人构成的，它是一个包含诸多亚传统的巨大传统。由一个原初的思想家变成一个传统，这个传统又有很多亚传统。这个过程不是短时间内完成的，而是有一个历史的发生、发展的过程。所以佛教不是一下子到中国，也不是一下子到西方的，西方的佛教主要是在20世纪发展起来的。19世纪时，没有多少西方人认识佛教。可能尼采了解一点，可是尼采对佛陀的了解准确吗？尼采对佛陀的了解有很多地方是不准确的。叔本华对佛陀也了解一点，但叔本华对佛陀的理解很准确吗？到现在为止，据我所知，一般西方人一般对佛陀难有正确的理解。

　　今天看来，佛教由一个人渐渐组成一个僧团，然后逐渐变成一个有经典文本、有自己特定组织的传统，从小乘到大乘，再发展成今天佛教在西方的样子，这是一个不断物化、具体化的过程。《史记》里有秦始皇要灭佛的记载，也就是说在秦始皇的时代佛教就已经传到了中国，但是我们对此并没有多少证据。佛教的发展和传播可以说是一个全球化的过程，是一个慢慢展开的过程。从历史的角度看，我们要特别感谢阿育王，他是一个很特别的人。另外，大家可以读一本佛经——《南传弥兰王问经》。在这部经中，一个来自希腊的国王和龙军菩萨展开对话。这个希腊的国王接受了龙军的观念，皈依了佛门。这是一部很有名的经典。在佛教的全球化过程中，阿育王起到了非常大的作用。当然历代的很多高僧对佛教的全球化都起到了非常重要的作用。中国的佛教在中华人民共和国成立后到文化大革命这段时间遭到了根本性的打击，在此之后佛教在中国开始缓慢地恢复。

西方基督教的全球化就要从耶稣开始说起了。耶稣说你们要把我的福音传到地极。这个观念给后来的门徒所指引的一个方向就是把他的福音传播开去。基督教的兴起是非常有意思的。理论上讲，耶稣是一个犹太教徒，一个拉比。他不是基督徒，也没有建立教会，但是他的思想、他的行动、他的榜样作用以及他的门徒沿着他的路线走下去，就形成了一个小的共同体，然后这个共同体逐渐地就变成了一个组织化了的但较为松散的群体。由于历史的偶然性，经过几百年的挣扎和斗争，这个宗教群体最后为罗马当局所接受，成为国教。基督教在地位上的"翻盘"对于基督教来说具有革命性的意义，基督教的优点从此得以彰显，相应的，基督教的缺点也为世人所知。这是一个国教化的过程。今天来看，基督教的全球化是最为成功的。因为基督教的早期信徒大多为文化水平不高的民众，他们凭着坚定的信仰把基督教变成了一个巨大的传统，并且慢慢发展出三大亚传统——天主教、东正教、新教。相比于其他宗教，它的每个亚传统都非常强大，光天主教信徒就有十多亿人。在它的全球化过程中，基督教从西亚到欧洲、印度，乃至后来漂洋过海来到美洲，取代了美洲原有的文化根基，从此，美洲文化也成为一种基督教文化。

在当时的美洲，本土的文化传统及其信仰都不是比较牢固的，基督教进入美洲是比较容易的，并把其本土文化给吞并了。但是基督教进入亚洲如印度和中国的情况却非常复杂。在唐朝时，基督教的一支就进入中国，被称为景教，但是当时景教是依附于佛教的，在灭佛过程中，景教也被打压下去了。在元朝时，也里可温教（当时中国人对基督宗教的称呼）传入中国，随着元朝的灭亡它在中国消失了。明末清初天主教进入中国。但是由于中国文化自身的强大，直到清末，天主教在中国的传播并不是很成功。相比而言，佛教的本土化过程却是非常成功的，因为它能够在中国两种文化传统——儒道之间达到一种和而不同的融合。

基督教和中国宗教（儒道佛）这两个异质的文化传统很难和平相处，基督教的本土化过程不是很成功。而今天，从基督教人数上看它是比较成功的，但是从思想上来看，至今我们也不能说基督教的中国化已经成功了。目前，中国大陆还没有中国神学。丁光训说要建立中国神学，但是还没有成功。香港道风山为推进汉语神学而不懈努力，但至今还不能说已经成功，还需要继续努力。社会科学院世宗所的卓新平研究员一直倡导学术神学，就是不依赖信仰进行纯学术的宗教研究。而这刚刚起步，其发展前景尚难预料。

　　在全球化过程中，基督教得到了成功的发展。但在中国和印度，情况就比较复杂。因为中国和印度都具有悠久且博大的文化传统，长期以来，基督教的信徒人数在这两个国家难以有大的增加。基督教进入美洲非常成功，进入非洲我们也不能说不成功。在进入西方世界、希腊世界的过程中，是很成功的。可是全球化的今天，人们发现中国是块唐僧肉，是非常有发展前途的地方。因为，在英国、德国、荷兰等国家，基督教人数不断下滑，而在中国内地，信徒人数直线上升。在印度也不大可能有一个大的量的飞跃。这是因为印度教本身就非常强大，因此，基督教在印度的发展空间是很有限的。在中国，基督教的发展空间则非常巨大。很多人担心中国传统文化的迷失以及中国自己的文化身份认同感的丧失，而这样的担心也不是毫无理由的。

　　以上是我举的两个宗教全球化的例子，其实也可以举伊斯兰教的例子。伊斯兰教的全球化也是很成功的。尽管伊斯兰教出现在轴心时代之后，但它也是沿着轴心时代的思想发展出来的一个世界性宗教。相比之下，中国的儒道的全球化不是很成功。并且现在我们多数人认为道教是一个地方性宗教而不是一个世界性宗教。印度教的全球化也在展开，在中国、在西方也会有所发展。现在还有一个所谓的新时代运动，新时代运动不属于传统宗教，但是新时代运动在推动宗教全球化的进程中的作用是非常巨大的。克里希拉穆提就是新时代运动的一个代表人物，他在中国很受欢迎。甚至有人把南怀瑾也归于新时代运动的人物。更有人说从广义上讲，瑜伽也可以属于新时代运动的一部分。瑜伽的全球化非常成功，比"太极"成功得多。印度瑜伽在印度文明中是一个核心的东西，但是它的全球化发展没有障碍，没有受到意识形态的阻碍。瑜伽全球化的成功经验很值得我们去研究。

　　第一点我所讲的是世界的奥秘、神秘，在轴心时代出现了智慧爆发；第二点讲的是世界宗教的扩张，这是一个从神性到理性的过程。

## 第二节　第二轴心时代问题

　　轴心时代的思想随着时间的推移，在不断发展之后，出现了很多积极的东西，但与此同时也出现了很多消极的东西。有关这些积极和消极的东西在此我不多谈。

　　轴心时代的思想发展到今天，或许由于现代人的自私以及自身存在的一些问题而未能得以完全的继承，于是我们会说历史堕落了、倒退了，比如现在经常提到的基督教的末世观，佛教所讲的末法时代以及印度教所讲的卡利时代。为了变革这个并不让人满意的时代，一些人认为我们要进行人类文明的转化。最近，看了一个充满个人魅力的科学家关于2012年的演讲，令人百思不解。他的思考角度是基于对全球化的考察，通过考察当代人类的技术能力来思考人类命运的问题。这样的人在当今世界可能不少。而我们作为学术的探讨，也有很多关于源头的探讨。轴心时代发展至今，将进入一个新的时代。雅思贝斯首先提出：我们可能正在酝酿一个新的文明时代，只是它还没来到，我们正处在这个文明和轴心文明的间隙期。他说这话的时候，我们还不能说已经进入了新的轴心时代了。

　　但是，随着科学技术的发展，特别是20世纪90年代全球化进程的突然加剧，发生了许多事件。有人把 1993 年作为一个关节点，认为这是我们进入新的轴心时代的标志时间，这是因为 1993 年召开了世界宗教议会。在议会上，通过了《全球伦理宣言》。它预示着：人们需要一套全球伦理，需要全球各个宗教的合作，形成一个巨大的宗教共同体。

早在 1893 年，在美国就召开了第一次世界宗教议会。印度教的辨喜参加了，并引起了很大的反响。过了 100 年又举行了第二次世界宗教议会，在这过去的 100 年中，全球化进程加快了。在这种背景下，人们的时空观念发生了改变，文化上发生了震荡，人们之间的关系也有所变化。在这个过程中，我们有什么特别的改变？不同的思想家有不同的回答。迄今为止，研究新轴心文明的人中比较有影响的人是卡曾斯，但他已经去世。卡曾斯在 1993 年出版了一本叫做《21 世纪的基督》的书，在这本书里他明确提出了"第二轴心时代"这个观念，可是他也说，第二轴心时代文明的源头应该回到圣方济各，要延伸到哥白尼那个时候。他说在 20 世纪有个在中国工作过的人——德日进，他是一名古生物学家，他认为人类文明是从一个原点发展到欧米伽点的过程，这个点也就是基督。从这个角度看，德日进也可以算是第二轴心时代文明的一个先驱。

但是在学者们看来，我们会提及若干人，刚才提到的卡曾斯就是一个。凯伦·阿姆斯特朗也是其中的一个代表，她是一名英国畅销书作家，出版过许多著作。此外还有一个非常激进的哲学家叫库比特，他自身也认为自己是一个第二轴心时代的学者。还有一个推进全球宗教对话的天主教思想家斯维德勒，称第二轴心时代为全球对话时代。他在他的有关论文里讨论了卡曾斯所说的第二轴心时代。中国人民大学出版社出版了他的一本叫《走向全球对话时代》的书。另外我们也把孔汉思纳入第二轴心时代学者的范畴之内，但孔汉思本人没有提到第二轴心时代的观念。新儒家的代表杜维明也在宣扬第二轴心时代的观念，并想对儒家文明进行第二轴心时代式的转化。在北京论坛上，他曾经公开宣扬第二轴心时代。北京大学的汤一介先生也在宣扬第二轴心时代，他出版过一本叫《走向新轴心时代》的书。这本书只有很少的篇幅谈论新（第二）轴心时代，是结合中国儒家来谈的。他认为儒家应进行一些变革，以便更好地进入第二轴心时代。在美国，耶稣研究会的一些人在宣扬第二轴心时代的观念，他们在 2003 年召开了一个会议，核心主题就是关于第二轴心时代的观念。

关于第二轴心时代的意识特征，最主要的可以概括为三点：第一，全球意识。各个领域里的学术研究都出现了从个体性意识上升到全球性意识的现象。第二，生态意识，也叫大地意识。这也被认为是第二轴心时代的一个基本意识特征。第三，对话意识。它强调通过对话来处理不同信仰传统之间的关系，不同文明之间的关系。我个人在做一个有关宗教间以及信仰间灵性的探索。这方面的研究还比较少，但是在全球化时代这个问题却是非常紧迫，是我们不得不面对的一个问题，即探讨儒教、佛教和基督教等宗教在相遇时我们应该如何证悟，也就是说在一个人类共同体中如何共享灵性。在轴心时代，印度、中东、中国、希腊各自的文明都是独立形成和发展的，而它们在今天这一全球化的时代开始了越来越频繁的互动，是否会出现一个共同的地球灵性，我在思考这样的问题。很多时候我从佛教的角度思考，有时候我也很喜欢从印度教的角度思考。而我翻译得最多、写得最多的是基督教方面的内容，所以我也不时地会从基督教的角度思考。

　　有人会有疑问，说你这样吃得消吗？如果我们有了这种全球意识，我们的文明可能就要重新发展，很多问题就要重新思考。在个人层面，如个人如何在当今世界上活得有意义？有人说我需要一个宗教，可是当你面对很多宗教的时候，你如何能够非常好地与它们相处，能够从其他文明中吸收营养，这就有很多值得探讨的问题。所以我个人认为对话是一种灵性的探索方式，是一种灵性的实践方式，是宇宙本身的一个动力结构。

　　为什么是宇宙本身的一个动力结构？这是因为，譬如从基督教来说，如果神是三位一体的，则父子灵是互动的。三个位格之间是互动的。在印度教里我们讲三个主神是可以互动的。在佛教里面我们讲报身、法身、应身是互动的。这些似乎有些玄奥，但是从灵修学的角度看，不同层面之间也是可以展开对话的。作为一个佛教徒，在内心深处，三个层面就可以展开对话。印度教里面也是如此。这些我们不多谈了，概括地说，第二轴心时代的文明将是一个全新的文明，而这个文明基于轴心文明精神的弘扬。譬如说当时佛陀的慈悲以及实修证悟这些观念一直以来可能没有非常完整全面地展开，可是在这个全球化时代我们似乎有可能更快地展开，且能够体现出来。我们可能很少人能达到佛陀的那个层面，可是佛陀与你的最终层面是通的。在基督教中，按照神学家的研究，按照旧约里面的经文，每个人都是神（god），也就是说人人都是有神性的，在终极层面你与上帝是一体的，从神话层面上看你就是上帝的生命之气。

　　第二轴心时代有多种意识，我们这里只谈了其中的一部分。事实上，读者可以结合全球化时代的特征去反省第二轴心时代的意识特征。

## 第三节　第二轴心时代和中国宗教的未来

　　在 2007 年参加过的一次儒耶对话的会议上，当时我就提出，儒家和基督教对话从明末清初就开始了（或许应该更早），到现在对话了几百年，但是依然是不成功的。反之，佛教和中国文化的对话是非常成功的，佛教已经成为中国文化的一个有机部分。迄今为止，基督教在某种意义上还没有成为中国文化的有机部分，所以儒耶对话还要继续。在那次儒耶对话会议上，一些基督教学者和儒家学者吵起来了，有的儒家学者对基督教不屑一顾，批评得很凶，认为基督教非常霸权。我那时是中间派。我的论文被评为很客观，而基督教和儒家的学者基本上对对方多持有消极的态度。

　　我们中国文明现在首先要面对的是基督教的进入。有一些儒家学者办儒家报纸《儒教邮报》，宣言儒教文化。有一次我和他们谈，我说儒家在对话这个方面的立场是开放的，我完全可以成为一个儒士。儒家一直以来是主张开放的，如《论语》主张"和而不同"，并主张"有朋自远方来，不亦乐乎"。2008 年北京奥运会时，我们就使用了这个标语。我认为，儒家或者儒教从理论上说是开放的，而且在全球化的道路上也没有任何障碍。只是在儒学本身的发展中，有人把儒学的一些支流末节的东西凝固起来，作为宝贝，说是国学里必须保留的东西，这就会出现很多批评。但儒家的精神本身是可以全球化的，而且在我看来最容易被接受的观念就是儒家观念，因为儒家很多观念在发展中没有障碍。也就是说，儒家很容易走向全球化，很容易为世界所接受，但是儒家中也有一些观念是很保守的，会出现很多张力。

　　我主张儒家和基督教互动，让儒家成为一个开放的、发展的儒家。轴心时代的中国宗教思想为我们中华民族带来了福音，帮助了我们很多人，成为我们中国的灵魂。道家其实如儒家一样也可以走向全球化，它在轴心时代以及轴心时代以后已经滋养了无数人的精神生活。佛教传入中国以后已经成为中国的佛教了，成为中国文化的一部分，它也能并已经为中华民族提供营养。所以儒道佛三家是兄弟，它们都为中华民族服务。

　　宗教不是为教服务，而是为人服务，所以它们应该造福于中国人民，也应该面向世界人民。如果宗教是服务人的，那么宗教很多信念层面的东西是可以变革的。在轴心时代发端的文明已经发挥了很大作用。在今天真正的全球化时代，我认为儒家的东西是可以改革的。道家有很多东西也是可以改革的。它们在服务中华民族的同时也可以服务世界，让这些轴心时代已有的资源在全球化的过程中重新展开，并哺育世界。这样，这个世界就会更加和谐。

　　从灵修学的角度看，宗教对个人灵性生活、个人灵性的成长可以提供非常好的营养。在中国，儒道佛以及一些较原始的宗教，如少数民族中那种特别关注人与自然关系的宗教对于今天的现代人来说是十分重要的，它们具有借鉴作用。现在，很多环境灾难都和我们人类自身的活动息息相关，从佛教上说，业很重，不仅中国的业很重，整个世界范围内的业都很重。人类的很多问题和人类的共业有关。这就是说在全球化时代，我们可以让儒道佛和其他文明共同凝聚、创造一个新的人类的灵性或者说新时代的灵性，并可以服务这个世界。在这个全球化的世界中不同的文化一定会相遇，一定会发生碰撞、融合。这个过程中出现了很多问题，很值得我们的学者去探讨和研究。从这个角度看，我们中国的儒道佛都可以为第二轴心时代作出贡献！这不是为了迎合某个利益集团或者意识形态，而是佛道佛信仰本身在宇宙里应该发挥它的功能，并服务这个世界的人，这是它自身的生命运动本身所需要的。

　　在这个全球化过程中，不同的信仰、不同的宗教会共同形成一个非常巨大的松散的灵性共同体。我认为这对我们的未来会更合理一些、更好一些。我们说第二轴心时代来临了，但并不是说它今天来了，明天世界就变了，这是一个进程。未来是不确定的，因为在我们这个世界中我们本身就有很多不确定的因素。这只能说我们在努力创造一个未来，然后我们在新的时代不断弘扬这个轴心文明的精神或者灵魂。结合这个时代的特征，我们进一步去发挥它的功能，发展它的潜能，并在这个互动过程中去发现更新的东西。

　　谢谢大家。

# 第十章 约翰·希克与中国宗教研究

## 第一节 约翰·希克著作在中国的译介

一个文化传统中的思想要在其他文化传统中产生影响，首先需要有一个逾越不同文化界限并进入其他文化的过程。翻译在这个逾越过程中起着十分重要的作用。如果中国历史上的学者们没有大规模地翻译佛经，我们就很难想象当代中国的佛教发展；如果没有学者们努力翻译柏拉图、亚里士多德、奥古斯丁、阿奎那、康德、黑格尔、马克思、尼采、弗洛伊德、海德格尔、维特根斯坦、萨特、福科、德里达、罗蒂等人的著作，我们也很难设想当今中国哲学界的话语。在宗教哲学、宗教多元论、① 宗教对话等领域，如果我们没有翻译诸如约翰·希克、史密斯、保罗·尼特、雷蒙·潘尼卡等人的著作，我们同样难以理解当前中国宗教学界的某些话语。早在 20 世纪 70 年代初期，汉语学界就开始逐渐引进了约翰·希克的作品。

约翰·希克的第一部中文著作是他的《中庸基督教》。该中文版第一版由廖涌祥于 1973 年翻译并由东南亚神学院协会台湾分会出版。该书于 1986 年再版。由于此书出版较早以及其他原因，中国内地学术界一直没有注意到此书。

约翰·希克引起学界重视的作品是《宗教哲学》。《宗教哲学》对中国学界带来了不可磨灭的影响。该书由中国著名的宗教哲学家何光沪教授于 1988 年翻译并由生活·读书·新知三联书店出版。何教授是根据约翰·希克 1973 年的版本翻译的，该书的出版让中国学界看到了一个真正当代意义上的宗教哲学著作。20 世纪 80 年代，西方多种思潮在短期内进入中国，约翰·希克的《宗教哲学》是国内第一部宗教哲学译著。在某种意义上，此书可以被视为中国宗教哲学的启蒙著作。此后，中国宗教哲学的研究逐渐有了自己的研究对象、研究范式、研究进路以及问题域。

20 世纪 90 年代，约翰·希克的作品开始大量进入中国宗教哲学界的视野。首开先河的是浙江大学的王志成。1998 年，王志成翻译了约翰·希克的《宗教之解释——人类对超越者的回应》（四川人民出版社出版）。约翰·希克曾经对王志成说，这是他最重要的著作。在这本书中，约翰·希克全面阐明了他的宗教多元论哲学体系。该书在中国出版后，受到了中国学界的高度关注，并成为一些大学博士生和硕士生的必读书目。

---

① 关于 Pluralism 一词，国内主要有两种翻译："多元论"和"多元主义"。因为不同学者使用的方式不同，本书并没有统一这一术语。但读者需要知道，在本书中，"多元论"和"多元主义"是在同一意义上使用的，可以彼此替换。

至此，对约翰·希克作品的翻译以及研究进入了一个全盛时期。

1999 年，王志成、思竹翻译了约翰·希克的《信仰的彩虹——与宗教多元主义批评者的对话》（江苏人民出版社出版）。该书采取对话体写就，非常容易理解，同样受到了学界的欢迎，并被广泛引用。该书印了大约 4000 册，很快就销售一空，并于 2000 年重印。同时，台湾宗博出版社于 2004 年出版了该书的繁体字版。2000 年，王志成、思竹翻译了约翰·希克的《上帝道成肉身的隐喻》（江苏人民出版社出版）。该书完整地表达了约翰·希克的基督论思想。在此，要特别感谢的是，约翰·希克教授免费提供了《信仰的彩虹——与宗教多元主义批评者的对话》和《上帝道成肉身的隐喻》两书的中文版版权。2000 年，王志成、思竹翻译了约翰·希克的《第五维度——灵性领域的探索》（四川人民出版社出版）。该书通俗易懂，系统描绘了约翰·希克对于灵性维度的系统性探索。值得指出的是，中国宗教学元老、中国哲学史家、已故教授任继愈先生说，此书在中国的出版有助于推进中国哲学的发展。2001 年，台湾出版了邓元尉的译本：《第五向度——灵性世界的探索》。2003 年，陈志平、王志成翻译了约翰·希克的《理性与信仰：宗教多元论诸问题》（四川人民出版社出版）。这是约翰·希克的一个宗教哲学论文集。2005 年，王志成翻译了约翰·希克的《多名的上帝》（中国人民大学出版社出版）。该书是根据约翰·希克于 1982 年出版的版本翻译的。2006 年，王志成、朱彩虹翻译了约翰·希克的《上帝与信仰的世界》（中国人民大学出版社出版）。在这部重要的论文集中，约翰·希克提出了基督教神学中的"哥白尼式的革命"。

2010 年 9 月，王志成、柯进华翻译了约翰·希克最近的论文集《从宗教哲学到宗教对话》（宗教文化出版社出版）。同时，约翰·希克的其他一些论文也被翻译成了中文，例如《恶与灵魂塑造》、《宗教多元论与拯救》等。

## 第二节　中国宗教学界研究约翰·希克思想的方法

中国宗教学界对于约翰·希克的宗教哲学、宗教多元论思想持有不同的立场。归纳起来，大致有以下几种。

第一，梳理和学习。接触约翰·希克宗教哲学和宗教多元论的初期，正是中国宗教学开始关注国外宗教学发展的阶段。国内学者比较少地否定约翰·希克的思想，而是乐意介绍和关注。例如，张志刚教授在《猫头鹰与上帝的对话：基督教哲学问题举要》中客观地梳理了约翰·希克的思想。王志成的博士论文《解释与拯救》则系统梳理了约翰·希克的宗教哲学和宗教多元论思想。赖贤宗在《康德、费希特和青年黑格尔论伦理神学》（台湾桂冠图书公司 1998 年出版）中相当客观地介绍了约翰·希克的多元论宗教哲学。王志成等人的多篇论文都相对客观地梳理了约翰·希克的思想而非立足于批判。从实际来看，这样的工作一直在做，到目前为止，在人们的论文和著作中还是在介绍约翰·希克的思想。另外，约翰·希克的一些思想，例如神正论、死后生活等方面的内容还有待进一步梳理和分析。

第二，比较和评述。不少论文将约翰·希克的观点和其他人的观点进行比较，并加以评述。例如，周伟驰比较了普兰丁格（Alvin Plantinga）的排他论和约翰·希克的多元论，他指出："按照普兰丁格的强硬排他论和约翰·希克的强硬多元论，宗教对话在他们那里都是不可能的。因为一个预设了'唯我独真'，因此没有对话的必要；一个预设了'大家都一样'，因此也没有对话的必要。而真正的对话可能是一个过程，不做过多的预设，在这个过程中大家都会有一些新发现和新改变，从而使自身得到丰富和发展。"① 王志成比较了约翰·希克的批判实在论和库比特的宗教非实在论。② 欧力仁从形而上学、知识论和伦理学三个方面比较了约翰·希克和库比特的宗教哲学思想，在比较中，他肯定了约翰·希克的批判实在论的合理性及其存在的问题，也肯定了库比特的非实在论的合理性和存在的问题。王志成也比较了约翰·希克和其他多元论神学家（如保罗·尼特、约翰·科布、雷蒙·潘尼卡）、比较论神学家（如弗雷德里克）以及后自由主义神学家（如林贝克）的观点。在比较中，王志成首先客观地介绍了他们的观点，其次就他们的观点的差异进行了比较，对他们的观点的合理性和问题进行了独立思考。杨乐强对约翰·希克和雷蒙·潘尼卡的多元论进行了系统的、全面的和有深度的比较。张志刚、王志成、周伟驰等人系统地梳理了和多元论相对应的排他论、兼容论。在比较中，他们对约翰·希克的多元论都持有相对肯定的立场。

第三，为多元论做辩护。王志成在不同场合为多元论辩护。董江阳翻译出版了威尔弗雷德·坎特韦尔·史密斯的《宗教的意义与终结》，但董江阳同时在序言中为宗教个殊论辩护，这导致王志成撰写回应文章，系统地为威尔弗雷德·坎特韦尔·史密斯和约翰·希克的宗教多元论辩护。在这之前，王志成在《维真学刊》（1998 年第一期）发文回应托伦斯的《宗教的学术研究和真理的问题》一文并为宗教多元论辩护。王志成对多元论的辩护有两个立场。从宗教实用主义立场看，多元论比约翰·希克所批评的排他论和兼容论要好。从哲学立场看，排他论和兼容论的理论经受不起反驳，也不符合一种客观的历史态度。而从纯粹理性的角度看，多元论理论也无法经受住反思。然而，从相对的层面看，多元论的理论更具有合理性。独立学者安伦在《理性信仰之道：人类宗教共同体》（学林出版社 2009 年出版）中接受了约翰·希克的宗教哲学观，特别是宗教多元论的哲学观。他在诸多场合为约翰·希克的宗教多元论辩护。南京大学的圣凯通过约翰·希克的宗教多元主义，尝试从佛教思想内部寻找宗教多元主义与宗教对话的智慧，以便为当前的文明对话提供思想资源。③

第四，对宗教多元论展开批判。中国有一些基督徒学者对约翰·希克的宗教多元论持不认同的态度，他们的理由既来自他们的传统信仰，也来自西方一些基督教神学家的立场。例如，曾庆豹站在基督教立场上，坚持后自由主义立场，批评宗教多元论，指出："（宗教）多元主义仍是一种为取得'一体化'之现代性'启蒙思想'（康德）框架内的主张。多元主义对各种宗教主张进行'理论化'，忽视了宗教认同的重要性。多元主义是一种'新的宗教'理论，一方面承认各宗教之特殊性，却又假定存在着共同

---

① 周伟驰. 当代宗教多元论和宗教排他论之辩. 道风：基督教文化评论, 2004（21）：222.
② 王志成. 宗教批判实在论与宗教非实在论之争. 复旦学报, 2003（3）.
③ 圣凯. 从佛教立场迈向宗教多元主义与宗教对话. 世界宗教文化, 2010（5）.

的终极实在，这项共同性成了压迫差异的权力言说。所以，多元主义的对话是一种压迫性的机制，将异质性化约为同质性。后自由神学主张'不可共量'，致力于维护差异，保护宗教生存的能力。多元主义（者）都是本质主义者……多元主义是'殖民主义者的语言'，为我们设计了'普同图式'，目的是消解彼此的差异，弱化（debilitating）对自身宗教的认同。"① 而段德智则在肯定约翰·希克的宗教多元论的同时，批评约翰·希克的宗教多元论具有乌托邦性质，他说："毫无疑问，约翰·希克的多元主义假说，作为一种宗教哲学理论，是具有说服力的。但是，不幸的是，宗教同哲学虽然有关联，却并不是一回事。约翰·希克多元主义假说的根本缺失就在于它混淆了哲学理论与宗教信仰，脱离了宗教的历史形态和历史发展，具有明显的抽象性、非历史性或超历史性，因而具有明显的乌托邦性质。"② 杜小安在伯明翰大学攻读学位，受约翰·希克的影响，却持有宗教兼容论立场，主张宗教融合，反对多元论，批评约翰·希克的多元论"仅仅强调对世界所有宗教的平等态度和开放精神，必然导致对自己宗教的偏离和背叛，导致欺师灭祖、朝三暮四、放任自流和无所归依"，"最终滑向相对主义和虚无主义的泥坑"。③

第五，对约翰·希克宗教多元论理论的应用。主要是运用宗教多元论和宗教对话思想去探讨或解决一些问题。例如，王志成利用约翰·希克的多元论假设，分析了《老子》的思想。④ 他也利用约翰·希克的宗教多元论去分析中国基督教神学的发展，认为约翰·希克的宗教多元论对于中国基督教神学建设具有重要意义："首先，宗教多元论可以为中国基督教神学的建设提供终极的基础……其次，宗教多元论也为中国基督教神学的多元化建设提供了背景……最后，宗教多元论为中国基督教神学建设的资源多元化提供了合法性。"⑤ 王宇利用约翰·希克的多元论挖掘中国传统文化中的宗教多元论资源，用约翰·希克的理论阐明中国"殊途同归"理论，并指出这一理论是中国特有的本土资源。⑥ 彭国翔对约翰·希克的多元论没有批判，而是从中国哲学中找到了或阐发了和约翰·希克一致的多元主义宗教观。他指出，"就化解宗教之间的冲突而言，如果说既肯定差异又肯定统一并鼓励不同宗教间的沟通互动方为上策的话，那么，我们可以说，阳明学'理一分殊'的多元主义宗教观和多元宗教参与的实践的确对此有较为深入与广泛的探讨，有较为丰厚的历史经验可以借鉴。经过进一步创造性的阐发，相信这一笔资源可以为全球宗教冲突的化解作出应有的贡献。"⑦

① 曾庆豹. 上帝、关系与言说——批判神学与神学的批判. 上海：华东师范大学出版社，2008：541-542.
② 段德智. 宗教概论. 北京：人民出版社，2005：399.
③ 杜小安. 基督教与中国文化的融合. 北京：中华书局，2010：13.
④ 王志成. 简论〈老子〉一书对终极实在的回应. 哲学研究，1994（9）：59-62.
⑤ 王志成，思竹. 宗教多元论与中国当代基督教神学建设. 燕京神学志，2001（2）：76-84.
⑥ 王宇. 魏晋佛教的护教论探讨//卓新平. 宗教比较与对话：4辑. 北京：宗教文化出版社，2003：199-212.
⑦ 彭国翔. 儒家传统：宗教与人文主义之间. 北京大学出版社，2007：192.

## 第三节　中国宗教学界关于约翰·希克思想的研究成果

经过近 40 年的发展，中国宗教学界在约翰·希克作品的译介工作上取得了丰硕的成果。大致有 10 本约翰·希克的作品被正式翻译成中文，这些作品基本囊括了约翰·希克在宗教哲学领域的重要著作，涵盖了约翰·希克宗教哲学和宗教多元论的思想和体系。

中国宗教学界对约翰·希克的研究极为重视。众多学者基于对宗教哲学和宗教多元论的希望和批判，对约翰·希克的宗教哲学和多元论思想进行了广泛的研究。此外，还有一批研究生和博士生把他们的宗教学学术研究的起点集中于对约翰·希克的研究，或者从约翰·希克出发进入宗教对话的研究领域。

根据笔者所掌握的材料，在中国大陆最早对约翰·希克宗教哲学思想展开研究的学者是北京大学的张志刚教授。在一部具有广泛影响的著作《猫头鹰与上帝的对话：基督教哲学问题举要》（东方出版社 1993 年出版）中，张教授首次介绍了约翰·希克的神正论、宗教语言思想。

浙江大学的王志成在 1996 年出版了国内第一部研究约翰·希克宗教多元论哲学的博士论文：《解释与拯救——宗教多元哲学论》（学林出版社出版）。在该书中，王志成系统介绍了约翰·希克的生平、上帝存在的证明、宗教多元论的认识论基础、宗教多元论的哲学建构、宗教多元论的对话思想以及宗教多元论面临的各种可能的挑战。王志成没有停留在对约翰·希克宗教多元论思想的介绍和一般评述上，而尝试基于约翰·希克的宗教多元论思想对一些基本的宗教哲学问题做出新的探索，他于 1999 年出版了《宗教、解释与和平——对约翰·希克宗教多元论哲学的建设性研究》（四川人民出版社出版）一书。

在约翰·希克的宗教多元论哲学和雷蒙·潘尼卡的跨文化对话思想的影响下，王志成独立地探索了一系列宗教哲学问题，他和思竹合作撰写了中华人民共和国成立后国内第一部系统的宗教哲学著作《神圣的渴望———种宗教哲学》（江苏人民出版社 2000 年出版）。几年后，王志成又对该书进行了修改，最后出版了修订本，并改书名为《全球宗教哲学》（宗教文化出版社 2005 年出版）。

其他的学者，诸如武汉大学的段德智教授、中国人民大学的何光沪教授、台湾学者赖贤宗教授、北京政法大学的单纯教授、中国社会科学院的卓新平和周伟驰研究员、香港浸会大学的关启文教授等一批中国的知名学者都对约翰·希克的思想展开了研究。他们或批判，或赞同，或借鉴，推进了对约翰·希克思想的研究以及中国的宗教哲学研究。

此外，中国众多高校的博士生、研究生乃至本科生，都对约翰·希克的思想产生了兴趣，选择其作为他们毕业论文的选题，对约翰·希克的思想展开探讨和研究。

2009 年，武汉大学副教授杨乐强出版了他的博士论文《走向信仰间的和谐——多元论哲学之信仰和谐论比较研究》（中国社会科学出版社出版）。该书主要研究约翰·希克和雷蒙·潘尼卡的多元论思想。在中国台湾，王荣昌 1986 年完成的硕士论文《约翰·希克宗教多元思想研究》是我所见到的汉语界最早研究约翰·希克的专题论文。2002 年陕西师范大学王涛撰写了硕士论文《终极实体与宗教多元》，其中值得一提的是，作者在文中回应了加文·德科斯塔对约翰·希克的质疑，认为宗教多元论确切地说是一种文化态度，而不是某种真理宣称，因此我们不能依照逻辑推演得出多元论是针对排他论和兼容论的一种排他性的结论，多元论者并不是加文·德科斯塔所说的那样也是"匿名的排他论者"。宗教多元论来自宗教外部而非内部的要求，它是应对和处理世界各大宗教关系的一整套文化方案，试图将不同的信仰体系纳入人类文化整体语境中。2005 年复旦大学哲学系王李撰写了硕士论文《简论宗教对话基础——以约翰·希克的终极实在观为例》。在论文中，王李考察了约翰·希克的宗教对话理论，并注意到了后现代理论对于约翰·希克的宗教对话的影响，同时在寻求宗教对话的出路问题上，作者肯定了汉斯·昆从伦理道德的角度推进宗教对话、保罗·尼特把共同的难题（苦难）和由之生发的全球责任作为对话基础的合理性。

2007 年北京第二外国语学院高丽娟用英文撰写了硕士论文《基督教哲学中恶的问题——对斯温伯恩和约翰·希克神正论的比较研究》，在论文中高丽娟主要比较斯温伯恩（Richard Swinburne）和约翰·希克的神正论思想。

2009 年北京第二外国语学院王春晓用英文撰写了硕士论文《约翰·希克的宗教多元理论初探》。在论文中王春晓指出，约翰·希克的宗教多元理论认为世界各大宗教传统和体系是对终极实在不同的回应方式，其共同特征是自我中心论转化为实在中心论，它们是同等有效的救赎方式。宗教多元理论倡导和而不同与求同存异，是一种谋求宗教间和平关系建构和诸信仰群体和谐发展的尝试，在面对当今世界的多重挑战中展现其对话价值和实现人类和平的意义。约翰·希克的思想为世界各大宗教的和平发展提供了一个新的视角，开拓了一条新的道路。

2009 年华侨大学马松超撰写了硕士论文《约翰·希克宗教多元主义的思想特质——兼论马克思主义宗教观视域下的宗教多元论》。马松超在论文中指出，宗教多元论是以解决宗教对话问题为核心而展开的宗教哲学与宗教学研究的总理论，它包含这一研究领域几乎所有的范畴与内容。约翰·希克将哲学的超越与思辨统一于宗教对话这一现实问题上，从而成为当代宗教哲学研究的重要理论成果。作者除了考察约翰·希克宗教多元论本身的理论问题外，还基于对约翰·希克宗教多元论思想的结构和内涵分析，揭示出宗教多元论理论之间的联系与冲突，并把理论展示与批判的维度延伸至马克思主义视域下，尝试从马克思主义宗教观的角度进行更宽泛的理论思考，以期进一步拓展相关的理论空间。

2009 年浙江大学刘瑞青撰写了一篇学士论文《约翰·希克宗教多元论思想之批判》。刘瑞青在论文中指出，约翰·希克的宗教多元论自提出以来一直争议不断，堪称20 世纪下半叶最具前沿性、话题性和争议性的宗教哲学理论之一。根据诸多批判所针对的主要问题及宗教多元论假设的内在逻辑推演过程，可以发现有三个维度的信念，或者说三方面的原则制约并同时滋养着约翰·希克这一理论的发展。人性原则体现在约翰·希克对终极救赎的普遍性的坚持，理性原则体现在约翰·希克对理论的透明性及其与外部世界的一致性的追求，灵性原则体现在约翰·希克对灵性知觉的提升和对自我超越的重视。三者之间存在难以调和的张力，而多元论假设正是约翰·希克在三者间张力的作用下不断权衡、妥协所得出的理论成果。

对约翰·希克的思想进行研究的论文众多。在中国主要的宗教哲学和宗教学学术刊物以及重要的大学学报，如《世界宗教研究》、《世界宗教文化》、《宗教学研究》、《中国宗教》、《浙江大学学报》、《武汉大学学报》、《复旦大学学报》、《道风：基督教文化评论》、《汉语基督教学术评论》等中，均可以见到对约翰·希克思想的研究。其中绝大部分是与约翰·希克的宗教多元论思想或和宗教多元论思想有关的。

经大致统计，王志成发表了八篇论文：《寻求宗教间的新和谐——约翰·希克的宗教多元论思想》（载《世界宗教文化》，1996 年春季号）、《简论约翰·希克的宗教多元论哲学》（载《杭州大学学报》，1996 年第三期）、《约翰·论相互抵触的宗教真理性要求》（载《浙江学刊》，1996 年第五期）、《见证实在？——约翰·希克论宗教经验和宗教神秘主义》（载《浙江学刊》，2000 年第五期）、《"上帝道成肉身的隐喻"——约翰·希克基督论思想述评》（载《浙江社会科学》，2001 年第二期）、《宗教多元论与跨文化宗教伦理之原则》（载《浙江大学学报》，2001 年第一期）、《宗教批判实在论与宗教非实在论之争》（载《复旦学报》，2003 年第三期）、《神经科学与宗教经验：约翰·希克关于宗教经验之合法性的辩护》（载《自然辩证法研究》，2008 年第八期）。杨乐强发表了四篇论文：《宗教多元主义如何可能——约翰·希克宗教多元主义理论的特征及其困境》（载《江汉论坛》，2005 年第十一期）、《宗教多元主义的意义和价值——对约翰·希克宗教多元主义的本质主义解读》（载《武汉大学学报》，2006 年第一期）、《宗教多元论的问题域及其意义之维》（载《江汉论坛》，2007 年第五期）、《论希克宗教多元论的解构维度》（载《世界宗教研究》，2009 年第二期）。赖贤宗发表了一篇论文：《宗教多元论哲学：希克与康德》（载南华大学哲学研究所学报：《揭谛》，创刊号，1997 年 6 月）。段德智发表了一篇论文：《试论希克多元论假说的乌托邦性质——对 21 世纪基督教宗教对话形态的一个考察》（载《宗教学研究》，2001 年第三期）。关启文发表了一篇论文：《约翰·希克对宗教排他论/特殊论的批判》（载《道风：基督教文化评论》，2002 年秋）。刘忠良、沈小勇发表了一篇论文：《约翰·希克"第五维度"思想述评》（载《宜宾学院学报》，2004 年第二期）。祝薇发表了一篇论文：《浅论后现代语境中的宗教多元主义》（载《江汉大学学报》，2004 年第三期）。周伟驰发表了一篇论文：《当代宗教多元论和宗教排他论之辩》（载《道风：基督教文化评论》，2004 年秋）。肖娟发表了一篇论文：《论宗教经验与宗教神秘主义——从约翰·希克的〈第五维度〉谈起》（载《宗教学研究》，2005 年第一期）。吴广成发表了一篇论文：《试论约翰·希克的宗教解释》（载《宗教学研究》，2005 年第二期）。区建铭发表了一篇论文：《从宗教神学到比较神学（二）：宗教多元主义》（载《思》，2006 年 7 月，第 100 期）。单纯发表了一篇论文：《论实体论的宗教救赎思想——对约翰·希克多元论宗教哲学的思考》（载《国外社会科学》，2007 年第一期）。王才昌发表了一篇论文：《浅析约翰·希克的宗教多元论》（载《天府新论》，2007 年第六期）。欧力仁发表了一篇论文：《约翰·希克与库比特之宗教哲学的批判性比较》（载《汉语基督教学术评论》，2006 年第二期）等。

　　除了上述的著作和论文，还有其他译著、专著和多篇论文讨论了约翰·希克的思想，这里不具体罗列。

## 第四节　约翰·希克对中国宗教研究的学术贡献

　　约翰·希克的思想经过翻译、介绍、梳理、利用，已经成为中国学界的显学，任何关注宗教哲学问题、宗教关系问题、宗教对话问题的人都无法避开约翰·希克。不管你认同还是反对，约翰·希克的思想都已经融入中国学界内部，已经成为中国宗教学的重要资源。这些影响主要体现在一些中国学者就约翰·希克的宗教多元论思想和中国宗教哲学未来的发展进行的深入反思和争论上。

　　以王志成为代表的一些中国学者在约翰·希克的宗教多元论基础上，对多元论本身做了新的分析，提出了三种类型的多元论：混合多元论、理性多元论和灵性多元论。[①]在宗教对话上，王志成分析了各种对话模式，发展了一种基于人的生命成长的对话模式，简称为成长模式。[②]

　　杨乐强通过深入研究约翰·希克和潘尼卡的宗教多元论，在宗教多元论哲学和马克思主义理论学科之间找到了一种内在的彼此相通的脉络，"那就是两者之间共有的人类关怀的价值向度，人类诸信仰只有相互依存、相互补充并以生存和谐为共同目标和最高原则，才能实现自身的存续与人类整体生命更新的统一这一价值洞见，通过比较分析多元论哲学关于信仰间和谐的核心主题，从总体上说明人类诸信仰走向和谐既是必需的也是可能的"。[③]

　　在中国，在一些学者沿着约翰·希克的思路继续推进宗教哲学和宗教多元论的同时，一场具有划时代意义的值得中国学界关注的宗教哲学本体论之争悄然出现，有学者指出，这场争论对当代中国宗教哲学研究起到了推波助澜的作用，开启了中国学界对宗教哲学、宗教关系、宗教对话问题研究的新篇章。

　　段德智在《"全球宗教哲学的本体论"之争及其学术意义》一文中指出，1949 年之后的中国内地发生了三场有关宗教的争论，第一场涉及"宗教是否为鸦片"，第二场涉及"儒家是否为宗教"，第三场争论则是全球宗教哲学的本体论之争。他认为第三场争论具有明显的国际性质，是国际宗教哲学界有关争论的一个组成部分。[④]

　　段德智指出，关于全球宗教哲学的本体论之争主要在中国人民大学的何光沪和浙江大学的王志成之间展开。这场争论从 2003 年开始，一直持续到现在。何光沪撰文《"使在"、"内在"与"超在"——全球宗教哲学的本体论》，强调无形、无相又难

　　① 王志成. 宗教多元论与跨文化宗教伦理之原则. 浙江大学学报，2001（1）.
　　② 王志成. 和平的渴望：当代宗教对话理论. 北京：宗教文化出版社，2003：
　　③ 杨乐强. 走向信仰间的和谐——多元论哲学之信仰和谐论比较研究. 北京：中国社会科学出版社，2009：350.
　　④ 段德智. 中国大陆近 30 年来的宗教哲学之争及其学术贡献. 武汉大学学报，2009（1）：20.

以描述的看似"空、无、非"实为"实、有、是"的世界本源。显然，何光沪是宗教实在论的支持者。① 浙江大学的思竹和王志成先后分别撰写了两篇论文，即《"存在"存在吗？——回应何光沪先生的"全球哲学的本体论"》和《"全球宗教哲学的本体论"质疑——一种后现代的回应》，公开批评了何光沪先生的宗教实在论思想。他们认为，何光沪提出的基于全球宗教哲学的本体论的"存在论"是一种已经过时的"本质主义"。尔后，何光沪先生又在《关于宗教对话的理论思考》一文中点名批评了王志成的非实在论倾向，② 王志成则继续在不同期刊上撰文不点名地继续回应何光沪的观点。

段德智进一步指出，何、王两位学者之间的这场争论意义深远，它是目前中国宗教哲学研究中最值得关注的一场学术之争，不仅因为它具有国际性质，而且具有深刻的国际学术背景，它是当前国际学界关于"宗教实在论"与"宗教非实在论"之争在中国的再现，也是中国宗教学界近30年来新出现的后现代主义思潮在中国宗教哲学界的一种表达。这场学术之争不仅揭示了西方宗教哲学必须面对的问题，也揭示了中国哲学或者说中国的全球哲学需要面对的挑战。③

可以预见的是，中国学者对约翰·希克的研究将会随着这场学术争论继续深化下去，并且会在之后的宗教哲学、宗教学、宗教对话等之类的书中对约翰·希克的宗教多元论思想以及他对其他学者的影响展开更为细致的研究。

例如，王蓉在深入研究保罗·尼特的宗教多元论和宗教对话思想的过程中，通过概述约翰·希克从上帝中心到实在中心的宗教多元论对话模式的形成过程，探讨了约翰·希克的宗教多元论对保罗·尼特的对话思想产生的深远影响，同时也反思了王志成提出的宗教对话模式，即成长模式的优点和弊端，说明中国需要一种跨生命对话意识和灵性更新。④

综上所述，学者们借助约翰·希克思想的启发对中国传统宗教进行重新认识逐渐成为一个研究热点。约翰·希克的宗教多元论思想在帮助人们更系统地探索、挖掘中国传统宗教中的宗教多元论思想资源，并让这种资源服务中国宗教之间的和谐、世界宗教之间的和谐的过程中发挥了重要的引导作用，为中国宗教哲学的健康发展注入了活力，作出了积极而巨大的学术贡献。

# 结　论

一言以蔽之，约翰·希克的思想为中国宗教哲学的健康发展作出了划时代意义的贡

① 何光沪. "使在"、"内在"与"超在"——全球宗教哲学的本体论. 浙江学刊, 2003(4)：43.
② 何光沪. 关于宗教对话的理论思考. 浙江学刊, 2006 (4)：47-55.
③ 段德智. 中国大陆近30年来的宗教哲学之争及其学术贡献. 武汉大学学报, 2009 (1)：21.
④ 王蓉. 宗教对话与第二轴心时代之再思. 道风：基督教文化评论, 2009 (31)：325-337.

献。人们通过学习、反省、争论约翰·希克的思想，毫无疑问地推进了中国宗教学、宗教哲学的发展，在推进了中国宗教关系理论的发展的同时也现实地推进了中国宗教的和谐和繁荣。对约翰·希克的宗教多元论的研究在中国已经成为一门显学。中国宗教学研究自此迈入了一个新境界。

# 第十一章　中国宗教需要多元论的宗教理论吗

在中国，试图以科学、客观的态度研究宗教，发端于 20 世纪初。1949 年之前，学界翻译和出版过多种宗教学著作，但这些著作至今也谈不上有多么重大的后世影响。随着 1949 年中华人民共和国的成立，宗教学的研究处于新兴但却未必有利的处境中。事实上，在很多年内中国的宗教学并没有得到关注和发展。直到 1978 年之后，中国的宗教学研究才真正开始得到关注和发展。与西方宗教学的研究相比，中国的宗教学还相当滞后。至于中国各个宗教是否需要多元论的宗教理论则是近年来中国学界争论的问题。

## 第一节　中国宗教学发展的简要历程

1978 年开启了中国宗教学研究的新曙光。但那时的中国，真正从事宗教研究的学者极少，大部分研究宗教的人员原本从事哲学、历史、中文等研究。其中，马克思主义哲学的部分研究人员转向了宗教研究，他们成了中国宗教学研究的理论代表。其中代表性的人物有任继愈、吕大吉、牟钟鉴等。

1978 年开始，中国宗教学界开始了一场旷日持久的关于"宗教鸦片论"的争论。从郑建业主教在《宗教》上发表《从宗教与鸦片谈起》① 算起，这场"宗教鸦片论"争论大约持续了 10 年。这场争论的意义在于，"它标志着中国宗教哲学发展的一个新的时代的开始，即中国宗教研究和宗教哲学研究开始从根本上跳出了政治化和意识形态化的藩篱，开始驶入学术化的发展轨道，从而为中国宗教哲学的崛起和高歌猛进奠定了良好的基础，营造了自由、宽松的学术氛围。中国宗教研究和宗教哲学研究工作这样一种转轨定向立即使中国宗教哲学研究工作出现了崭新的局面"。②

中国宗教学界和哲学界展开的第二场争论是"儒学是不是宗教"。任继愈是中国内地学者中第一个提出"儒学是宗教"观点的学者。一个标志性时间是 1978 年年底，任继愈在南京召开的中国无神论学会成立大会上首次提出"儒学是宗教"的论断。之后，学界展开了关于儒家是不是宗教的争论。1998 年《文史哲》组织的笔谈，将这场争论推向了高潮。当时，中国知名学者，如张岱年、季羡林、蔡尚思、郭齐勇、张立文和李申等，都应邀参加了这次笔谈。段德智教授把这次笔谈讨论的主题归为三个：（1）儒学是"学"还是"教"？（2）如果是"教"，那么，它是"教化"之"教"，还是"宗

---

①　郑建业. 从宗教与鸦片谈起. 宗教（南京），1980（1）.

②　段德智. 中国大陆近 30 年来的宗教哲学之争及其学术贡献. 武汉大学学报：人文科学版，2009，62（1）：18.

教"之"教"?(3)如果是宗教,那么它是汤因比的"是指一种人生态度"的宗教,还是蒂里希的"就最基本的意义而论""是终极的关切"的神学信仰体系呢?①

事实上,关于儒家是不是宗教的争论至今还没有结束。依然有不少人断言儒家不是宗教。但是,不管人们如何看待儒家,随着中国经济的发展和强盛,人们都希望找到自身的文化身份。其中有些人希望从传统信仰中找到文化之根。于是,有些儒学家要恢复儒家,并把它发展成儒教。代表人物如著名学者蒋庆。可以说,当前的儒学已经进入一个特殊的时期。②

随着越来越多的西方宗教学、宗教哲学、神学著作被介绍、翻译成中文,近年来也出现了宗教学和宗教哲学中实在论和非实在论的争论。显然,这一争论受到了宗教哲学家约翰·希克、唐·库比特、乔治·林贝克(Geoge Lindbeck)等宗教哲学家和神学家的影响。事实上,在中国佛教,尤其在禅宗中,非实在论思想很容易得到某种程度的共鸣。③ 例如著名的《坛经》,对于西天净土的理解就是非实在论的。④

在中国宗教学领域的理论建构方面,一个代表性的人物是宗教学前辈吕大吉教授。吕教授长期致力于西方宗教学史、宗教学理论本身的研究,出版了大量著作。他的《宗教学通论新编》为中国宗教学界提供了最系统的代表马克思主义宗教学的理论。在这部700多页的著作中,吕教授就宗教学的性质和内容构成、宗教学的理论方法、宗教的本质及其表现、宗教的起源和发展、宗教与文化诸方面做了深入探讨,提出了"宗

---

① 段德智. 中国大陆近30年来的宗教哲学之争及其学术贡献. 武汉大学学报:人文科学版,2009,62(1):19.

② 在过去的10年中,有关儒家是不是宗教的争论一直在继续,但重点已经转向儒家或儒教对中国的发展方向的意义、个人的身份以及儒家和其他文化或宗教的关系。参见:蒋庆:政治儒学. 上海:上海三联书店,2003;蒋庆,盛洪. 以善致善. 上海:上海三联书店,2004;丁春松:制度儒学. 上海:上海人民出版社,2006;丁春松. 儒学、儒教与中国制度资源. 南昌:江西人民出版社,2007;罗秉祥,谢文郁. 耶儒对谈:问题在哪里. 桂林:广西师范大学出版社,2010;彭国翔. 儒家传统:宗教与人文主义之间. 北京:北京大学出版社,2007;卢国龙. 儒教研究. 北京:中国社会科学文献出版社,2009.

③ 参见王志成. 佛教净土、基督教天国与非实在论宗教哲学. 浙江大学学报,2007(4):41-48.

④ 净土经如《佛说阿弥陀经》所说的净土世界是从实在论意义上说的,但我们看到同样是佛经的《坛经》对西方净土则就有着不同的理解。经云:"刺史又问曰:'弟子常见僧俗念阿弥陀佛,愿生西方。请和尚说,得生彼否?愿为破疑。'师言:'使君善听,惠能与说。世尊在舍卫城中,说西方引化,经文分明,去此不远。若论相说里数,有十万八千,即身中十恶八邪,便是说远。说远为其下根,说近为其上智。人有两种,法无两般。迷悟有殊,见有迟疾。迷人念佛,求生于彼,悟人自净其心。所以佛言:'随其心净即佛土净。'使君东方人,但心净即无罪。虽西方人,心不净亦有愆。东方人造罪,念佛求生西方,西方人造罪,念佛求生何国?凡愚不了自性,不识身中净土,愿东愿西,悟人在处一般。所以佛言:随所住处恒安乐。使君心地但无不善,西方去此不遥;若怀不善之心,念佛往生难到。今劝善知识先除十恶,即行十万,后除八邪,乃过八千。念念见性常行平直,到如弹指,便睹弥陀。使君但行十善,何须更愿往生?不断十恶之心,何佛即来迎请?若悟无生顿法,见西方只在刹那;不悟念佛求生,路遥如何得达?"显然,在惠能这里,西方净土并不是一个独立的客观的物质世界,它就在这个当下世界。

教四要素说"（即各个宗教都由宗教观念、宗教体验、宗教行为、宗教组织制度构成）。吕教授指出："宗教是关于超人间、超自然力量的一种社会意识以及因此而对之表示信仰和崇拜的行为，是综合这种意识和行为并使之规范化、体制化的社会文化体系。"①

同时，人们也开始意识到，在理解宗教的过程中，不仅需要静态地理解，也需要动态地理解。在多种宗教学教材中，学者们开始关注诸宗教之间的关系。例如，宗教学家段德智教授在他的《宗教概论》中开始关注宗教对话与宗教多元主义；② 王晓朝教授关注宗教对话和世界和平；③ 张志刚教授全面关注宗教对话问题④；王志成教授则花费大量精力从事宗教间关系的著作翻译和写作，出版了大量相关作品。⑤

大体说来，中国的宗教学已经走过了从最初单一的马克思主义的宗教学到挖掘传统资源的宗教学，再到关注诸宗教关系的现代宗教学这样一个短暂但发展快速的历程。

## 第二节　中国当代神学思想的发展

中国的宗教众多，各个不同的宗教各有自己的"神学"思想。在这里，笔者不讨论各个宗教的"神学"思想的发展，着重讨论的是当前中国基督教的神学思想建设。

早在唐代基督教就传入了中国。但是，那时的基督教（景教）并没有建立起自己的神学体系。元代的基督教（也里可温教）同样没有建立起独立的神学体系。利玛窦来到中国之后，面对强盛的中国本土文化和信仰（儒道佛），无法独立传教。他最后只能与儒家合作，走上了主动适应中国文化的神学发展道路。明末清初，西方的传教士们和中国的士大夫们合作，翻译出版了很多神学著作，也撰写了不少作品。然而，从学术上看，他们同样也没有建立起独立的神学体系。随着礼仪之争的爆发，基督教（这里指天主教）失去了在中国的发展机会。近代的基督教，在大部分中国人的视野里，是和帝国主义列强的入侵联系在一起的，也根本谈不上有独立的中国神学体系。有一部分基督教神学家试图改变这样的图景，他们也作出了巨大的努力。1949 年之前，有神学家发展了所谓的"本色神学"。但是，总体而言，中国内地神学建设相对缓慢。

1978 年改革开放之后，中国的宗教政策发生了巨大的改变，宗教获得了发展的空间和相对的自由。与其他宗教一样，基督教开始在中国得到了发展。在诸多宗教中，有三类宗教发展最快，它们分别是：佛教、基督教和民间宗教。基督教被视为外来宗教，但它的发展却非常迅猛，已经引起了国内外许多人士的高度关注。当然，不同人对基督教迅猛发展的现象有着不同的态度和看法，彼此之间相去甚远。但是，在中国教界和学界似乎已经达成了某种一致的看法，即中国需要独立的中国神学。

---

①　吕大吉. 宗教学通论新编. 北京：中国社会科学出版社，2010：63.

②　段德智. 宗教概论. 北京：人民出版社，2005：375-418.

③　王晓朝. 宗教学基础十五讲. 北京：北京大学出版社，2003：332-343.

④　张志刚. 宗教哲学研究. 北京：中国人民大学出版社，2009：325-443.

⑤　王志成. 全球宗教哲学. 北京：宗教文化出版社，2005：267-292；另外，王志成翻译了包括希克、潘尼卡、尼特在内的许多思想家的著作。

目前，中国教界和学界存在如下几类事实的或潜在的神学：中国神学（教会神学）、汉语神学、学术神学和对话神学。

中国神学自 1978 年就开始了自己的发展历程。经过几十年的发展，尽管还谈不上体系化，但也发展了一些明显具有中国教会特征的神学思想。中国神学是认信神学，它有明确的认信立场，换言之，没有基督信仰，就谈不上去理解和发展中国神学。中国神学是教会神学，神学院和教会人士是从事这一工作的主体力量。在其他高等院校中，几乎没有学者从事中国神学的建设。中国教会中有几种不同的神学倾向，一是基要主义和福音主义的，坚持这一倾向的基督徒，不愿从适应的立场去理解基督教和中国传统文化以及信仰的关系。根据这一倾向，基督教和中国其他宗教之间在理论上无法共处，它们之间存在着"张力"。另一种倾向则是相对自由主义的，坚持这一倾向的基督徒比较开放地看待中国的传统宗教，主张和中国的传统宗教展开对话，彼此学习。部分教会体制内的学者，他们不断展开基督教和中国传统文化与宗教的对话，甚至和无神论也展开对话，其中代表性的人物有丁光训、陈泽民、汪维藩等。

1998 年出版的《丁光训文集》集中展现了中国教会的神学思想。丁光训主教一直强调中国教会需要有自己的神学，并号召中国教会进行"中国基督教神学思想建设"。这个文集充分展现了他本人的一些颇具个性的神学思想。例如，在圣经观上，他反对经文的字面主义。在上帝观上，丁主教多次强调，上帝的基本属性是爱，他说："上帝的根本属性不是他的无所不能，或者他的无所不知，或者他的无所不在，或者他的自在永在，或者他的荣耀威严，而是他的爱。我们不仅说爱是上帝的一个属性，我们更要说上帝就是爱。"① 在基督论上，丁光训提出了"宇宙的基督"的观念。这个观念本身其实并不是原创的，但在中国的背景下，具有特别的意义。② 显然，丁主教受到了《以赛亚书》、怀特海的过程哲学和德日进的进化论的影响，他看到了一个基督教信仰的远象："上帝一切的创造、救赎活动是为着全人类的。……发现基督的宇宙性意味着对作为宇宙原则的爱的肯定。"③ 丁主教认为，基督的宇宙性让我们相信上帝不是暴君或惩罚者，而是宇宙的爱者。"探讨基督的神性还不如肯定神的基督性来得重要，上帝要使基督表现出的那种爱称为宇宙和人间的准则。"④ 关于传统信条"因信称义"，他要用"因爱称义"来替代。因为，他注意到，"我们教会所讲的上帝的最高属性每每不是他的厚爱，而是他的权能、他令人生畏的统治这一面。因信称义的教义被某些人歪曲了用来灌输一种畸形的上帝观：即上帝凭着他的怒气，给不信的男男女女定罪；上帝对人的工作，包括人手所做的好的工作，存着敌意"。⑤ 在处理基督教和其他宗教、无神论之间的关系上，丁主教持有宗教兼容论的立场。他说："我们没有理由惧怕基督教之外的真

---

① 丁光训．丁光训文集．南京：译林出版社，1998：32.
② 一直以来，中国的基督教属于保守的基要派和福音派。丁主教强调了基督的宇宙维度，并突现其爱的普遍性，这可以促进基督徒在理解基督教和其他宗教的关系上避免某种狭隘性。事实上，目前的中国基督教具有强烈的排他性，在处理和其他宗教的关系问题上还有很多困难需要克服。
③ 丁光训．丁光训文集．南京：译林出版社，1998：97.
④ 丁光训．丁光训文集．南京：译林出版社，1998：98.
⑤ 丁光训．丁光训文集．南京：译林出版社，1998：85.

理。真理不分彼此，真理是统一的。上帝允许人们各自循不同路径去认识真理的各个方面……在接触到仍在发展过程中、尚未达到终极真理的真理体系时，我们应当心存喜欢和感谢，因为它会启迪我们，把我们引向基督所应许的终极真理。"① "我们不愿意否定教会之外的人类文化的价值。在这些文化中，存在着不同程度的接近基督教上帝观的火花，我们不能任意目之为毫无价值的东西而予以抛弃。"②

然而，尽管中国教会奋斗了几十年，尽管根据丁光训的自由主义神学思路，有可能容忍、甚至接受多元论的宗教理论，但他还是没有建立起独立的、具有影响力的神学体系。

20 世纪 90 年代初，香港道风山基督教中心研究部（后又建立了汉语基督教研究所）的杨熙楠、刘小枫等人出版的《道风：汉语神学学刊》（2000 年副刊名改为《基督教文化评论》），正式开启了中国学界的汉语神学运动。关于汉语神学的含义，《道风·汉语神学学刊》上说道："一、以汉语文化的历史的思想资源和社会经验发展基督神学及其文化，以形成具有汉语思想文化之风范的基督神学文化；二、在汉语思想学术域建设神学学科，与儒家、道家、佛家思想以及各种现代主义思想构成学术性对话关系；当今汉语学术界（尤其哲学、社会学、史学、政治学、文化学）正积极建设自己的学术空间和学术典范，非以欧美学术旨趣为风向标；汉语神学亦应建设自己的学术空间和学术典范，使基督神学成为汉语文化思想的结构要素和人文学术的组成部分；三、它是汉语世界（大陆、台湾、香港、马星、北美华人社区）的各社会地域的汉语宗教学者的共同志业。"③

综合汉语神学学者的一些观点，汉语神学具有如下几个特征：第一，既肯定认信、又强调学术性。认信是一种信仰立场，属于非理性领域，而学术性则以理性为准则。第二，不走教会神学道路，不为任何宗派辩护，超越教派，强调神学的人文倾向。第三，对话性和开放性。在初期的汉语神学代表刘小枫那里，由于他强调汉语神学的个体主义特征，强化人和上帝之间的垂直维度，而使得汉语神学缺乏对话性及其和其他文化的互益性。但其他的汉语神学学者，诸如何光沪、赖品超、温伟耀、王晓朝等，则明显地突出了汉语神学的对话性、开放性。例如，何光沪说："由于伴随汉语文化的悠久和古老而来的僵化现象，需要外来新鲜活力的冲击刺激，更由于伴随汉语神学的年轻和挫折而来的贫弱现状，需要外来成熟思想的启发丰富，所以，汉语神学既需要创作，更需要引进，既需要著述更需要翻译，既需要发展，更需要继承，既需要持守，更需要开放。"④

在过去近 20 年中，汉语神学取得了巨大的学术成就，翻译了大量基督教文献，出版了《道风》杂志以及大量的专业著作等。然而，尽管因为道风山的努力，引发了诸

① 丁光训. 丁光训文集. 南京：译林出版社，1998：143.
② 丁光训. 丁光训文集. 南京：译林出版社，1998：25.
③ 李秋零，杨熙楠. 现代性、传统变迁与汉语神学：下编. 上海：华东师范大学出版社，2010：644.
④ 李秋零，杨熙楠. 现代性、传统变迁与汉语神学：上编. 上海：华东师范大学出版社，2010：158.

如文化基督徒的争论，出版了《文化基督徒：现象与争论》、《汉语神学刍议》、《汉语神学读本》、《现代性、传统变迁与汉语神学》等作品，但至今还没有形成系统性的汉语神学体系。不过，作为一场神学运动，汉语神学已经发挥了巨大的作用。

在中国，大学学者研究基督教的处境和西方学者的研究处境是不同的，研究方法也不尽相同。在教会方面，有些人认为，大学学者没有基督信仰，没有基督信仰的学者没有资格研究神学，因为神学是"教会的思考"，是基督徒的信仰表达。在中国保守的传统学术方面，有些人认为，那些从事基督教研究的人偏离了学术研究，把人引向基督信仰。面对这样奇特的压力，中国社会科学院世界宗教研究所所长卓新平研究员以严格的学术态度，清理了神学的内涵和外延，并进而提出了具有中国特征的"学术神学"这一观念。

学术神学，也被称为学问神学、学者神学、学院神学，其最大的特征在于它的"学术性"、"研究性"和"求真"意识。这就使得这一神学自身不同于突出"认信"的教会神学，也不同于认信和学术并重的汉语神学。它"表达了一种'信仰中立'的'基督神学'之学术构思，是一种'学院派'纯'认知'性的神学努力"。①

卓新平认为，最初的神学乃是关于神的言论，而非信仰神的论证，只是在基督教的历史中才发展成了教会神学和认信神学。② 在卓新平看来，学术神学不仅正统，而且比基督教神学历史悠久，甚至可以上溯到柏拉图。较之认信神学和教会神学，学术神学没有排他色彩。神学开始时是非基督教的神学，是广义的神学，之后才发展成为狭义的基督教神学，基督教自身发展出了"普世神学"，使得神学具有了开放性、对话性和探索性，当今又发展成为非认信、纯学术的神学，这是神学自身的复归。这种神学同样对"神论（上帝论）"、"基督论"、"圣灵论"、"救赎论"、"创世论"、"末世论"、"教会论"、"圣事论"等做出自己的分析和判断。③

但在我看来，具有中国特色的学术神学其实是一种宗教学的研究，是一种非但不反对、反而支持宗教间关系的学术活动。因为，它同样倾向于持一种开放的、对话的学术理性态度，没有宗派立场，没有认信要求，没有排他倾向。不过，学者黄保罗注意到，在中国内地，大学或社科院里有一些学者并非没有认信，他们对于汉语神学的非教会性提出了挑战。依据相同的逻辑，他们对于学术神学的非教会性以及非认信性同样提出了挑战。

中国神学还处在发展的初期阶段。教会神学，因为把时间过多地放在了维护"团结"上，还没有发展出系统的教会神学。汉语神学，因为其核心人物的思路不一以及汉语基督教文化研究所的策略含糊，也还没有发展出系统的汉语神学。④ 学术神学，从提出至今才短短的几年时间，还处于初级阶段，同样也还没有发展出系统的神学来。

考虑到中国基督教发展的特殊性，各种神学发展的非系统性以及多元宗教存在的现

① 卓新平．当代中国宗教研究精选丛书：基督教卷．北京：民族出版社，2008：18．
② 金泽，邱永辉．中国宗教报告（2008）．北京：社会科学文献出版社，2008：138．
③ 金泽，邱永辉．中国宗教报告（2008）．北京：社会科学文献出版社，2008：154．
④ 黄保罗．汉语学术神学．北京：宗教文化出版社，2008：82．

实，在一个"和为贵"、"和谐胜过一切"的社会里，人们迫切地需要客观的、超越于宗派之上的、强调理性的、处理宗教之间关系的神学理论。

## 第三节　中国需要宗教对话神学

教会神学没有忘记要处理好基督教和传统文化及其和世俗社会的关系，丁主教甚至非常关注神学学者和无神论者之间的关系，在这方面，他持有一种非常开放的态度。①汉语神学最初的倡导者刘小枫并不很认可宗教对话，也并不认可宗教多元论。但在汉语神学发展之后，越来越多的汉语神学学者都非常重视汉语神学中宗教对话的维度，甚至把汉语神学的对话性视为汉语神学的一个基本特征。卓新平的学术神学，则完全依赖于客观理性，对基督教展开学理性的研究。卓新平的学术神学超越认信的障碍，基于学术良心以及对各个宗教的和谐共处的渴望，自然强调基督教和其他宗教之间的互动和对话。②

对话的特征，从逻辑上我们完全可以接受。从现实中看，对话的理论也正在发展。20 世纪 90 年代初以来，中国内地学术界就开始持续地大量介绍和翻译宗教对话著作。宗教哲学家和神学家约翰·希克、神学家保罗·尼特、神学家和跨文化研究倡导者雷蒙·潘尼卡、约翰·科布、史密斯、詹姆斯·L. 弗雷德里克、弗朗西斯·X. 克卢尼、汉斯·昆（孔汉思）、阿部正雄、伦纳德·斯维德勒等一批学者的著作，被大量地介绍过来。宗教对话领域，发表了大量的研究学术论文；出版了许多研究性著作和探索性著作；召开了多次涉及宗教对话的国际和国内学术会议。这些宗教对话文章、著作和学术会议，主要包括佛教—基督教对话、犹太教—儒家对话、伊斯兰教—基督教对话、道教—基督教对话、儒家—基督教对话。在这些学术活动中，甚至政府相关的行政管理部门也积极地介入进来，推进不同宗教之间的相互理解和对话。同时，人们还可以注意到中国社会对于诸宗教问题的大量关注，各界不断召开不同形式的论坛：诸如世界佛教论坛、道德经论坛、基督教论坛、北京论坛、尼山论坛等，开展诸宗教间的对话，探讨诸宗教在中国社会、在全球化的进程中如何发展、如何服务社会。

众多的学者以及教界都认识到，在中国当下的社会文化背景下，在全球化的背景下，原来的宗教学理论已经很难适应新的时代要求，难以给社会大众新的启发，宗教研究需要有新的发展。宗教对话不仅是一种迫切的实践性工作，而且是一种紧要的理论建构。传统的教会神学，为处理宗教之间的关系所内含的空间是有限的。汉语神学，从基督教神学研究本身来看，已经具备了很大的空间，但它的目标旨在让汉语神学能够成为汉语文化思想中的结构要素和人文学术的组成部分。学术神学是刚刚开始发展的神学，对于跨宗教、跨文化的研究具有开放的态度，它理性的客观态度决定了其对于探索多元

---

① 丁光训．一个中国基督徒怎样看无神论者//丁光训．丁光训文集．南京：译林出版社，1998：138-145.

② 卓新平是一个非常活跃的学者，出版了大量著作，主编了多套丛书，其中包括《宗教比较与宗教对话》（社会科学文献出版社）、《基督教研究》（宗教文化出版社）等。

论的宗教理论具有兴趣，并有可能为之作出贡献。

近年来，因为处理诸宗教关系的紧迫性，人们乐见一种对话神学的出现。黄保罗在比较了教会神学、汉语神学和学术神学的基础上，提出了发展汉语学术神学，进而提出了汉语学术对话神学。不过，黄保罗所谓的对话神学是基督教的对话神学。问题是，是否有可能发展出一种超越诸宗教的对话神学？我认为，完全有可能发展这样一种对话神学。

从认信神学（教会神学、汉语神学）、学术神学到对话神学，这是一条潜在的、也是具有某种必然性的神学之路。认信神学把自身限制起来，它的优点就如同挖井，可能让人喝到井水。它的不足则是自身被自己挖的这口井限制住了。基于理性的自由探索，学术神学的优点就如蜜蜂采蜜。它的不足可能就像一只蜜蜂飞行奔波很久，却不见得一定有收获。对话神学与认信神学、学术神学不同。对话神学属于第三类神学。

神学是人类的建构，可以不断改变。但本质上，神学是对终极本身的探讨——尽管探讨的方式在不断地转变。认信神学基于信仰，学术神学基于理性。对话神学不反对信仰，也不反对理性。但对话神学在认信神学和学术神学之间探讨神圣。对话神学本身是一种关于神圣的人学。当然，神学是一种人学，而对话神学也是一种人学。对话神学不是脱离认信神学和学术神学的神学，而是和它们共同存在的神学。它不但不排斥认信神学和学术神学，而且与这两者神学处于一种对话性（关系性）的状态。从某种角度看，认信神学和学术神学是对立的，彼此间并不认同。但对话神学与它们都是合作的、友好的。对话神学基于人的生命的成长，是生命中心的神学。它承认，一切神学都是建构的，神学原初的目的是为了人的。因此，对话神学肯定认信神学和学术神学的价值，但又不拘泥于它们。对话神学坚持，不同神学间的对话不仅具有社会学意义，也具有哲学的意义，更具有灵性的意义。人的成长，不仅是身体的，也是理智的，更是灵性的。在持续的对话中，人的成长获得更新和发展。

对话神学在逻辑和实践上沿着教会神学、汉语神学和学术神学而来。在目前情况下，中国神学发展的空间不大。但对于宗教问题、尤其是诸宗教相遇问题的关注却日益增长。人们需要从新高度、从全球化的背景下，来看待和理解各个宗教。诸宗教内以及宗教间的对话本身就是一种宗教行为。对话是一种承载着终极实在的实践。对话自身内含的神学开放性，包含人类对于终极实在的神学谦卑。对话的实践本身表明了对终极实在的态度和行动，而对话的态度和行动将会促进我们加深对终极实在的理解和神学理论的建构。对话中生长出来的对话神学，其维度不是个体性的，而是整体性的，甚至是超越历史意识的。对话神学是全球化时代人类"新精神的来临"（潘尼卡）。

与教会神学、汉语神学相比，目前，对话神学还没有成型。建构对话神学，还需要有更多人的关注和投入。

## 第四节　走向多元论的宗教理论

中国既然需要宗教对话和对话神学理论，那么，走向多元论的宗教理论就是应有之义了。教会神学不是多元论的宗教理论，汉语神学本身也不是多元论的宗教理论，处于发展中的学术神学以及建构中的对话神学也不能算做多元论的宗教理论。但尽管如此，发展到今天，中国已经累积了大量的神学理论性和实践性的资源。发展多元论的宗教理论，正当其时。

宗教哲学家希克为我们提供了一种多元论的宗教理论假设——宗教多元论假设。希克认为，世界各大宗教都是对同一终极实在（the Ultimate Reality）同等有效的回应。不同宗教受到认知、思维方式、文化等因素的影响，它们对于终极实在的临在主要以两类方式回应：即人格的和非人格的。以非人格的方式理解终极实在，这个终极实在主要表现为儒家的天、道教的道、佛教的空、非有神论的印度教的梵，等等；以人格的方式理解终极实在，这个终极实在主要表现为犹太教的阿窦尼、基督教的天父上帝、伊斯兰教的安拉、有神论的印度教的毗湿奴，等等。希克的大量有关宗教多元论的作品被翻译成了中文，得到了宗教学界的好评和重视，甚至也得到了研究中国哲学的学者以及教会人士的肯定和重视。①

对有些人来说，沿着希克的多元论假设完全可以发展出一种系统的多元论的宗教理论。希克的《宗教之解释》本身就是一个完整的多元论的宗教理论。对此，我们可以通过更多更具体的内容去丰富这一理论。同时，也可以在一些具体理论问题上加以深化。例如，对于佛教的理解、对于道教和儒家的认识以及理解，希克现有的理论还是有限的。沿着这一方向，可以深化发展希克式多元论的宗教理论。不过，希克多元论假设受到了不少批评。我们看到，当代也出现了其他若干种有差异的多元论，如潘尼卡、科布的多元论。在我看来，不同的多元论都可以建构不同类型的多元论的宗教理论。

事实上，这样的建构工作在中国宗教学界已经有一些学者正在尝试，例如何光沪、王志成等。王志成在希克、潘尼卡、尼特等人的影响下，尝试提出一种基于灵性实在（终极实在）的整合诸宗教的理论体系。在这个理论系统中，王志成接受了希克的多元论假设，将它运用于宗教哲学中的多个具体问题。他将多元论划分为混合多元论、理性多元论和灵性多元论，同时，他在潘尼卡以及印度吠檀多的思想启发下，肯定了终极实在的存在、智慧和喜乐这三个维度，克服了希克在对待人文主义上的兼容论立场，将多元论更彻底地贯彻了下去。不过，需要承认，在当下中国，希克、潘尼卡、科布、王志成等提出的潜在的多元论的宗教理论还没有得到最广泛的认可。或许还处在一个理论上的预备阶段。

我们还需要进一步厘清，多元论的宗教理论主要是为谁服务？可以肯定地说，这样的理论，既服务于有信仰的人，也服务于没有信仰的人。对于有信仰的人，随着交流和对话的深入，自身的信仰可能面临挑战和危机，甚至有些教义可能会被颠覆。对于没有信仰的人，同样需要有一种认识他人宗教的方式和理论。在彼此相互对话的基础上发展起来的多元论的宗教理论，具有更大的解释功能，能更好地理解宗教之间复杂但却和谐的关系。

当我们说需要多元论的宗教理论时，我们并不是说只有一种理论。当然也可以有多

---

① 学者们对于希克著作的引用很多，一些教会中的学者或相关人士认同希克，而中国特有的宗教管理部门中也有一些人认同希克的多元论思想。

种并存的理论，并且是可以发展的。例如，在某种意义上，可以"搬用"希克的多元论假设，从而确立起一种多元论的宗教理论。但在我这样说的时候，它包含：第一，我们还可以补充和发展希克的多元论的宗教理论；第二，我们也可以接受或承认其他可能的多元论的宗教理论，如带有神秘色彩、不二论类型的潘尼卡式宗教理论；第三，如果条件成熟，学界还可以提出其他类型的多元论的宗教理论。

综上，由于历史原因，中国学界和宗教界还缺乏神学上系统性的理论建树。但如今，学界和教界都已经意识到了我们迫切需要多元论的宗教理论，并正为此而努力。尽管已经有了一些预备，但还远远不够。无论是汉语神学、学术神学，还是对话神学，无论是希克式多元论的宗教理论、潘尼卡式多元论的宗教理论，还是其他的多元论的宗教理论，中国学界都会带着本土特色，并逐渐发展出中国的神学。

# 第十二章  实在的面纱
## ——从宗教实在论到宗教实在超越论

长久以来，在唯名论和唯实论的持续争论中，核心的问题是人类语言中的各种
"概念"或"观念"，譬如国家、物质、上帝等，这些概念在现实世界中是否为真实的
客观存在。如果坚持它们是客观的存在就是唯实论；如果坚持它们只是人们从众多现象
中抽象出来的，只具名称意义、不具实在性，就是唯名论。

唯名论和唯实论的争论既体现在纯哲学中，也体现在宗教以及神学中。一般的看法
是，唯实论和唯名论的争论在当代宗教哲学和神学中就是宗教实在论和宗教非实在论的
争论。无论是在学界还是在教界，尽管唯实论和唯名论争论了很久，但这一争论依然会
以某种形式持续下去。本章就宗教实在论和宗教非实在论争论中的核心问题做一个初步
的分析。

## 第一节  宗教实在论：宗教对象的客观性

宗教实在论是被信仰者普遍接受的一种哲学立场。犹太教徒相信耶和华是实在的、
客观存在的；基督徒相信天父上帝是实在的；印度教徒相信梵是实在的或毗湿奴是实在
的；而佛教徒则相信法是实在的……不同的信仰者对他们各自信仰的对象之存在深信不
疑。倘若否定了他们信仰的对象之实在性，似乎他们就很难被他们各自的宗教接受、并
被认为是真正的信徒。

一般信徒不仅相信他们信仰的终极对象的实在性，也相信他们信仰系统中其他存在
物的实在性。例如，传统的基督徒相信天堂、地狱、天使、魔鬼等的实在性。传统的佛
教徒相信净土、佛、菩萨、天龙八部、地狱等的实在性。对很多具有儒教传统的人士来
说，他们给祖先烧送纸钱，他们相信那些烧送的纸钱是可以被他们的祖先接受并使用
的，因为阴间是客观、实在的。

一些信徒会把他们梦中、直觉中、祈祷中、禅定中所见到的各种现象视为实在的。
例如在梦中见到一个天使或祖先，他们就会认为天使或祖先不仅存在，而且他们所说所
做的也是实在的。一些信徒在某个直觉中会感到有神灵或神力的帮助。对于基督徒、穆
斯林、印度教徒来说，祈祷就是和神展开对话。祈祷的对象自然是天父上帝、真主安
拉、毗湿奴或其他至上之神。在基督教中，天父上帝太远了。于是，人们更多地向一个
可以见到或想象到的形象——耶稣基督祈祷。在印度教中，人们祈祷的对象往往都是可
以看到的，甚至是可以遇到的。例如他们所祈祷的爱主克里希那是一个小孩的形象、一
个爱者的形象。很多克里希那的信仰者喜欢聆听和阅读有关克里希那的故事，这些故事

对他们来说是栩栩如生的，是真实不虚的。

不过，人们在沟通时会遇到一些问题。在不同信仰传统之间，人们谈论各自的终极对象，会彼此不同，甚至会彼此否定。所以，他们往往只在自己的传统中具有话语的合适性。而在一个传统内部，不同信徒对终极实在有不同的理解和体验，他们之间也会彼此对峙、冲突。然而，在一个传统内部往往可以依赖信仰的权威来彼此协调。不过，传统也不是单一的。在传统内部，不同人对于次一级对象的理解也往往很不一样。如果过于直接，传统会发展它们的评估方式，可以确定哪些属于真实哪些属于虚幻。然而，即使在单一传统内部，因为传统太大了，发生了分裂，一个传统变成了好几个亚传统也是可能的。例如，基督教在历史上分裂成了天主教、新教和东正教。基督教的这三个亚传统每一个自身其实就已经是非常巨大的传统了。它们都肯定终极的天父上帝的实在性，然而，对于次终极的对象，如他们对马利亚的理解就很不一样。在新教中，马利亚根本就不具有在天主教中那样的圣母地位。

以上简要的叙述只是宗教实在论最一般的景象。在神学上，实在论并不是单一的，它基本上可以分为素朴实在论和批判实在论。根据素朴实在论，信徒所见、所感、所认为的超自然对象都是实在的，并且这就是他们所见、所感、所认为的样子。例如，素朴实在论者会坚持认为地狱里燃烧着熊熊火焰。人们看到地狱里的人受折磨的样子是实在的。素朴实在论对于超自然对象的认识和理解是非常直接的，人们坚持自己的感官和文化不会干扰他们的认识。

然而，随着人的认识水平的提高，不少人感到素朴实在论过于素朴、简单，因为人们在认识超自然对象时并不是不受其他因素干扰。事实上，生活中的很多例子可以表明，我们对超自然对象的认识或肯定结果表明是我们自己的认识错误或我们的判断错误。

宗教认识论的发展为人们摆脱素朴实在论提供了理论根据，实在论也由此从素朴实在论发展到批判实在论。20世纪哲学中的批判实在论是宗教批判实在论的理论来源。宗教哲学家约翰·希克将批判实在论的思想运用到了宗教研究中。不过，在宗教问题上，一个批判实在论者并不一定是一个宗教批判实在论者，他可能会完全否定宗教的终极对象，如耶和华、天父上帝、安拉、毗湿奴、法、道等。

约翰·希克可以说是主张宗教实在论、尤其是宗教批判实在论的典型代表。约翰·希克认为，各个宗教所谈论的终极实在都是一种客观实在。在20世纪60年代，约翰·希克曾为宗教认知中的实在论辩护，反对新维特根斯坦主义宗教哲学。新维特根斯坦主义宗教哲学认为，不同宗教所谈论的实在，诸如上帝、天堂、地狱、天使等，都只是语言系统中的指称对象，它们不能用于该宗教之外。换言之，不同宗教是不同的宗教语言游戏，那些宗教对象的实在性只在该宗教语言系统中有效。这就在客观上否定了宗教对象具有普遍的实在性。而约翰·希克则坚持认为，宗教对象是实在的，这种实在性可以得到论证。但是，约翰·希克同时认为，素朴实在论的观点是不对的，因为我们人类在认识宗教对象时受到了我们的文化、个性、认识能力的限制，我们所认识到的对象带有了文化的色彩，换言之，我们所认识到的宗教对象是变了形的。然而，尽管如此，我们还是需要肯定宗教对象的实在性。

在批判实在论的立场上，约翰·希克针对有神论的论证，提出了著名的"末世论证实"的理论。根据这种理论，他认为，信仰者在信仰的道路上最终会得到证明，信仰者的终极目标是实在的。然而，这种证明不是现在能完成的，而是在未来，在末世。

约翰·希克也利用他的批判实在论为多元宗教存在的合理性辩护。他认为，我们人类对于终极的认识受到不同因素的影响，不同宗教对于终极的描述并不统一或同一。这并不是说各个宗教的理解和认识错了，而是不同宗教谈论的内容本质上是次终极的图景，属于他所理解的副末世论图景。不同宗教，不管是有神论的还是非有神论的宗教，它们最终将超越自己的局限，达到对终极的完全认识。然而，在目前情况下，在人和终极者之间存在着一个认知距离。这个认知距离使得人们所宣称的末世认识并不具有真正的终极性，它们都是副末世性的。

无论是宗教素朴实在论，还是宗教批判实在论，它们都肯定宗教对象的客观实在性，它们的区别在于素朴实在论坚持认识到的宗教对象没有被人或文化因素所扭曲，而批判实在论则认为我们对于宗教对象的认识肯定受到我们的文化等因素的影响，我们只能逼近性地认识宗教对象。

## 第二节　宗教多元论：宗教对象的假设性

随着全球化时代的来临，如何理解自己信仰的宗教以及其他世界各大宗教，成了当代神学家和宗教哲学家不得不面对的问题。宗教实在的相遇问题比人类史上的任何时代都更加紧迫。由此，宗教对象的实在性问题更加突出。

以基督教为例。基督教与其他宗教之间相遇的一个核心问题就是宗教实在的相遇问题。从基督教和其他世界宗教的关系的角度看，在过去一个世纪中，基督教和其他宗教存在三种主要的关系。这三种宗教关系，某种程度上典型地反映了实在论和非实在论的争论。

第一种是宗教排他论。根据排他论，只有一个宗教是真实的，其他宗教是错误的。例如，只有基督教才是真实的，其他宗教都是人造的，没有任何客观性。排他论所谈论的宗教实在性只是自己所信仰的宗教之实在性。排他论者肯定是实在论者，但一定是单一宗教的实在论者，并且排他论者既可以是素朴实在论者，也可以是批判实在论者。从宽泛意义上说，排他论就是只承认自己的宗教对象之实在性，否定其他宗教对象之实在性。这样一种实在论立场在单一宗教中可以被一些人所认可。但当它扩展到其他宗教时，必然会遇到很多问题。因为其他宗教的信徒会以同样的方式肯定自己的宗教对象之实在性而否定别的宗教对象之实在性。如果是这样，宗教认识论既无法处理好宗教之间的关系，也无法促进人们对宗教对象的深入认识和理解。

第二种是宗教兼容论。根据兼容论，每一个宗教都具有真理性，但只有自己的宗教才完整、圆满地认识到终极真理、觉悟到终极实在。基督教兼容论者会认为，他和他的基督教传统已经完全认识到了终极实在。其他宗教所谈论的终极实在是透过某些文化透镜看到的，并不能、也没有完全认识到终极实在本身。换言之，宗教兼容论者认为，他们自己能够认识到终极实在，其他的宗教可以模糊地认识到终极实在。如果需要完整地认识到终极实在，就需要皈依到自己的宗教名下。宗教兼容论者对于自己似乎是一种素朴实在论立场，而对于其他宗教则持有批判实在论立场。他们并不怀疑自己所把握到的终极实在是完全真实的，是没有被扭曲的，而对于其他宗教徒所把握的终极实在则持着批判的意识。兼容论立场的问题是，其他宗教的人也可以同样方式来对待他们。他们会坚持自己对终极实在的理解和认识是完全正确的，而其他人对宗教对象的认识存在扭曲。其他人要完全认识到终极实在，就必须皈依他们的宗教信仰。

第三种是宗教多元论。宗教多元论有多种形式。最基本的区分是实在论的宗教多元论和非实在论的宗教多元论。因为非实在论的宗教多元论从根本上否定了宗教实在的外在客观实在性，这种多元论只是在语言上的认可。而实在论的宗教多元论则是建立在对宗教实在的理解之差异的基础上。实在论的宗教多元论可以分为因终极目标不同而导致的宗教多元论（约翰·科布）；因终极实在本身的非统一性、多元性而带来的宗教多元论（雷蒙·潘尼卡）；还有基于认识差异的宗教多元论（约翰·希克）。我们这里不讨论非实在论的宗教多元论，也不讨论实在论的宗教多元论中前面两种多元论，而是集中讨论以约翰·希克为典型代表的基于认识差异的宗教多元论。

为了处理宗教之间的关系，尤其是为了处理宗教之间相互抵触的真理宣称问题，约翰·希克发展了他的宗教多元论假设。约翰·希克反对宗教排他论，理由在于，排他论排他性地主宰了宗教真理，这不符合人们的经验。约翰·希克反对宗教兼容论，因为兼容论认为只有自己才拥有绝对的、完整的真理，这具有霸权主义特征。约翰·希克认为，轴心时代之后的世界各大宗教具有同等的有效性，都是使人得救或解脱的道路。他说："应该把世界各大宗教传统都视为可供选择的救赎论上的'空间'或'道路'，在这些'空间'中或沿着这些'道路'，人们能够获得拯救/解脱/最后的实现。"[①] 根据这一思路，在 20 世纪 80 年代约翰·希克发展了一套完整的宗教多元论假设。

宗教多元论假设受益于伊曼努尔·康德的认识论。康德在他的《纯粹理性批判》中区分了物自体和现象世界。物自体不能为人的理性所认识，我们的认识都是理性范围之内的。康德本人没有把他的认识论运用于宗教研究，但约翰·希克却把康德的物自体和现象世界区分的模式运用于宗教研究。约翰·希克承认，康德没有发展他所理解的宗教认识论。但他坚持，我们可以从康德的认识论中得到启发，发展一种康德类型的宗教认识论。根据这种认识论，宗教的终极对象是存在的，约翰·希克用终极实在、实在者或终极者这样的词来表达宗教的终极对象，而不同宗教的实在对象则相当于现象世界的对象。

约翰·希克认为，终极实在首先临在，不同宗教则是对这一临在的不同回应。之所以不同宗教的回应彼此不同，是因为各个宗教的核心人物在回应时受到了各自文化、个性差异等的影响。根据多元论假设，人类主要有两类回应方式：人格的回应和非人格的回应。[②] 终极实在在人格的回应中表现为犹太教的阿窦尼、基督教的天父上帝、伊斯兰教的真主安拉、（有神论的）印度教的毗湿奴。在非人格的回应中表现为（非有神论

---

① 约翰·希克. 宗教之解释. 王志成，译. 成都：四川人民出版社，1998：281.

② 约翰·希克. 宗教之解释. 王志成，译. 成都：四川人民出版社，1998：14-16.

的）印度教的梵、佛教的空或涅槃、儒教的天、道教的道。换言之，世界各大宗教都是对同一终极实在的有效回应。如果是这样，那么各个宗教就是平等的，肯定不同宗教的有效性是基于合理的宗教认识论和多元论假设。

约翰·希克注意到，不同宗教都肯定了超越人之认识的终极实在和为人所把握到的实在。例如，道教中区分了不可言说的道和可言说的道；卡巴拉神秘主义者区分了 *En Soph*（超越人类所能描述的神性实在）和《圣经》中的上帝；苏非派区分了 *Al Haq*（终极实在）和一个人所谈论的安拉；基督教神秘主义者艾克哈特（Meister Eckhart）区分了神性和上帝、戈登·考夫曼（Gordon Kaufman）区分了真正的上帝和相遇的上帝。①

根据宗教多元论假设，各个宗教所谈论的神性位格和非位格都是现象，它们事实上并不是本质。同时，约翰·希克也是坚持宗教批判实在论的，通过人的不断认识，可以逼近宗教实在，而非只是一个人的回应对象。根据宗教多元论，我们的认识根本不可能触及终极实在本身，因为终极实在是语言所不能触及的，我们的语言对终极实在的表达都是不合适的。如果是这样，批判实在论就无法成立。因为在终极实在和现象世界中的宗教对象之间存在着不可逾越的鸿沟。如果约翰·希克要坚持宗教批判实在论，就当放弃宗教多元论假设；如果要坚持宗教多元论假设，就当放弃批判实在论。然而，约翰·希克始终没有放弃他的批判实在论，没有放弃他宗教多元论假设，也没有处理好批判实在论和宗教多元论之间的张力。

综上所述，我们可以得出初步的结论，根据宗教批判实在论，宗教对象是一个客观实在；根据宗教多元论，宗教的终极对象并不是一个客观实在的对象，而是一个假设的对象，因为我们无法用肯定和否定的语言去谈论这个对象，它只是一个假设对象。对于这个对象，人类语言中的一切表达方式都是不适用的。为了解释宗教的差异，才假设这么一个终极实在的存在。除了这一目的，其他的什么也不是。

## 第三节　宗教非实在论：宗教对象的被造性

20世纪中叶西方语言哲学的发展使宗教哲学得到了巨大发展。其中非常著名的宗教哲学思潮就是新维特根斯坦主义宗教哲学。根据新维特根斯坦主义宗教哲学，不同宗教就是不同的语言系统，彼此在不同的语言系统中并不矛盾。只要彼此在各自的语言系统中，就不存在彼此间的抵触。不同宗教的真理是在各自语言中的真理，并不适合其他宗教的语言系统。

根据这一哲学，不同宗教所指向的终极实在并不是客观的、超越语言的实在。因此，其实在性只是特定语言之中的实在性。换言之，宗教对象不是对语言之外的对象的描述，而是对语言之内的对象的描述，而这种对象则是语言本身的创造果实。这就是宗教非实在论的典型论述。当代宗教非实在论的典型代表人物有菲利普斯和唐·库比特。

宗教非实在论的最初理论资源应该是希腊相对主义、怀疑主义。近代则是费尔巴哈

---

① 约翰·希克. 宗教之解释. 王志成，译. 成都：四川人民出版社，1998：278.

的投射论。他认为，上帝是人的观念的投射。在某种意义上可以说，费尔巴哈是最初的非实在论者。宗教非实在论的当代理论资源自然是维特根斯坦的语言哲学。

在宽泛的意义上说，无神论可以被视为一种极端的宗教非实在论形式。根据无神论，所有宗教所谈论的对象都是人的虚构，没有任何的意义和价值。无神论排斥或否定了任何一种宗教存在的必要性。然而，以菲利普斯和库比特为代表的宗教非实在论者则肯定了宗教的价值。在非实在论的宗教实践和探索上，我们可以把库比特视为最彻底的宗教非实在论者。

在库比特的大量作品中，他的最大对手是柏拉图主义。根据柏拉图主义，任何事物都存在一个相（形式、理念）。这个相具有优先性，它是不变的、永恒的，是本质。然而，库比特完全不接受柏拉图对于现象和本质（相）的区分。他根本不认为事物背后有一个本质，有一个"相"。就宗教来说，他反对有一个独立于人之外的上帝存在。人们所谈论的上帝只是人的语言的创造。

库比特认为，我们的一切都是语言建构的，除了语言的建构之外，我们无法谈论任何超出语言之外的东西，这个世界是我们的世界，是人的世界，是语言的世界。他解释说，对于语言之初，对于生命之初，我们知道得非常少。最初只是混沌，只是不确定的能量之流，我们对于最初的一切似乎是极少关注的。但是，语言又是如何产生的？他认为，人的生命本身具有一种自然发展的机制，在许多不确定的条件下，在许多自然力量和其他生物力量的威胁下，人们发展了语言，通过语言和世界打交道。

库比特说，最初，人并没有自我意识，却有集体意识。这个集体意识主要通过"原型"或"图腾"表现出来。人和世界发生关系，例如狩猎，不是针对个别的猎物，人们依赖于"图腾"去寻找猎物。"图腾"进一步发展后，出现了诸如"精灵"、"神灵"、"诸神"，再之后发展出诸如"至上神"，犹太教的阿窦尼、基督教中的天父上帝、印度教的毗湿奴等。根据研究，轴心时代之前，人们缺乏自我意识，不探求人生的意义，没有个体意识，也没有孤独感，不会寻求生命的解脱或觉悟。正是在轴心时代，人类的自我意识觉醒了，对世界本原的探索也达到了高峰。正是在轴心时代，人类的精神发生了质变：自我意识出现了，对于终极对象的探索出现了。

然而，库比特认为，这是人类自我发展的需要。人类通过语言创造出超越性的神，使得人类可以通过他律的方式得到发展。以基督教为例，人们需要一个至上的、圆满的、无限的、至善的、全能的上帝来引导自己，让自己通过他律的方式成长。然而，自文艺复兴开始，人的自律意识开始发展，特别是近代以来科学技术的发展，在各个领域都没有了上帝的位置。德国哲学家康德将上帝排除在我们的经验世界之外，上帝只是一个假设；费尔巴哈把神学还原成人学，揭示了上帝乃是人的观念投射；尼采从西方文化层面颠覆了上帝的存在，说上帝在文化中已经死了；弗洛伊德从人的本能和精神分析中揭示上帝是人的心理投射；新维特根斯坦宗教哲学客观上把上帝限制在人们各自的语言系统中。到了20世纪，人类达到了彻底的自律阶段，作为他律的上帝已经过去。

这样彻底的变化明显地表现在日常的生活中。有两个鲜明的例子："上帝"和"生活"这两个词或概念。第一，上帝的实在性被抽空，例如"My God!"这里的"God"（上帝）没有了任何的实在性。第二，生活（life）这一词使用得越来越多，有取代

"上帝"一词的趋势。换言之，在西方基督教文化中，原来最核心的"上帝"一词，如今越来越被边缘化了，也越来越非本质化了、非实在化了。库比特专门研究了"life"（生活，生命）习语，发现在人们的日常生活中大约有250个，他进而提出了一种正在来临的完全此世的宗教，即生活宗教。①

在宗教哲学层次上，库比特嘲笑哲学和神学史上任何关于上帝存在的论证或证明，反对任何形式的二元论。他说："在达尔文之后，我们最终肯定承认，对于我们来说，只有一个世界，即这个世界，人的世界，也即我们相互交流的和历史的生活世界，我们的语言给我们的世界。"②

由于库比特身处基督教世界，他向人们倡导一种严格的非实在论的基督教生活："（1）上帝是一个'宗教理想'——代表我们共同的价值观和宗教生活目标的统一性象征。（2）基督徒的上帝是爱——基督教对宗教理想的具体说明是阿嘎佩式的（agapeic，无私的或者'太阳式的'）爱作为最高的价值。（3）我们认为爱在耶稣那里——在他讲的故事和关于他的故事中以及在随后围绕他发展出来的各种不同的教义和其他故事中——采取了人的形式。"③

我们已经看到，在宗教非实在论中，宗教的对象是一个人为的创造，这个被创造的实在，在历史上采取了他律的方式，如今则慢慢让渡自己的特权，让自己进入这个世界，它掏空了自己，它非实在化了自己。在当今越来越全球化和世俗的背景下，终极实在或者上帝日趋边缘化和非实在化，一切都变成人的，是人的语言的创造以及语言的游戏。

## 第四节　宗教实在超越论：沉默的实在

库比特的宗教非实在论在西方基督教世界引起了信仰之海的狂潮。但是，宗教非实在论绝非仅仅只是现代西方宗教哲学的现象。在东方哲学、尤其是在吠檀多哲学中，其传统由来已久。并且，吠檀多哲学，既是实在论的，又是非实在论的；它既说明了宇宙实在的绝对性，又说明了宗教对象的被造性；并且，它还走得更远，超越了实在论和非实在论这二元性的学术和实践上的争论。

在典型的非有神论的印度教传统中，人们肯定终极实在的存在，并把终极实在——那，称做"梵"。在这个层面上，它是实在论的。但是，这个梵既非主体，也非客体，它不可思议，不可描述，无处不在，无时不在，全知全能，是独一，是一切，是多，是无限。对于这样的大全者，人们将它称为至上存在、纯意识、无限意识。梵的"不可思议"是指"梵"超越了人类的理解力，也就是超越了人类语言的描述。世界中的对象，也就是世界的表象（名色），人类语言可以表述的部分，人类认知可以达至的地

---

① 库比特.生活，生活.王志成，朱彩虹，译.北京：宗教文化出版社，2004。关于"生活"习语，参考该书附录。

② 库比特.人生大问题.王志成，王蓉，译.成都：四川人民出版社，2008：107.

③ 库比特.上帝之后.王志成，思竹，译.北京：宗教文化出版社，2002：191-192.

方，都只不过是这梵的某种展示，是梵的游戏。对梵的展示的描述只是"文字"的"构造"而已。世界表象是人类知识的对象，语言是对这种知识的把握。

同时，吠檀多肯定语言自身的建构能力，语言自身可以构成一个自我满足的游戏系统。在语言自身的系统中，也就是今天人们所熟悉的虚拟系统中，可以创造出对人似乎实在的虚拟世界。这个世界中的一切对于这个世界中的存在者来说是存在的，但是对于该语言系统之外的人来说，是不存在的。例如，在科学的语言系统中，鬼、神、天堂、地狱等是不存在的，而在传统的宗教信仰或者民间信仰中，它们是存在的。吠檀多明白这个虚拟的世界是人的心意创造，它还进一步指出我们这个所谓真实的世界同样是心意的创造。一方面，这个世界似乎是有本质的，但从另一方面说，这种本质是不存在的，也就是说，它们只是名和色的叠置。在梦里，只要不醒来，梦里的存在都是存在的，梦里不同的主体和客体都是存在的，但当我们醒来，事实上我们可以发现，梦里的主体和客体都是我们自己这个主体创造的。梦里的主体还继续在梦里创造，但你醒来后可以知道梦里的主体和客体都成了心意创造的客体。所以，梦里的主体谈论梦里的存在和非存在对醒着的你来说，那是伪问题，也没有任何本质可言，只是名色的叠置。

可以说，对任何"表象（名色）"的肯定，都是典型的"唯名论"的构造。这个肯定可以不断延伸，创造可以不断继续，换言之，可以在一个主体之下出现新的主体和客体，在新的主体之下再出现新的主体和客体，并且可以一直发展下去。如此，我们停止在任何一层都只是一种名色的叠置。然而，"梵"却不是唯名论中的"名"。之所以称"那"为"梵"，实在不过是一种不得已的"方便"，目的只是"辅佐"人类、教导人类获得自由。梵之实在是一种超越的实在，不是一般意义上的存在或非存在。

根据吠檀多哲学，这个世界的一切存在都只是表象。这个世界本身并没有本质，或者说，它的本质性完全是相对的、暂时的，用佛教的语言说，是缘起的，因而不可能是柏拉图的相意义上的那种本质。可以说，朴素实在论依附在了名色之上，试图通过理性肯定名色中存在不变的本质（相）。批判实在论坚持通过克服假象和扭曲来试图达到对这个相的把握。非实在论则否定这种名色的具体本质性。可以讲，实在论和非实在论是对立的两极。而吠檀多哲学中的梵，从根本上说，则是一种试图超越实在论和非实在论名色之争的努力。

我们可以称这样的理论为宗教对象的超越论。宗教实在超越论面对这个现象界，可以持有相对的实在论立场，相对地肯定这个世界的实在性，相对地肯定这个世界的本质，并相对地肯定宗教对象的实在性。然而，如果我们追究下去，这个世界以及宗教对象并非具有最后的实在性，它们都是被建构的，是心意的建构。在某种意义上，宗教多元论肯定了人对宗教的建构。如果我们肯定了世界的被建构性，那么自然就肯定了宗教对象的被建构性。我这里要说的是，一旦宗教对象被建构，我们就生活在我们建构的宗教图像之中了。我们对被建构的图像中的任何宗教对象的指称在本质上并不指向语言之外的对象，而是人自己的心意自身。原本的宗教实在并不在人们的语言所指称的范围之内。宗教实在对人保持了它的沉默。

根据宗教实在超越论，我们不仅可以在一定程度上接受宗教实在论，而且可以在一定程度上接受宗教多元论和宗教非实在论。从宗教实践的角度看，我们可以自觉地生活在宗教实在的面纱之中，但我们也意识到我们不是那面纱本身。因为，那都是我们的建构。在基督教神秘主义中，我们对上帝的任何谈论都是不准确的，我们往往通过"否定法"来谈论上帝；在吠檀多哲学中，用"非此，非此"让我们避免束缚，获得自由。

# 结　论

通过分析实在论和非实在论对待宇宙终极实在的态度，我们看到了各个宗教中所指向的终极对象在很大程度上依赖于人们所持有的实在论立场。如果持有宗教实在论立场，宗教对象，尤其是宗教的终极实在是不依赖于人的意志、客观存在的。如果持有宗教多元论的立场，宗教实在，尤其是各个宗教的终极实在只能是一个抽象的假设。如果持有宗教非实在论立场，各个宗教的实在，尤其是终极实在则是人的语言创造。从现实看，三种立场都是可以指导人们的生活的，换言之，人都是生活在他们自己的世界图像里的。实在论试图肯定现象世界（名色）的本质，非实在论则要否定这种本质，多元论为了解释世界的差异性假设了一个超越语言表达的终极对象。而在东方的吠檀多哲学中，我们则可以看到一种超越实在论和非实在论的思想。透过实在论、多元论和非实在论对于宗教实在的理解，我们可以看到一个人类试图理解终极实在的谱系。终极实在始终向人们保持了神秘的面纱。不管是实在论、多元论，还是非实在论，始终都不过是终极实在的多重面纱。但是，对终极实在的努力把握，始终是宗教生活中最精彩、也是最本质的内容。

# 第十三章  走向全球灵性时代

在撰写本章时，正好是日本地震、海啸和核泄漏期间。日本这次的灾难不是第一次灾难，也不是最后一次灾难。进入全球化时代，人类比以往任何时候都变得更加不确定。哲学家乌尔里希·贝克（Ulrich Beck）说，我们进入了"风险社会"，也就是不确定的时代。正是在这种不确定中，我们需要反省这个时代的问题。本章基于全球化的视野，探讨人类最基本的生命本质问题：灵性。我坚持认为，我们目前正从个体灵性时代走向全球灵性时代。

## 第一节  从个体灵性到全球灵性

灵性问题非常重要，但当今，对于灵性问题的探讨还是比较有限。对于什么是灵性，理解差异非常大，难以有一个确定的定义。

灵性（Spirituality）一词似乎发端于基督教，在非西方的语言中几乎没有直接对应词，但在全球化的今天，所有宗教和文化都可以谈论灵性。① 所以，我们可以谈论佛教灵性、印度教灵性、伊斯兰教灵性、道教灵性、犹太教灵性、原始宗教灵性。并且，在当今，人们并不把灵性局限于宗教，它似乎是一个包容性巨大的东西，英国的金（Ursula King）教授说，人们可以谈论东西方灵性、女性灵性、新时代灵性、世俗和秘传的灵性、信仰间和普世的灵性、儿童灵性等。我们可以谈论管理、商务、社会学、经济学、地理学上的灵性，甚至可以谈论灵性资本这样的概念。②

不过，我们这里主要谈的是宗教中的灵性。它涉及人和超越者（终极神圣）之间的关系。这个超越者可以被称为人格的神，如犹太教中的阿窦尼、基督教中的天父上帝、伊斯兰教中的真主安拉、有神论的印度教中的毗湿奴，或非人格的绝对者，如儒教中的天、道教中的道、佛教中的空、非有神论的印度教中的梵等。我们更多的时候谈到的灵性指个体自我和人格神或非人格的绝对者之间的关系。换言之，关系越密切，灵性就越突显。

从词源上说，希腊文中和灵性相关的词有：psyche，pneuma，thumo，nous。Psyche的字面意思是呼吸，pneuma 的字面意思是风。在古希腊，psyche 代表个体灵魂，而

---

① Ursula King. *The search for spirituality*：*Our global quest for meaning and fulfillment*. Norwich：Canterbury Press，2009：3.

② Ursula King. *The search for spirituality*：*Our global quest for meaning and fulfillment*. Norwich：Canterbury Press，2009：3.

pneuma 代表宇宙性、集体的灵魂。Thumo 代表灵魂的生命活力，nous 则和心意、心、直觉、洞见的关系很密切。

根据金教授的研究，拉丁文 spiritualitas（灵性）一词来自拉丁文 spiritus（名词）和 spiritualis（形容词），其用法可以追溯到《圣经》中的 pneuma 和 pneumatikos。第一次发现使用 spiritualis 一词是在公元 5 世纪杰罗姆（Serome）的信件中，到了 12 世纪，这个词和 corporality（肉体性）、materialitas（物质性）相对立。到了公元 15 世纪，英语中出现了"spirituality"并得到定义。①

尽管在非基督教中没有和"灵性"一词完全对应的词，但有相关的词或内容。为了言说方便，我们可以宽泛地说，在各大宗教传统中都具有灵性，在原始宗教中也具有灵性。根据狭隘的定义，灵性就是个体自我和超越者之间的密切关系。就轴心时代的宗教而言，灵性都涉及个体自我和他们的神或终极者之间的关系。例如，在道教中，就是个体自我和道的关系，修道就是要通过不同方式让自己觉悟到道，并过合道的生活。在儒教中，就是个体自我和天的关系，修养不仅要修个体自我和天的关系，从而达到天人合一的最高境界，而且还特别要修个体和其他人或社会的关系，从而达到中庸的境界。在佛教中，个体自我要通过修行达到无我的境界，也就是完全以法为中心的生活，觉悟者就是灵修达成者，这种达成的标志可以通过三法印来检验。在非有神论的印度教中，个体灵魂（jiva）通过修行，最终认识到自身就是阿特曼，阿特曼就是梵，并达到梵我一如的最高境界。在犹太教、基督教、伊斯兰教以及有神论的印度教中，都教导个体自我和神的联结，以达到生命的圆满。

在个体生命走向圆满的过程中，也就是灵修的过程中，不同宗教发展了各自的灵修传统和灵修方法。所以，我们可以具体地谈诸如基督教灵性、伊斯兰教灵性、佛教灵性、道教灵性、印度教灵性等。事实上，轴心时代形成的主要宗教所关注的是个体的灵性，并且对于人类问题的解决也主要是基于个体问题的解决，很少关注整体的、全社会的灵性问题的解决。

从终极来看，每一个个体都可以得救或解脱，但个体在现实生活中只关注个体的灵性发展，很多时候并不能解决问题。随着全球化时代的来临，人类不同个体之间关系更加密切，个体的得救或解脱的含义也发生了改变。如卡曾斯所指出的，我们正进入第二轴心时代，我们人类的意识已经发生转变，也就是从个体意识转向集体意识或全球意识。② 同样的，我们的灵性也会发生转变。在新的时代，我们的灵性必将走向全球灵性（global spirituality）。

全球灵性是一个非常新的词汇，最初提出它并产生影响的很可能是蒂斯代尔（Wayne Teasdale）。一般谈的灵性和全球灵性具有共性，它们都是灵性。但是，它们也有差异。个体灵性是轴心时代开始发展起来的，并一直延续至今。全球灵性是在当今全

---

① Ursula King. *The search for spirituality*：*Our global quest for meaning and fulfillment*. Norwich：Canterbury Press，2009：5-8.

② Wayne Teasdale and George Cairns, *The community of religions*. New York：The Continuum Company，1999：165.

球化时代出现的现象，它集中在人类集体层面、社会层面，它关系到人类发展的未来，关系到一个新文明的基本内涵。

## 第二节 灵性的轴心式转变

哲学家、神秘主义者潘尼卡对当代人的灵性以及历史不同时期的灵性都做了研究；① 天主教神学家卡曾斯主编过 25 卷《世界灵性：宗教探寻的百科史》，专门研究过前轴心时代、轴心时代和第二轴心时代的意识特征，同时也探讨了三个时期的灵性特征；② 后现代哲学家库比特也对第二轴心时代的灵性提出了自己的看法；③ 但从某种意义上说，蒂斯代尔对第二轴心时代的灵性讨论得最为自觉和全面。④

从人的灵性发展看，人们可以把灵性的发展分为三个转折性阶段：第一个阶段是轴心前时代的灵性；第二个阶段是轴心时代以及后轴心时代的灵性；第三个阶段是第二轴心时代的灵性。从意识的角度分析，轴心前时代人的意识属于原始意识，人属于自然的一个部分，人对自然的力量充满敬畏，缺乏时间意识，人们不会为未来打算。这一时期持续时间最长，人的灵性主要体现在人和自然万物的一体性上，人来自自然，也归于自然。轴心前时代的人缺乏自我意识，因而不存在寻求自我解脱或得救的动机和体验。人们的生活是高度确定的，上一代和下一代之间几乎没有任何变化。而人们的灵性几乎是一种集体性灵性，一种人和自然之间的神秘联结，人的生命和自然中的其他生命具有内在的关联性。这种轴心前时代的所体现的人和自然之间的亲密性直到现在在一些比较原始的文化中还可以看到。这种轴心前时代的灵性在当今全球化的背景下，依然有值得我们关注和学习的地方。工业革命以来，人类和自然的关系发生了根本的变化，在人的眼里，地球是物质性的客体，没有独立生命，人和地球的关系，人和环境的关系是一种"我—它"的关系，而非"我—你"的关系。人类缺乏一种真正循环的观念，一种献祀的观念，而在轴心前时代的文化中，这种意识很强烈，换言之，人和自然之间的关系具有统一性、相互性。这种统一性、相互性所包含的灵性是值得我们深入学习的。英国科学家詹姆斯·洛夫洛克（James Lovelock）创造性地提出"盖亚"假设，呼吁人们重新认识我们的地球，重新处理我们和地球的关系。⑤显然，詹姆斯·洛夫洛克的盖亚假设

---

① Raimon Panikkar. *The cosmotheandric experience: Emerging religious consciousness.* Maryknoll: Orbis Books, 1993.

② Wayne Teasdale and George Cairns. *The community of religions.* New York: The Continuum Company, 1999; Ewert Cousins. *Christ in the 21st century.* Rockport, MA: Element, 1992.

③ Don Cupitt. *Emptiness and brightness.* Salem: Polebridge Press, 2001.

④ Wayne Teasdale and George Cairns. *The community of religions.* New York: The Continuum Company, 1999; *The mystic heart: discovering a universal spirituality in the world's religions.* Novato, CA: New World Library, 1999.

⑤ James Lovelock. *Gaia: A new look at life on Earth*, 3rd. Oxford: Oxford University Press, 2000; *The revenge of gaia: Why the Earth is fighting back and how we can still save humanity.* Santa Barbara: Allen Lane, 2006.

吸收了原始文化、轴心前时代的文化的一些精神资源。

一些思想家惊人地发现，在公元前 8 世纪到公元前 2 世纪，在地球不同区域都出现了轴心式人物或事件，例如在中国出现了老子、孔子、庄子、墨子，在印度出现了释迦牟尼、耆那教的大雄，《薄伽梵歌》定型，在伊朗出现了琐罗亚斯德，在希腊出现了巴门尼德、苏格拉底、柏拉图、亚里士多德等。在这一时期，这些思想家为人类提供了基本的真理观、价值观，影响了人类 2000 多年的历史。并且这一影响并没有终止。理由在于，我们正走向第二轴心时代，但却还没有建立起独立的价值体系，我们还需要依赖轴心时代思想家的资源，阿姆斯特朗就强调了这点。①

潘尼卡告诉我们，轴心时代的时间观不同于轴心前时代，是线性的，是一种历史性的时间观，它有一个追求目标。这个目标就是人的实现。人的实现本身有问题吗？没有问题。但我们需要分析人的实现的内容。在历史上，人们曾经把精神的追求视为自己的实现内容，例如在基督教中，目标是要使灵魂得救。在佛教中，就是要达到解脱。但是，我们发现，人们对精神生命的追求在历史上转变成了物质性的追求，把精神性转变成了物质性，工业革命刺激了人类的物质欲望，物质性的、感官性的满足成了人的价值所在。到 20 世纪中叶，全球世俗主义得到全面展示，并且在全球化的今天，人们进一步发展了消费主义。消费主义成了最大的价值追求。人类的一切都围绕着消费主义价值观。正是这种消费主义价值观使得人类的活动方式和自然之间的关系产生了巨大的张力。我们一步一步地进入生态危机时代，全球生态的不确定性开始凸显。在这一背景下，潘尼卡甚至说，服务地球就是服务上帝！

正是这种历史进化的时间观，让人类要么追求内在的发展，要么追求外在的发展。不管是内在的还是外在的，人都具有一种扩张的特征，所以本质上人类必定需要强化控制和消费。在科学和技术的帮助下，人类不可避免地把外在世界视为客体，将对象工具化。消费主义在技术时代将是人类的最后"家园"，不再可能向前迈进。

人类沿着历史主义道路，沿着历史意识，发展了 2000 多年。在这个星球上，人和地球的关系从一种依赖、独立，最后走到了完全的控制的关系，人似乎成了地球的主人。潘尼卡于是分析了人、宇宙和神的关系，原始人以宇宙为中心、以地球为中心，而历史意识中的人，则以人为中心，宇宙成了客体和控制对象，神则慢慢被排除在外，或只是服务人的一个投射对象。在轴心前时代的人那里，灵性和大地融为一体，从大地那里获得自己的那一份。在历史意识中的人那里，灵性成了个体灵魂的得救，其世俗形式就是物质的发展，消费的增加，无限地满足自己的物质和精神需要。这种灵性一直持续地发展，但它的发展有一个极限。这个极限，潘尼卡用历史的终结来表示。潘尼卡警告说，我们如果不能成功地进行意识的转化，那么我们将面临可怕的核冬天以及巨大的行星层面的生态灾难。我们的未来，不是走向超历史意识，就是走向毁灭。换言之，基于历史意识发展的灵性经过了 2000 多年，已经走到了它的极限。

天主教神学家卡曾斯对人类的灵性高度关注，从 1985 年开始主编《世界灵性》，

① Karen Armstrong. *The great transformation*：*The world in the time of buddha*，*socrates*，*confucius and jeremiah*. London：Atlantic Books，2007.

全面梳理、探讨人类已有的灵性。1992 年，他在其出版的《21 世纪的基督》中，正式讨论了第二轴心时代问题。他认为，我们人类正在发生重大转变，就是从轴心时代的意识转向第二轴心时代的意识。我们的人类灵性，也从轴心前时代的灵性、再到轴心时代的灵性，如今正转向第二轴心时代的灵性。

1993 年，或许是人类的一个转折年。全球几乎所有宗教和教派的代表参与了这一年世界宗教议会，在会上通过了《全球伦理宣言》。它预示着，人类不同宗教迫切需要彼此关联，需要构成一个宗教共同体（the Community of Religions）。这个宣言可以被视为人类历史上的一个标志性事件，它标志着人类正式起程，从轴心时代的个体意识走向第二轴心时代的全球意识。卡曾斯认为，我们所知道的第二轴心时代的意识特征就是全球意识。我们的灵性需要从基于个体意识的灵性走向基于全球意识的灵性。

在这一全球意识的影响下，汉语学界已经给予了很大关注，例如美国哈佛大学的杜维明教授关注第二轴心时代，倡导儒家和其他宗教的对话，发表了有关第二轴心时代的文章和演说。北京大学的汤一介教授也倡导第二轴心时代观念，他使用的词是"新轴心时代"。浙江大学王志成教授多年来一直倡导第二轴心时代观念，主编了一套《第二轴心时代文丛》，撰写了一系列论文，出版了论文集《走向第二轴心时代》等。

## 第三节　全球灵性时代

全球化让我们进入了一个新时代，在这个时代，我们人类存在的方方面面都发生了质的改变。社会科学家吉登斯认为，通信技术的发展是改变世界的标志。潘尼卡认为，我们正从历史意识时期进入超历史意识时期。斯威德勒认为，我们正进入对话时代。而卡曾斯、阿姆斯特朗则说我们正进入第二轴心时代。蒂斯代尔强调说，我们正进入灵性间时代。全球灵性是在全球化背景下的言谈，是基于一批先知思想家的思想发展起来的话语。

女性主义神学家金指出，从最宽泛的意义上说，当今灵性和几个更大的视角有关：全球意识或地球意识、多元论尤其是宗教多元论经验、对人类繁荣的迫切需要。[1]

全球意识或地球意识在当今已经是一个普遍浮现的意识。不管人们喜不喜欢全球化，它已经在那里，并且我们也无法回避它。人们担心全球会带来普遍的同质化。但在某种程度上，同质化确实是不可避免的，我们彼此生活在一个地球村，技术和通信的发达，使"多个世界"变成了一个世界。也正是在这一世界一体化的过程中，人们才意识到彼此的存在具有极强的关联性，你的存在和我的存在并不是彼此分开的，这种文化和那种文化也不是彼此分离的，这种信仰和那种信仰发生了彼此的互动和彼此的影响，我们的世界变得高度关联。全球化使得我们不同人、不同文化、不同信仰彼此联系，彼此影响。在这一背景下，我们形成共同的价值观就不仅必要而且必需。在伦理上，有必要发展"全球伦理"；在灵性上，有必要发展"全球灵性"。

---

[1]　Ursula King. *The search for spirituality：Our global quest for meaning and fulfillment*. Norwich：Canterbury Press，2009：43.

多元论，尤其是宗教多元论对世界各大宗教具有深远的影响。我们如何理解世界不同宗教之间的关系？如何理解宗教中的排他论、兼容论？正确处理宗教之间的关系，是全球化时代摆在各个宗教面前的现实问题。在这个问题上，国际学术界出现了多种形式的宗教多元论，例如以希克为代表的哲学类型的宗教多元论，以尼特为代表的伦理类型的宗教多元论，以潘尼卡为代表的神秘类型的宗教多元论，以科布为代表的过程的宗教多元论等。不管哪种宗教多元论，它们都需要处理不同宗教之间的关系。1993 年的世界宗教议会表明人类不同宗教可以走在一起，可以用对话取代对抗，可以共同采取行动，可以签署《全球伦理宣言》，可以构成一个宗教共同体。卡曾斯说，信仰间的对话是我们这个时代独特的灵性之旅。① 宗教哲学家希克说，宗教多元论本身不是教义，它是处理宗教之间关系的方法。而宗教多元论的行动必定是宗教对话。宗教对话可以分宗教内对话和宗教间对话。不管是哪种对话，都会导致彼此的认识加深，可以取长补短，可以促进彼此的更新。宗教对话不仅仅是对宗教多元论的实践，还是当今全球化时代灵性发展和感受的方式。宗教多元论最终会促进全球灵性的发展。

地球意识的出现，正回应了当今全球化时代的难题。历史的发展，最终把人推向了历史意识的顶峰，消费主义得到了巨大的刺激，在潘尼卡看来就是到了历史意识的尽头。潘尼卡说，我们的历史面临终结（潘尼卡先于福山多年，谈论历史的终结）。历史意识中的人把大地视为客体，是一个被剥夺的对象。正是大量的生态危机，才让越来越多的人意识到地球不仅仅是一个客体，一个可以不断被剥夺的对象。有科学家提出了"盖亚理论"，强调地球本身具有生命，地球是我们真正的家园。在潘尼卡看来，地球就是一个巨大的生命，我们所有人的生命来自地球的生命。地球意识的发展将有助于改变我们对待自然的态度，也将促进新的轴心时代全球灵性的发展。

金教授指出，我们人类需要繁荣。但她对"繁荣"（flourish）做了新的理解。她说，最初与该词相关的词涉及花、园子和成长等。它是一个生态概念，是关系性概念而非个人主义的概念。② 如果是关系性概念，那么人类的繁荣和发展必定与这个世界相和谐，世界各大宗教共同体之间也是和谐相处的。这种和谐相处，必定带来新质，那就是全球灵性。全球灵性在这里必定会涉及由人构成的宗教共同体之间的灵性，也涉及人和自然之间带来的灵性。但是，当今社会基本上还处于轴心时代（历史意识）和第二轴心时代（超历史意识）之间的转折关头。在历史意识中发展的消费主义正以加速度的方式侵蚀着我们人类存在的命运。

全球灵性是人类回应全球化的一种方式。从宽泛的意义上说，全球灵性既可以从信仰立场考察，也可以从非信仰立场考察。全球灵性本身既可以和宗教传统结合，也可以独立存在。卡曾斯认为，全球灵性属于第二轴心时代的灵性；潘尼卡则认为，全球灵性就是宇宙—神—人共融的灵性。我们采用蒂斯代尔的全球灵性观念，看一看它所指的具

① Ewert Cousins. My journey into interreligious dialogue. http：//www. benedictsdharma. org/a. php? id=406.

② Ursula King, *The search for spirituality*：*Our global quest for meaning and fulfillment.* Norwich：Canterbury Press，2009：54.

体含义和内容。

蒂斯代尔认为，1993年世界宗教议会的召开是一个世界历史事件，它标志着不同文化、信仰彼此可以学习和吸收的共同体的兴起。这种相互的吸收和互益就是灵性间性。参与宗教议会的不同信仰为了在一些关键问题上进行有效的合作，彼此签署了《全球伦理宣言》。在多元信仰和全球伦理背景下，宗教生活的核心是人类的灵性。在全球化背景下，我们迫切需要面对、接受和倡导全球灵性。

"全球"灵性、"普遍"灵性或"多信仰"灵性并不是指一种超级灵性，也不是指一种对存在于各大传统中各种类型的灵性所进行的强制的、非反思的综合，而是关心那些共同洞见、直觉、经验、价值和实践。

蒂斯代尔认为，所有灵性的神秘性质就是对终极实在直接的、经验性的意识。所有神秘主义都可以归为人格性和非人格性两类。要特别关注的不是灵性的理论维度而是实践维度。灵性实践维度通过多种方式表现出来：祈祷、礼仪、唱诵、音乐、冥想、瑜伽、饮食、苦修、自制、默观、艺术、服务等。

在全球化背景下，我们的灵性所关注的不仅仅只是个体的得救或解脱。或许可以用小乘佛教发展到大乘佛教来比喻。蒂斯代尔基于全球化的视角，提出当今全球灵性包含七个基本要素：（1）道德生活的能力；（2）深度的非暴力；（3）和所有生命以及和地球本身的团结；（4）灵性实践和成熟的自我知识；（5）简朴的生活；（6）无私的服务；（7）先知性行动。①

蒂斯代尔指出，道德生活的能力一旦在实践中实施，就会成为全球灵性的坚固基础。在世界各大宗教中都有这样的道德准则，例如十诫、耶稣的教导、瑜伽传统中的教导、佛陀的八正道、孔子的教导等，这其中共同的就是金规则——己所不欲，勿施于人。在这方面，世界宗教议会签署的《全球伦理宣言》正好确保了全球灵性的基础。

真正的灵性需要委身于深度的非暴力，这种非暴力和耆那教、佛教、印度教的"不害"（ahimsa）很类似。真正的灵性要求我们对周围的一切生命有全新的认识。而这种委身就意味着我们和其他生命的关联，我们需要建立一个正确的"他者观"，需要和不同的他者团结在一起。团结意味着我们的生命和其他生命，包括地球生命的一体性。

灵性不能只是理论，它是实践性的，我们和终极实在的关系也只有通过实践才能真正体现出来。并且，一旦获得真正的自我知识，我们的生命也就发生了转变，我们的意识也就得到了提升。这一自我知识对于我们的生命成长是必需的，它同时还是终极实在的礼物。这个自我知识，在基督教中就是要像上帝那样（人之神化），在佛教中就是我慢消失，佛性展示，在印度教中就是觉悟梵知。它是一种生命的转变。当然，这种转变也导致人们的生活简朴，并向他人和社会提供无私的服务，为了这个世界的和谐承担起责任。我对蒂斯代尔的一些基本看法没有疑义，但在他具体处理某些问题上，我并不认同他。

---

① Wayne Teasdale and George Cairns. *The community of religions*. New York：The Continuum Company，1999：212.

人们不禁要问，我们真正进入了第二轴心时代了吗？如果把 1993 年视为一个标志，那么当然可以说我们进入了第二轴心时代。但是，第二轴心时代并不是格式塔(Gestalt)的转化，1993 年之后，我们只能说某些方面体现了我们的意识的转变，体现了我们的世界正从传统的轴心后时代的世界转向第二轴心时代的世界。令人遗憾的是，轴心后时代的历史惯性非常巨大，我们的世界还没有发生真正成功的转化，我们还会遇到各种各样的问题，甚至灾难。我们的未来依然是不确定的，我们要为这种转化和新文明的展开而努力。人类的命运和人类自身的抉择极其密切，我们何去何从，取决于我们自己的心意。如果人类能及时反省，能真正重新认识自己，那么我们或许可以避免一场彻底毁灭性的生态灾难，我们的文明可能会有新的开始；否则，我们只能在历史意识中终结我们的一切希望。

为了让我们人类还有新的希望，我们肯定需要可以实践的全球伦理，需要新的全球灵性和全球秩序，需要转变我们的价值系统、意义系统，需要建构新的人类共同体。

# 第十四章　全球化、宗教共同体与全球灵性

## 第一节　全球化与全球化文化

全球化（Globalization）早已经成了最炽热的词汇之一，但人们对全球化的理解却从来没有达成完全的一致。面对全球化的种种现象，学者们分别从经济、社会、政治、文化、历史、全球性组织等方面思考，并从不同的角度对全球化做出了界定。

从广义上说，全球化可以理解为全球性的社会变迁，也就是人类史变为"世界史"的过程。狭义的全球化，主要指第二次世界大战后，尤其是冷战后，全球经济"一体化"的过程。但是，人们很容易把全球化等同于美国化（Americanization）、世界化（Cosmopolitanization）、国际化（Internationalization）、麦当劳化（MacDonaization）、超国化（Supernationalization）、跨国化（Transnationalization）、西方化（Westernization）等。这些标签都有一些道理，但是，全球化所包含的意义并非这些标签所能涵盖的。

考察全球化当然需要注意不同的领域。例如，经济全球化是我们首先需要分析的最直接的领域，因为经济全球化带动了其他领域的全球化发展。在某种意义上，不同国家都难以避免卷入经济全球化的大潮，经济全球化也在很大程度上超越了意识形态，不同的民族都卷入了经济全球化的过程之中。全球化正在逐渐改变全球经济资本配置的结构。

经济全球化带来了各种形态的跨国组织的出现和兴起。经济全球化也带来了各种形式的国际性、全球性问题。人们的全球性活动超越了经济，进入政治领域，并逐渐改变了民族-国家的政治学意义。许多学者认为，全球化是对民族-国家权力的限制，在处理诸多国际性、全球性的问题中，原本属于民族-国家职责或责任范围内的事务逐渐可以由国际性的组织来协商和解决。全球化正在逐渐改变全球政治格局的力量结构。

无论是经济全球化，还是全球政治格局力量结构的改变，作为一种力量，全球化自身会形成一种文化，我们称之为全球化文化。传统上，文化具有地域性、民族性。在不同地域性、民族性的传统基础上，我们也发展出了一些具有世界性的观念和价值。然而，即便如此，不同传统的文化在全球化过程中仍然遇到了很多问题。当下世界残酷的现实告诉我们，不同传统的文化如何参与全球化过程、全球化文化如何发展是一个非常棘手的问题。

首先是文化霸权主义。在经济全球化的过程中，其运行规则主要由西方、特别是美国主宰。由经济规则出发，许多西方人自然地认为他们自己的文化是最好的文化，他们自己的价值观是最合适的价值观，因为他们自己的传统文化带来了他们经济的迅猛发

展。于是，为了全人类的"福祉"，他们认为全球化的过程就是西方化的过程，甚至就是美国化的过程。这就是典型的文化霸权主义。理论上，文化霸权主义是一种一元论，它要将一切文化变成自身单一的形式，变得和自身一样的单一，换言之，文化霸权主义是一种文化同质化的强制过程。它不尊重其他文化，不接受作为他者的其他文化，是一种典型的文化唯我论。不同地域的文化具有不同的特征，不同地域的人们受到不同文化的滋养。这种文化霸权主义是对人类文化的一种威胁，是对文化多样性和差异性的一种扼杀，是对人自身的一种危害。

其次是文化相对主义。在经济领域，全球化似乎效果非常好。但在文化领域，全球化却呈现全然不同的景象。文化相对主义认为，不同文化具有不同的价值，并不存在一种绝对的、普遍的文化；不同文化是在不同的历史条件下被建构起来的；我们需要尊重不同文化的差异和特征。然而，我们发现，文化相对主义往往不是强势文化的立场，而是相对弱势文化的立场。从文化策略上说，这是弱势文化维护自身权益的理论依据，是对单一文化中心主义、对诸如美国文化中心主义或对西方文化中心主义的抵制和否定。然而，这种文化相对主义的立场，同样也会把基于狭隘的民族主义、甚至种族主义形成的文化关系固定化。本质上，文化相对主义是一种文化二元论。

最后是文化多元主义。非常明显，经济领域全球化正在逐渐走向经济一体化。但在文化领域，情况要复杂得多。有人主张文化霸权主义，有人主张文化相对主义，但也有人主张文化多元主义。在这里，文化多元主义的含义是，它不主张某一种文化具有至上的地位。文化多元主义主张，在轴心后时代发展起来的各种文化传统都具有各自存在和发展的理由；人类的需求充满差异，文化所提供的需求满足也充满差异；人类无法依赖某一种文化来满足全人类的需求。文化多元主义反对文化相对主义，它不认为不同文化彼此无关。文化多元主义认为，尽管不同的文化具有质的差别，但它们并不是不可沟通的，彼此也不是不可相互学习的。文化多元主义意味着不同文化彼此独立存在，而非由某一个文化取代；彼此不是相互孤立分离，而是相互关联、相互对话和互益，并在现实中不断转化和发展。

## 第二节　全球化背景下的宗教关系

文化的核心是宗教。在全球化的过程中，不同的宗教必须处理它们之间的关系。冷战之后，世界格局发生了根本的变化。福山认为，人类进入了"历史的终结"的阶段，没有了意识形态的对峙，民主成了最后的神话，人类似乎已经不再有前进的内在动力。塞缪尔·亨廷顿不同意福山的看法。亨廷顿认为，冷战之后，传统的意识形态的对峙消失了，取而代之的是文明之间的关系将是国际关系的主要形式。他将全球的不同文明划分为若干板块，这些板块基本上是基于宗教信仰构成的。

全球化带来了时空关系的压缩和扩张，不同宗教、不同信仰面临着更加频繁的相遇、相撞、甚至对峙。处理宗教之间的关系依赖于诸多因素，主要涉及利益、信仰态度、认识论、宇宙论等。

在利益问题上，宗教往往服从于所在国家和地区的利益。但很多时候，宗教并不涉及利益问题，利益属于国家民族、政党群体、机构、个人等。当然，在当今处境下，人类社会的问题越来越多，宗教越来越多地卷入政治利益、经济利益等利益问题也很自然。我们自然需要对宗教卷入利益问题有清醒的认识。然而，我们这里的重点不是利益问题。

在信仰态度上，由于不同宗教之间的关系非常复杂，形成了不同的宗教态度。总体来说，目前主要有四种：一是排他论。排他论认为，只有自己的宗教才是真理，才是道路，才有真正的得救或解脱，而其他宗教中没有真理，不是道路，没有得救或解脱。二是兼容论。兼容论认为，只有自己的宗教才是最后的真理，才是最后的道路，才是最终的得救或解脱，其他宗教中有真理之光，也是道路，但没有得救或解脱。其他宗教信仰者若要得救，最终需要走向自己的宗教道路，认识自己的宗教真理。三是多元论。根据多元论，轴心后时代的各大宗教传统都是同等有效的得救或解脱之道。四是比较论。根据比较论，不同宗教是不同的系统，彼此是不同的他者，彼此不能相互取代，而应当相互学习。在全球化的背景下，我们已经很难坚持排他论、兼容论的宗教态度。如果我们坚持诸如排他论之类的宗教态度，就意味着反全球化，意味着宗教之间无法在全球化时代和谐相处。全球化和多元论具有相合性，全球化和比较论也具有相合性。当今，排他论和兼容论的宗教态度需要改变，至少需要接受多元论和比较论态度中明显合理的部分，并继续不断更新发展。

在认识论上，不同宗教自然有着不同传统的认识方式和内容。犹太教有犹太教的认识方式，基督教有基督教的认识方式，伊斯兰教有伊斯兰教的认识方式，儒教有儒教的认识方式，道教有道教的认识方式，佛教有佛教的认识方式，印度教有印度教的认识方式。当然，在诸如西方一神教之间具有某些共同的认识方式，而在非有神论的宗教中也有一些共同的认识方式。我们需要充分保持诸宗教不同的认识方式。对于信仰的探索，需要不同的道路。全球化并不阻碍人们以不同的方式去探讨信仰。相反，全球化提供了认识方法上相互借鉴的机会。

不同宗教有着各自不同的宇宙观，我们无法将它们的宇宙观视为同一。我们不能把它们全部视为假的，也不能把它们全部视为真的。我们需要有新的认识方式。如果不同宗教一定要坚持各自的宇宙观，它们又都处于同一处境，那么它们之间的冲突就难以避免。面对彼此不同的宇宙观，不同的人们会有不同的处理方式。在全球化处境下，一些神学家和思想家开始考虑人类共同的宇宙故事，换言之，他们正在尝试探索和表达不同的宗教共同具有的宏大故事，并试图基于这个共同的宏大故事来展开我们人类的信仰生活。

不过，如果寻求到了或者形成了共同的宇宙故事，会不会导致宗教的同质化呢？在某种程度上，确实会出现某些方面的同质化现象。作为一种巨大的力量之源，全球化是同质化的力量之源。对于这一点，我们需要现实地看，一味地肯定差异和独特并不是一种现实主义的态度。

## 第三节　宗教对话与宗教共同体

　　面对众多的利益问题，众多的宇宙论、认识论、宗教态度和生活方式，我们是否有可能进行整合？是否有可能在全球化时代和谐相处？是否有可能在差异性中实现一和多的内在统一？

　　传统上，不同宗教是不同的社会–信仰实体。不同宗教是不同的信仰共同体。不同的信仰共同体拥有不同的话语系统。传统的信仰共同体是在传统社会中形成的，并在历史的长河中不断发展、转化。到了现当代，由于全球化运动的发展，不同的信仰共同体不得不相遇，不得不面对相互抵触的不同宣称。历史上文明冲突的部分原因就来自宗教信仰间的差异和相互抵触的真理宣称。

　　当下，面对全球人类面临的共同困境，我们需要理解信仰相遇的真正意义和作用。面对诸如社会共业、地球生态环境恶化等问题，全球的人们都在渴望超越不同宗教的真善美。全球化下的信仰相遇，全球化下信仰共同体的相遇，给我们提供了获得拯救的际遇和方式。

　　耶稣说，使人和睦的人有福。在信仰相遇、信仰共同体相遇的过程中，促进和平、追求真善美的方式就是宗教对话。宗教对话已经成为当今处理宗教关系的中道。

　　最初的宗教对话显然是由于宗教之间的问题而发生的。对话本身也经历了从比较简单、原始、边缘到复杂、高级和中心的发展过程。不同宗教在宗教对话中所表现的态度也表达了宗教关系的自身发展。我们可以从独白的对话关系、对白的对话关系、辩证的对话关系发展到对话的对话的关系（雷蒙·潘尼卡），从社会学层的、哲学层的宗教对话发展到神学或灵性层的宗教对话，从宗派主义的对话发展到超宗派或非宗派或普世主义的宗教对话，从只关心宗教本身的宗教对话发展到关心人类命运并采取切实行动的宗教对话。

　　要让宗教对话在全球化下具有时代性、有效性，我们还需要一种新的对话氛围、新的对话形式。这样的工作似乎在100多年前就开始尝试了，即1893年在美国芝加哥召开的世界宗教议会。在那次会议上，来自世界主要宗教传统的宗教界人士以及部分知名学者汇聚一起，彼此表达各自的信仰，探讨相处的新思路，形成了某种形式的世界宗教共同体雏形。

　　但事实上，在1893年世界宗教议会召开之后，不同宗教之间的关系并没有得到实质性的改善，宗教之间的冲突依然不断发生。直到100年之后的1993年，第二次世界宗教议会召开，人们似乎再次看到了世界宗教共同体之光。大家意识到，面对共同的地球，面对世界的种种问题，我们人类需要有一个基本的行动底线，那就是全球伦理原则。正是基于这样的认识，这次会议通过了《全球伦理宣言》。之后，世界宗教议会就成了一个固定的制度，并组成了世界宗教议会委员会这一固定的组织，以推进宗教之间的沟通、对话与合作。当然，在当今世界格局中，由于宗教本身的复杂性、许多其他因素的介入，真正意义上的世界宗教共同体还远没有形成。

## 第四节　宗教共同体与中华文明

现在我们把视角放到中国自身之上。近年来，中国已在经济上崛起。经济上的崛起要求我们在文化上也要崛起。没有文化软实力，经济大国的地位是无法持久的。遗憾的是，由于历史的原因，我们的传统文化受到了严重的破坏，我们的文化传承性受到破坏，我们的文化面临巨大的压力和危机。越来越多的国人意识到当代中国遇到了文化危机和信仰危机。尽管人们在不断寻求解决之道，但至今效果不佳。我们需要自我反省。

需要承认，中华文明的核心构成是儒教、道教和佛教，离开它们，中华文明将不复存在。尽管当下我们中华文明并不局限于这三教文明，但我们无法回避它们。这三教文明是我们的文明之根。中华文明要复兴、崛起并对世界文明发挥作用，都无法离开这三教文明。

传统上，中国儒道佛文明是三教彼此关联在一起的文明，也可以说是一个准宗教共同体文明。今天，我们继续发挥这个准宗教共同体的作用，最有效的方式就是自觉地发展这一准宗教共同体。

基于儒道佛的中华文明宗教共同体是一个内在多元化的共同体。它在历史上主要由儒教、道教和佛教来体现。随着社会的发展，中华文明同时发展。它不仅吸收伊斯兰教，而且吸收天主教和新教，还吸收印度教等。原则上，在中华文明的宗教共同体中"无物遗漏"。这个共同体不会把不同宗教变成同一种宗教，不会持有宗教霸权主义的态度，也不主张宗教相对主义。在这个宗教共同体中，不同宗教之间可以具有共同的目标：共同体意识下的和平与和谐，也就是全球意识下的和平与和谐。

关于这个宗教共同体的建构，并没有一个固定的模式。但在中国的背景下，我们可以尝试一种传统性的模式，即"政教学"联合的模式。这一共同体需要政府的支持，需要各个宗教自身的介入，需要学者的参与。"政教学"三界结合、互动，这一共同体就有可能成为一个自觉建构的文明体。中华文明既包含一个被动的、自发的创造过程，又包含一个主动的、自主的创造过程。在这个主动、自主创造的宗教共同体中，宗教之间和谐相处，彼此协作，为不同人群提供精神滋养，为全社会作出具体的贡献。

## 第五节　宗教共同体与全球灵性

我们看到，宗教共同体可以为社会和个人提供服务。其中，最重要的服务之一就是灵性。全球化背景下，灵性在建构开放的宇宙故事中具有重要的意义。

灵性一词很难定义。狭义说，灵性是指个体自我和超越者之间的密切关系。传统上，每一个宗教都会宣称自己拥有独立的、完整的、完美的灵性修持系统，也充满了灵性之人。确实，犹太教有犹太教的灵性，基督教有基督教的灵性，伊斯兰教有伊斯兰教的灵性，印度教有印度教的灵性，佛教有佛教的灵性，儒教有儒教的灵性，道教也有道教的灵性，甚至我们也谈论一些原始宗教的灵性。

从历史上看，在每一个宗教中都有人达到非常高的灵性境界，他们也常常被认为是那些宗教中的圣者或神秘主义者，成为很多人学习和效仿的榜样。不过，我们也要看到，每个宗教的灵性都是在各自特定的历史条件下发展的，灵修的实践和境界也是有条件的，我们不能将每一种灵性的方法和实践加以绝对化。在全球化背景下，不同宗教的灵性发展和实践的处境已经发生了巨大的改变。时空条件的改变、灵性资源的分享、教育条件的改善、不同宗教之间的频繁互动，需要对灵性有新的认识，其中主要涉及：宗教间的灵性、单一宗教在和其他宗教相遇中的灵性、宗教灵性相遇中的互益和转化、跨宗教灵性的可能性、全球灵性的可能表达等。

宗教间的灵性是一个全新的主题，对于这一主题的讨论还相当缺乏。然而，全球化的到来，共同的宇宙故事的建构，逼迫我们不得不提出、不得不讨论宗教间的灵性问题。同样，诸如跨宗教灵性的可能性、全球灵性等都需要我们去理解和诠释。这里，我们重点谈一谈全球灵性（Global Spirituality）。①

我们认为，没有一个宗教能独立探讨全球灵性，因为全球灵性是基于全球化时代不同文化、信仰的相互交融，并在全球化的推进下，为全球人类提供一种全新的灵性发展的愿景。它不取代具体宗教的灵性，也不是诸宗教灵性的合并统一，更不是诸宗教灵性的妥协之物，而是在一种新的时空条件下，在诸多信仰资源的滋养下，在新的生命体验中，在化解全球危机的过程中，为全部个体生命提供一种滋养的全新的灵性可能。

要实践全球灵性，不可脱离具体的宗教。全球灵性更需要一个相互关联的宗教共同体的环境。在宗教共同体中，不同宗教已经构成了相互联系的关联体，有了共同的视角和渴望，全球灵性就有可能发生和发展。

从全球灵性产生的条件来看，全球灵性以全球化的、数字化的地球为背景，以多元的灵性资源为基础，以信仰间垂直维度的灵性探索为前提，并以整体主义为视角。全球灵性不是对传统宗教灵性的否定，而是对它们的提升和发展。全球灵性和诸宗教的灵性并不对立，全球灵性离不开具体宗教，但是并不为具体宗教所局限。在一个跨文化、跨信仰、跨传统的时代，全球灵性始终是相互关联的，也始终是共同的宇宙故事的内核。

全球灵性的探索还在途中。如今，我们还无法提供一套完整的全球灵性的原则、观念、实践和亲证的手段。它还是一个全新的探索领域。不同宗教的人都可以从自己的宗教视角为全球灵性的发展作出贡献。犹太教、基督教、伊斯兰教、印度教、佛教、道教、儒教等都有各自的特征，都可以提供服务世界的全球灵性资源，都可以提供全球灵性的多元化的范式。从中华文明来看，儒道佛已经用它们独特的资源服务全球灵性，特别是在儒道佛之间处理彼此的关系方面。人们已经越来越认识到，儒道佛并不是三个并不相互对立的社会实体，而是三个相互包容、相互受益、相互协同的灵性实体。不少西方学者注意到中国传统的儒道佛之间的关系不是相互对立的关系，相反，它们之间可以相互学习，彼此受益。在历史上，人们注意到了诸如犹太教、基督教和伊斯兰教之间那

---

① 关于全球灵性这一主题，国内的研究刚刚开始，但在国际上已经有很多。这里列举几本著作：Robert Muller. *New Genesis—Shaping a global spirituality*. New York：Doubleday，1982；Ursula King. *The spirit of one Earth：Reflections on teilhard de chardin and global Spirituality*. New York：Paragon House，1989；*The search for spirituality*. Norwich：Canterbury Press，2009.

种强烈的对峙和冲突现象，而在中国的儒道佛中它几乎不存在。中国传统的儒道佛处理彼此关系的艺术对于促进全球不同宗教文明之间的和谐关系具有重要的参考价值。在全球化背景下，儒道佛可以继续发展，更自觉地形成中华文明的宗教共同体，为促进世界宗教的和谐做出榜样。

全球化的节奏滚滚向前。时代的现实告诉我们，人类已经无条件地关联在一起，世界已经不再是一个孤立的世界。地球频发的各式灾难不断地警告着我们，人类必须转变自身的宇宙叙事。① 人类的命运和宗教息息相关，如何处理好宗教间的关系，把握住诸宗教相遇的真正意义，如何在这个地球村和谐相处至关重要。有一点是肯定的，即变革是必需的。从诸宗教中逐渐发展起来的宗教共同体，或许可以承担起这一宏大变革的使命。而全球灵性即是这一宏大变革中的题中应有之义。

---

① 布赖恩·斯威姆（Brian Swimme）和托马斯·贝瑞（Thomas Berry）在《宇宙故事》中考察了古生代、中生代、新生代、技术代（Technozoic Era）和生态代（Ecozoic Era），指出我们正走向超越任何人所知的宗教表达而进入元宗教时代，并且在这个时代所有宗教都处于一种综合性的新语境中。

# 第十五章　全球化与基督教灵性之发展
## ——谨以此纪念雷蒙·潘尼卡

## 第一节　灵性探索的迹象

当代杰出的天主教思想家雷蒙·潘尼卡于 2010 年 8 月 26 日在西班牙逝世，享年 91 岁。在他一生的追求中，充满了冒险，他大胆地进行跨信仰的探索，为人类不同信仰之间的和谐和互益作出了巨大的理论贡献。本章尝试对他在基督教灵性方面的研究做一些考察和思考，以此缅怀这位伟人。

雷蒙·潘尼卡已经出版了 70 多部著作，范围涉及基督教、印度教、佛教等，其中比较重要的著作有《印度教中未知的基督》、《基督显圣：人的圆满》、《看不见的和谐》、《宗教内对话》、《三位一体与人的宗教经验》、《智慧的居所》、《宇宙–神–人经验》、《神话、信仰与解释学》、《上帝的经验》、《存在的节律》等。由于国内学者的努力，已经有多部雷蒙·潘尼卡的中文著作出版，以及多篇有关雷蒙·潘尼卡的研究论文发表，还有许多论文著作对他的思想进行了关注。

雷蒙·潘尼卡的诸多作品都充满了灵性的探索。他从 20 多岁从事学术研究以来，就一直关注基督教的健康发展。在我看来，雷蒙·潘尼卡的早年以神秘直觉见长，而他一生都在阐发的宇宙–神–人共融的直觉在他年轻时就已经有了，后来的学术成就是他不断地将这一直觉展开的结果。我结合他的部分作品，以基督教灵性问题为核心，考察一下全球化时代基督教灵性的发展问题。

第一部著作就是他的成名作：《印度教中未知的基督》。本书于 1964 年出版第一版，1981 年出版了修订本。在这本著作中，雷蒙·潘尼卡要处理一个非常棘手的难题，那就是：在跨文化时代，基督教如何和其他宗教具有灵性深度地共处。该书出版后受到误解，但也得到了极大的肯定，他的学术工作甚至被视为可以和阿奎那将亚里士多德的哲学方法纳入基督教相媲美，也可以与圣保罗将基督教希腊化相类比。

在我看来，本书揭示了以下几个问题：第一，基督教和其他宗教相遇的相遇点在哪里？第二，以印度教和基督教为例，它们之间的关系如何？第三，从《梵经》一卷一章二节分析基督教和印度教之间是否存在一个共同的"中保"，从功能上说，印度教中的自在天是否就是基督教中的基督？

雷蒙·潘尼卡认为，基督是基督徒和其他宗教相遇的相遇点，并坚持认为，教义平行论是不够的。根据教义平行论，基督教和印度教在若干方面可以进行比较，然而，这种比较的结果是要么相近，要么不同，它本质上只能停留在辩证的对话领域。如果要发生真正的对话，就必须深入下去。而要深入下去，教义平行论显然是有缺陷的。雷蒙·潘尼卡也不认同文化综合论，因为印度教和基督教的相遇不可能只发生在凡俗的、文化的层面，而一定会发生在宗教层面。宗教相遇是卷入生命的，是生存论上的相遇。

有关基督教和印度教的相遇，它们有各自的基础，而这个基础，最终应该有一个功能相似的对应者。从基督教的角度看，这个基础就是基督，从印度教的角度看，这个基础就是自在天。基于两个宗教对象在功能上的相似性，彼此的关系"不可能是高和低、优和劣、光明和黑暗、圣洁和罪恶、真实和虚假、拯救和惩罚、超自然和自然的关系，也不是行动和潜能、果实和种子、实际临在和先驱、实在和象征、实现和欲求、事实本身和寓言、复活和死亡的关系，不是同化关系，不是敌对关系，不是替代关系，而是相互丰富的关系，在对基督之奥秘（用基督教的语言）的探索上可以相互启发、相互照亮、相互丰富"。①

前面提到，基督教和印度教相遇，从基督教来说，这个相遇的基础是基督，从印度教来说，这个相遇的基础是上主自在天。雷蒙·潘尼卡通过分析印度"三经"之一的《梵经》，指出存在一个同质、不二的梵或上帝，它永远不变，唯一、单一；也存在世界，这个世界具有不同于梵的属性，即可变性、展示性、多样性等；还存在一种关系，这个关系将梵和世界联系起来。这个联系者就是自在天。在基督教中，存在上帝；存在世界；也存在上帝和世界之间的联结点，这个联结点就是基督。雷蒙·潘尼卡认为，自在天和基督是形式相似的等价词，它们在功能上一致。在雷蒙·潘尼卡看来，这个未知的基督也在印度教中，它并不一定为基督徒所知。

如此，雷蒙·潘尼卡架起了印度教和基督教对话的桥梁。

1973年，雷蒙·潘尼卡出版了一部很小却非常独特的著作：《三位一体与人的宗教经验》。在这部书中，雷蒙·潘尼卡揭示了宇宙-神-人共融的实在观，这个观点包含：第一，经验的普遍性以及三个位格的实在性，三位一体成了位格关系的终极范式；第二，激进的事物的相互关系性，三位一体是纯粹的关系，它反映了一切事物的关系性；第三，实在的基本统一性，宇宙的差异不能遮蔽它，三位一体提供了遍在一切的实在的构成模式。雷蒙·潘尼卡在这本书中发展出来的对三位一体的独特理解，是一种宇宙-神-人共融的直觉，他在许多地方都坚持这一直觉。

在《基督显圣：人的圆满》一书中，雷蒙·潘尼卡批评了传统基督论的弊端，他认为西方的传统基督论具有部落主义、历史主义的特点。他雄心勃勃，要将基督教从西方的囚禁中解放出来。雷蒙·潘尼卡不认同传统的基督论，他要谈论基督的显圣，它将打开第三只眼，让人接触到基督论的教义所涉及的经验。基督论涉及的是外在的理解，历代都有不同的基督论，但没有一种基督论能让人触摸到耶稣基督的经验。基督教要传下去，要真正地传下去，需要的不是各种各样的教义体系，各种各样的基督论，而是要直接接触到耶稣基督的经验。只有直接接触到耶稣的经验，才能成为真正的基督徒，才能成为基督。事实上，只有成为基督，才能觉悟到耶稣的经验。

① 雷蒙·潘尼卡.印度教中未知的基督.王志成，思竹，译.成都：四川人民出版社，2003：5.

在《基督显圣：人的圆满》一书中，雷蒙·潘尼卡对耶稣经验的分析不同寻常。我感到，他要表达的意思是，要让基督教传达下去，就要依赖于人对耶稣经验的直接感受，这种经验不是一般经验，而是神秘经验，一旦接触到，我们的自我就会消失，从而进入耶稣的神秘经验，成为基督本人。这时，我们才能圆圆满满地将基督之光带下去，基督信仰才真正传达下去，继承下去。雷蒙·潘尼卡的这一理解具有禅宗里"以心传心"的味道。

如果专注于耶稣的神秘经验，我们一定能和雷蒙·潘尼卡一同体会到基督经验，他把这一经验用九节经文的方式表达出来：基督是基督教关于整个实在的象征；基督徒通过耶稣认识基督；基督的身份和他的标志并不同一；基督徒对基督的知识没有垄断权；基督显圣超越部落的和历史的基督论；前逻辑的、历史的和末世论的基督是唯一的、自我同一的实在，他在时间中延伸，在空间中扩展，在我们之中具有意向性；道成肉身作为历史事件也是文化融入；把教会视为道成肉身之所；基督显圣是宇宙–神–人共融的联结的奥秘。

2010年，雷蒙·潘尼卡出版了他的《存在的节律》。这本书可以被视为他一生思想的总结，从他早年对宇宙—神—人共融的经验的直觉，到这本书中全面而系统的阐发，我们看到了20世纪基督教中最杰出的神秘主义者之一。由于雷蒙·潘尼卡进行了跨文化、跨信仰的探索，因此也可以把他视为全球化时代的神秘主义者。

## 第二节　出路与难点

雷蒙·潘尼卡一直强调，我们如今进入了整合的时代。在凯逻斯意义上，我们经历了自然中心的时代、神中心的时代、人中心的时代，然而，我们一直是分离的，如今历史面临终结，我们要么走向人的终结，要么走向超历史意识，而超历史意识，就意味着我们需要一种新的神话。

我们传统的神话已经过时，不同神话在跨文化时代遇到了危机，《存在的节律》就是要我们这个时代提供一个整合的新神话。在这个神话中，宇宙、神和人都不是中心，彼此是相互联系在一起的，任何一个都不能离开其他两个。实在是三位一体的，关系性的，而非本质性的。

雷蒙·潘尼卡反对一元论，一元论只承认一个中心，不是自然中心，就是神中心或人中心，但是在这个时代，任何一个中心都不是中心；他也不认同二元论，二元论把不同的中心对峙起来。他认为，人、神和宇宙是一种共存关系，一个不能脱离其他两个而存在，换言之，三位一体是缘起的。

雷蒙·潘尼卡在多篇论文中回顾了基督信仰的发展变迁，他指出，基督信仰经历着三个阶段：基督国阶段、基督教阶段和基督性阶段。在基督国阶段，一个基督徒必须属于一个基督文明，在基督教阶段，一个基督徒必须是一个体制机构中的一员，而在基督性阶段，把自己视为一个基督徒可以指实践一种个人信仰、具有像基督那样的精神以及把基督当做其个人生活的象征。基督国是一种文明，基督教是一种宗教，基督性是一种个人的宗教性。基督信仰已经经历了基督国，基督徒就不再需要隶属于基督国，甚至也不必隶属于基督教，我们正进入基督性时代。

很显然，雷蒙·潘尼卡对基督信仰的关注和探索，是把它置于全球化时代的特殊处境，从具体来说，就是将基督信仰置于多信仰的背景之下。我们只有在多信仰的背景之下考察基督信仰，才有可能真正探讨问题的本质。

雷蒙·潘尼卡一直关注基督教和其他宗教在全球化时代的沟通、共融、互益。从基督教的角度看，处理问题的核心是基督论问题。

基督教和其他宗教是否能相互受益，是否能展开有效的对话，是否能带来宗教间和平，是否能促进全球化时代人的灵性的发展，在很大程度上取决于基督论问题的处理。随着全球化的推进，越来越多的学者或神学家开始反省基督教的核心教义——基督论。他们感到，我们有必要反省和修正基督论，这样才能解决基督教和其他宗教之间的张力。

耶稣是走向生命完美的唯一道路还是多条道路之一？

《新约》中一些从字面上看起来难以认可其他宗教道路的经文如何理解？例如，《使徒行传》第4章第12节说："除他以外，别无拯救。因为在天下人间，没有赐下别的名，我们可以靠着得救。"

第一种解释是，这不是耶稣自己说的话。如果不是耶稣说的，而是他人说的，问题就可以解决了。

第二种解释是，这不是哲学、法律、科学语言，而是认信语言、爱的语言，因此不能字面地理解基督教中这种排他的经文。

第三种解释是，这经文是在被圣灵感动的时候说的，它不适合其他场合。例如，苏菲神秘主义者哈拉智在神秘状态说，他是安拉。这从灵修学上说，在那神秘状态是可以这么说的，但是，离开了那个状态就不能说，哈拉智也因为这样说，而被误解，后受迫害。①

第四种解释是，基督教是独立的语言系统，它在基督教中是可以的，只要进入基督教话语，这样的经文是规则，必须认可。但是，它不涉及其他宗教的话语。

第五种解释是，分离历史的耶稣和宇宙的基督。雷蒙·潘尼卡就做了这样的区分。人们一般把耶稣和基督结合在一起，但是，雷蒙·潘尼卡说耶稣是基督，基督不是耶稣。基督要大得多。许多人可能不能接受雷蒙·潘尼卡的这一特别的理解。

如果单纯从学术上说，自然主义对此的否定是可能的，换言之，根本不认可这种经文；自由主义神学家的解释也是可能的，如约翰·希克和尼特的观点；后自由主义的观点也是可能的，即认可这种排他的语言在基督教自身话语中的合法性。从宗教的立场看，自然主义的立场是不可接受的。因此，我们不需要考虑站在自然主义立场上对这种经文的判断。然而，从当今全球化的角度看，我们也无法接受排他性的立场，因为这种

---

① 哈拉智认为，通过长期的修炼，我们的灵魂得以净化，达到无我境界，可以进入真主的本体；当人的灵魂与真主的本体合一时，人的个体意识就会消失，成为真主本体，这时可以说"我即真理"（Ana al-Haqq）。事实上，伊斯兰神秘主义、基督教神秘主义和印度教中吠檀多神秘主义在灵性修持的体验上有不少相通之处。

排他性的立场不能给宗教带来和谐，不能在一个跨宗教互动的时代给人带来希望，因此我们从本质上说也难以接受字面的理解。对于某些人来说，自由主义的理解可以被接受，对于另一些人来说则可以接受后自由主义的立场。不过，如果在一个越来越全球化的世界上，后自由主义也同样面临挑战，因为，不同宗教的话语系统面临相互影响的现实。

## 第三节　耶稣、全球化与不二论

对有的人来说，自由主义的理解是对基督教排他性语言的扭曲，是为了迎合当代世俗主义理解世界的一种方式，本质上，它在解构宗教，就基督教来说，它是在解构基督教。这种认识值得认真对待。神学家雷蒙·潘尼卡对这种认识了如指掌，但他没有认可，而是走了全新的道路。雷蒙·潘尼卡走向的是神秘之道。

首先，雷蒙·潘尼卡认为传统的基督论不能给我们带来真正的耶稣经验，不能促进和净化我们的信仰。而基督论本身的争论也没有尽头。从耶稣基督是完全的神和完全的人的争论到耶稣是否为独一的救主，都是自然而然的。

其次，这些基督论的争论本身不能给我们带来耶稣的经验。那些基督论的理论都是我们心智的创造物。不同时期，不同条件下，不同神学家会提出各种形式的基督论，而其中没有一种基督论触及基督教信仰的核心——耶稣的经验。

再次，传统的基督论充满了部落主义和历史主义的特征。雷蒙·潘尼卡说，耶稣是我们得救的手段，是通向天父的道路，是真实生命本身的道路。基督徒可以相信耶稣是他们的救主，也是其他人的救主，但同时必须认识到，耶稣并不以同样的方式向其他人显示。雷蒙·潘尼卡断言，我们基督徒并不拥有全部的基督知识。另外，基督的形象已经得到地中海文化的锻造。其后基督的形象则被我们固定起来，遮蔽了基督的真实性。

最后，只有触及耶稣经验，我们才能真正认识耶稣，才能明白基督。我们需要的不是基督论，而是基督显圣。根据雷蒙·潘尼卡的理解，耶稣经验是通向上帝的经验，是一个窗口。但是，这个窗口并不否定其他窗口。我们不能用耶稣去取代基督。耶稣是基督，但是基督不等于耶稣。基于这一理解，基督教可以坦然接受宗教多元论。这种接受不是基于一种折中主义，回避其他基督论。雷蒙·潘尼卡不去公开抨击其他基督论，却独自向我们展现基督显圣的经验。

雷蒙·潘尼卡的父亲是印度教徒，母亲是天主教徒，这种特别的家庭关系，让他一开始就进入一个跨文化、跨信仰的环境之中。在他身上，文化、信仰的张力自然存在，而作为一个生命，他去探索不同文化、信仰，甚至接受多重身份，也是可以理解的，问题是他是否能克服障碍，达到一种真正意义上的圆融和贯通。

这种圆融和贯通不仅仅是社会学层的，也不只是心智哲学层的，更是（神秘）经验层的。因为，雷蒙·潘尼卡站在了神秘经验层，所以他能梳理基督信仰形态的改变，从基督国到基督教，再到他倡导的基督性。我认为，正是他所倡导的基督性才让我们意识到了基督教灵性的真正发展。

全球化时代的来临让我们的世界成了地球村，不同宗教的相遇已经不可回避。对于宗教的相遇，如何面对？是冲突吗？是隔离吗？雷蒙·潘尼卡说，最合适的出路是对话。

不同宗教的相遇，可能存在三种关系：第一种是一元论，就是一种宗教控制和主宰所有其他宗教，它本质上将其他宗教同质化，使它们成为自己的模样。如果是基督教一元论，这就意味着各个宗教都需要变成基督教或像基督教一样。第二种是二元论，就是不同宗教彼此不同，彼此分离，反对相互沟通，它们之间存在着竞争关系，最终会倒向一元论。第三种是不二论，根据不二论，不同宗教是彼此不同的独立他者，但是彼此并不孤立，并不对峙，而是彼此形成相互关联的极性。彼此不存在取代关系，不存在对峙关系，却存在彼此的张力。雷蒙·潘尼卡认为，不二论的宗教关系最合理，也最能保持宗教的生命。在他一生的探索中，似乎处处都充满了对不二论的探索和弘扬。

不二论的宗教关系是一种极性之间的关系，是一种特别的对话关系。雷蒙·潘尼卡注意到，文化间、信仰间的对话具有不同的层次。首先或许是独白，独白只是把自己的立场、观点、看法向对方说出，没有和对方真正的沟通。其次是对白，对白是双向的独白，换言之，你说你的，我说我的，在这里承认了对方的存在，并知道对方是不同于自己的，只是不在意对方说什么。再次是辩证的对话，这是一种理性的对话，依据的是辩证法。在辩证的对话中，双方根据理性原则，要在彼此之间找到统一的真理，要达成一致。尽管双方都根据理性原则，但却对诸多问题的看法，无论如何都达不成一致，这是因为有不同于理性原则的东西在起作用，这个东西来自意志，来自生命。雷蒙·潘尼卡要求将对话推向对话的对话。在辩证的对话中，它预设了彼此共同的主体，而在对话的对话中预设了至少两个或两个以上的主体。作为介入对话的主体，一定带入了他们的感情、意志等。对话的对话并不否定辩证的对话，但辩证的对话是不够的，对话的对话是对辩证的对话的发展和成全。

## 第四节　对话的对话和不二论灵性

雷蒙·潘尼卡的对话的对话是否最好地体现了他处理宗教关系问题的不二论立场？是否为全球化时代的最佳出路？

从理想主义的角度看，它符合大多数人的最终益处，可是在人们没有真正理解这种不二论之前，是不可能选择不二论立场的。雷蒙·潘尼卡是站在制高点上看待问题的。他更多地是看待对话各方的潜能和优点，对于各方的问题和难题相对缺乏理解或关注。他总用"理想主义"、"完美主义"来引导各方，用天上的太阳来提醒大家，但他不甚关注或在意各个宗教的具体问题。他曾经说，宗教中很多争论的问题是没有意义的，因为当今有更大、更迫切的问题需要去操心。

在全球化时代，我们甚至还无法预知未来的发展。我曾经在《对话经》的释论中检讨过一元论、二元论和不二论的利弊。我们都生活在不同的图像之中，因为我们的知觉意识的高低不同，所以我们并没有统一的立场和一样的体验。事实上，不同的立场都相继存在，都各自发挥作用，在这个全球化时代，至少在很长时间内，存在不同类型的灵性。然而，随着社会的发展，人们已经不可能依赖基督国的形态来发展灵性，很多人

127

还是依赖基督教的形态来发展灵性，当然有一些人越来越依赖基督性的方式来发展灵性。而从灵性发展的表达态度看，在全球化时代，我们看到了一元论的基督教灵性、二元论的基督教灵性和不二论的基督教灵性。

关于基督教灵性的发展，就个人来说，他可能从一元论、二元论的灵性，发展到不二论的灵性，这是一种理想化发展的灵性。就全球化的角度而言，我们看到了经济上越来越一体化，但在文化和宗教信仰上，我们却看到了多元论的倾向。然而，多元论并不是二元论的形态，而是不二论的形态。因为，根据雷蒙·潘尼卡，不二论才是真正的多元论。

基督教如今生活在多元宗教并存的时代。多元宗教并存不等于多元论的宗教时代，要实现多元论的宗教时代，就意味着，各个宗教持有不二论的宗教态度和立场。然而，这样的时候并不容易到来。事实上，随着全球化的来临，不少人会认为，随之而来的是宗教单一化，甚至认为全球基督教化，这是不对的，并且依据这一理解发展的基督教灵性并不是合理的灵性。我认为，全球化所带来的宗教全球化并不是宗教单一化，更不是基督教化，而是带来多元化宗教的相互受益和融合。在这一新的背景下，雷蒙·潘尼卡提供了宇宙-神-人共融的新神话，在这一新神话中，基督教灵性走向了一种不是一元论，也不是二元论，而是不二论的灵性，是一种宇宙-神-人共融的灵性。

我不能断定，全球化时代的基督教灵性一定会发展成雷蒙·潘尼卡所理解的那种宇宙-神-人共融的灵性，但无论如何都可以肯定，雷蒙·潘尼卡这种整体主义的、跨文化的、跨信仰的灵性探讨，一定会融入当今基督教灵性的发展之中。雷蒙·潘尼卡对基督性时代的来临的预言，是值得我们反省的，我们这个时代的基督教灵性一定和基督性有着直接的关系。

# 第十六章 继承和超越艾香德传统的宗教混合主义

## 第一节 艾香德的宗教混合主义

全球意识的发生应该追溯到轴心时代。在轴心时代，地球上不同区域的少数精英人物慢慢开始发展全球意识。那时的伟人、圣人、先知们提出了一系列宇宙观、世界观、人生观。这些观念为人类几千年的历史奠定了文化基因。

宗教是轴心时代的文化基因。宗教是一个社会-精神实体，在历史的时空中继承下来并得到了不同程度的发展，逐步形成了巨大的传统，并对人类社会乃至整个世界造成了不可逆转的影响。在这些传统中，比较重要的有基督教传统、佛教传统、儒家传统、伊斯兰传统、印度教传统等。

在全球意识发展的不同时期，都有西方传教士来到中国。基督宗教和中国传统宗教（儒道佛）之间的关系问题成为一个重要问题。在中国历史上，早在唐代，就存在基督教（景教）和中国宗教之间的张力。明末清初，天主教和中国宗教之间的关系也非常复杂。新教传入中国则相对较晚，但它同样面临和中国宗教之间的关系问题。

在来华的传教士中，有一些特别关注基督教和佛教的关系，如艾约瑟（Joseph Edkin，1823—1905）、毕尔（Samuel Beal，1825—1889）、艾德（Ernest John Eitel，1838—1908）、李提摩太（Timothy Richard，1845—1919）、苏慧廉（William Edward Soothill，1861—1935）、戈达德（Dwight Goddard，1861—1939）、李佳白（Gilbert Reid，1857—1927）、哈克曼（Heinrich Friedrich Hackmann，1864—1935）等。艾香德（Karl Ludvig Reichelt，1877—1952）则是其中比较重要的一位。

20世纪20至30年代，艾香德在南京、杭州和香港分别建立了景风山、天风山和道风山，他建立这些"山头"的目的是向中国的佛教徒传教（基督教）。艾香德的宗教混合主义实践是他处理宗教间关系的一个重要基点，并且他极力按照混合主义去处理基督教和中国宗教（主要是佛教）之间的张力。然而，悖论的是，艾香德自己并不认为他是按照混合主义去处理的！

李智浩（Lee Chi-Ho）博士①是从神学立场上对艾香德宗教混合主义作了深入研究的一位重要学者。

---

① 李智浩. 混合主义的迷思——析论艾香德以耶释佛的尝试与根据. 成大宗教与文化学报，2006（6）；李智浩. 清末民初基督新教来华传教士对中国佛教的诠释——李提摩太、苏慧廉和艾香德个案研究. 香港：香港中文大学，2007。

对于艾香德的传教活动和神学探索，李博士做了客观的分析，并且给予了极大的同情和理解。他特别关注了人们对艾香德的一个重要批评，即对艾香德宗教混合主义的批评。李博士认为，艾香德是混合主义的。他考察了艾香德走向"佛耶融合"这一混合主义的起因以及具体表现，包括艾香德用中国寺庙建筑风格诠释基督教、用佛教礼仪表达基督教、用佛教用语表达基督教及其神学依据、历史根据、普遍启示等。

李博士借用了葛柏（Carsten Cople）在《宗教百科全书》（The Encyclopedia of Religion）中对"混合主义"的分析，"在历史发展的过程中，当不同的宗教文化相遇时，由于要在同一时空下共存，故文化适应的诉求便会在相遇的宗教文化中出现，而不同程度的混合主义也随之产生。'混合主义'最少有三种可能性，包括：（1）新的（语言、文化或宗教）元素在不取消旧的（语言、文化或宗教）元素的情况下，占有主导性的地位；（2）跟第一种情况刚好相反，旧元素在融合新元素的情况下仍占主导地位；（3）新元素和旧元素在互动中取得平衡。葛柏也以历史中出现的各种混合宗教来说明混合主义的多元性"。①

根据葛柏对"混合主义"的分类，李博士认为，艾香德是混合主义的，并且属于葛柏所分析的第一种类型。学者马罗尼（Eric Maroney）在《宗教混合主义》一书中也向我们阐明了：在犹太教、基督教和伊斯兰教中普遍发生了宗教混合，并且这几大宗教在"混合"的基础上不断发展，因为混合是宗教形成和发展中至关重要的要素；而且具有亚伯拉罕传统的三个宗教彼此间借鉴很多。同时，它们也深受那些被它们视为"异端"的宗教群体的影响。② 换言之，混合主义是任何一个宗教所必需的，离开混合主义，我们几乎无法理解一个宗教。

但是，普遍的，人们似乎把混合主义视为一个贬义词，甚至以"混合"一词去指责他人。艾香德的创造性行动，也即他的宗教混合主义实践，并没有得到广泛认同。他的混合主义实践，既受到了基督教内部的指责，又受到了中国佛教界的批评，而艾香德自己也否认他是混合主义的。在某种意义上，我认为，这是非常令人遗憾的。

其实，混合主义绝不是贬义的。相反，混合主义在各个宗教的建设和发展中都起到了积极作用，尤其在全球意识发展的时代，混合主义对各种宗教的贡献是重大的。在今天纪念艾香德的时刻，在当下全球意识大发展的新形势下，我们有必要重新思考混合主义，再一次认识艾香德传统的宗教混合主义实践的经验教训和价值，并超越艾香德传统，建立一种新混合主义，走出一条宗教和谐的中道。

## 第二节　艾香德及其问题

要认识艾香德传统的宗教混合主义的经验和价值，就必须要提到另一位著名的传教士、"泰西儒士"利玛窦（Matteo Ricci）神父。利玛窦神父来到中国，研究中国文化和

---

① 李智浩. 混合主义的迷思——析论艾香德以耶释佛的尝试与根据. 成大宗教与文化学报，2006（6）：168.

② Eric Maroney. *Religious syncretism*. London：SCM Press，2006.

宗教，尤其是大量研究中国儒教，从事儒家经典的翻译和文化传播，在文化交流中起到了很大的作用。利玛窦站在他自身的神学立场来理解中国文化，并努力尝试将中国文化中的诸多因素融合到天主教信仰中，从而在天主教中国化或者本色化（本土化）的过程中，减少或者避免不同宗教彼此间的隔阂、陌生和张力。他的贡献至今还值得我们称道。但是，在处理佛教和基督宗教（天主教）的关系这一问题上，利玛窦并不是一个开明之人。显然，他的不同的文化因素的"融合"走向了一条岔道。在《天主实义》一书中，他几乎以扭曲了的方式来理解和处理基督教与佛教的关系。在来到中国之初，他是和佛教走在一起的。但之后不久，他显然采取了宗教实用主义的立场，主张要和儒家（出于他自身的宗教考虑，他基本上主张儒教非教化）协同，并以此为他自身的基督教寻找生存和发展的空间。

然而，对艾香德来讲，情况并不一样，他不认为需要"协同儒家"而"排斥佛教"。在艾香德看来，基督教应该积极面对佛教存在并且盛行这一事实，进而处理佛耶之间的问题，求得基督教的生存和发展空间。艾香德参观了不少佛教寺庙和圣地，拜访了不少高僧大德，对佛教有较为深刻的印象和深入的了解，并和很多佛教人士保持了良好的关系。

艾香德认为他自己得到了神的启示，主张向佛教徒传扬福音。事实上，他走这样的道路，和他当时的神学立场的关系非常密切。他相信，上帝的普遍启示存在于一切文化和宗教信仰之中，当然也存在于佛教之中。同时，他又认为，只有在耶稣基督那里，才有特殊的启示，并且在他那里才能达到启示的顶峰。基于这一神学理解，艾香德自然能够采用亲和佛教的立场，并认识到佛教中的美善之处，进而采取混合主义的立场，来处置佛耶之间的关系。

艾香德在中国不同地方分别建立"山头"，学习佛教的建筑风格、宗教礼仪以及佛教用语，从而避免在和佛教徒的接触中产生隔阂。不过，这只是一个表层或表象。尽管艾香德采取了佛教的一些表现形式，但其本质是基督教的。按照艾香德的立场，耶稣基督成全佛教，但并不废弃佛教内容。

问题有两点：第一，作为一个基督教牧师，艾香德处理了佛教诸多形式的实质问题；第二，艾香德向佛教徒传教，并且建立"山头"的目的就是使佛教徒接受基督教。

从历史的角度看，前一个问题至今还有争议。关于后一个问题，艾香德采取混合主义向佛教徒的传教实践则是失败的。他的失败使我们不得不反思：基督教在异域的发展应该以何种方式进行？艾香德传统的混合主义是否为出路之一？

## 第三节 宗教关系理论与新混合主义

事实上，基督教对待其他文化、宗教的态度和方式和一定时期它所持有的神学立场有关。例如，一个保守的基要主义者就很难接受其他宗教中所谓的真理要素，甚至难以认可其他文化和宗教中的美善。目前，在基督教处理和其他宗教关系的问题上，主要存在四种态度：第一是排他论；第二是兼容论；第三是个殊论；第四则是多元论。

根据排他论，只有自己的宗教才是真理，其他宗教中没有真理，学习和借鉴其他宗教是不可能的，也是不必要的。艾香德显然不认可排他论。

根据兼容论，各个宗教都具有上帝的普遍启示，都有美善的存在，而自己的宗教（基督教）则不仅有普遍的启示，而且还有特殊的启示。基于这种立场，宣教是有意义的，更是必要的。很显然，艾香德认可这种神学立场，并且采取了混合的形式去积极实践。在艾香德时代，能够真正持有这种神学立场的人是很难得的，也比较少见。我们可以注意到，即便到了今天，很多基督徒依然在坚持一种基要主义的立场，他们并不认可中国的宗教和文化，对佛教、儒教或者道教持否定和排斥的态度。

个殊论是在排他论的基础上发展起来的。个殊论者不去判断其他宗教的是非，但却认定自身宗教的真理和终极承诺。这种立场有点类似于隔离主义或者孤立主义。从神学上说，个殊论和后自由主义神学容易结合。然而，艾香德显然没有认同个殊论。这是因为，既然上帝的普遍启示也在其他宗教中，那么，不管其他宗教是什么，基督教和其他宗教之间都存在着内在的连续性，孤立起来，隔离开来，不允许不同宗教发生关系是不可能的。

多元论主张各个宗教的同等有效性，主张不同宗教都是对同一终极实在（上帝）的不同回应。各个宗教应当彼此学习，不断丰富对同一终极实在的认识。如此，宣教则是不必要的。由此可见，艾香德也没有认同多元论。因为他认为在耶稣基督里才有最后的救赎，在耶稣基督里才有特殊的启示，拯救来自耶稣基督，上帝通过耶稣基督拯救世界。

艾香德认为，佛教中有真理、有光，但没有真正的救赎。尽管佛教很好，但与基督教相比，则处于低一级的层次。基于这样的立场，为了把佛教人士争取过来，艾香德在传教过程中采取佛教的建筑设计风格、佛教的礼仪和佛教的修道方式等就很自然了。但是，他的神学以及实践活动引起了争议，甚至被视为异端。艾香德的神学进路和天主教神学家拉纳（Karl Rahner）的兼容论有很多相近之处。拉纳的思想同时受到了保守的和开放的神学家们的批评。尽管如此，拉纳的兼容论神学思想却还是体现在了梵二会议精神中。艾香德的混合主义神学思想及其实践是不彻底的、有限度的，甚至某种程度上可以说他的混合主义是表面的。

无论怎样，在艾香德时代，他的混合主义立场的气魄是令人尊敬的。但是，艾香德传统的宗教混合主义时代已经过去了，在全球化的今天，我们似乎需要转变向其他信仰者"强迫性"传教这——"封闭的"、"狭隘的"立场。我们可以彼此沟通对话、相互学习，我们也可以彼此吸收混合，我们还可以彼此保留不同立场，但我们没有必要向对方灌输和传教。在我看来，艾香德最看重的向佛教徒的传教行为并不值得提倡和继承，值得我们纪念、继承和超越的，主要有以下几个方面：

第一，友谊。艾香德和佛教徒之间有比较融洽的关系。艾香德非常好学，寻找一切机会向佛教徒学习，参观佛教寺庙和圣地。他的好学，不仅仅是礼节性的，而是真正参与其中。这种不同宗教人士之间的友谊，为宗教间彼此的了解和对话提供了良好的可能。当然，对于这种基于友谊的学习和对话，如果能够真正地委身其中，而不仅仅是知识性的参与，则对于宗教和谐的中道大有裨益。

第二，混合主义。在艾香德时代，他大胆地采用佛教的建筑风格、礼拜仪式和佛教观念，这显然是一种葛柏所说的宗教混合主义。艾香德的混合主义属于葛柏的第一种形式的混合主义。我们如何看待葛柏分析的第二种、第三种形式的混合主义呢？如果站在教派主义立场上，那么第二种形式的混合主义是不可接受的，第三种形式的混合主义也是不可接受的。但是，站在非教派主义立场，从历史眼光看，不管哪种形式的混合主义，其发生都可能是一个自然进程。我们也说过，没有一种宗教不是实践上的宗教混合主义。如今，我们需要建立某种新混合主义，而这种新混合主义则需要具有完全开放的、整体主义的特征。在全球化不可阻挡的时代，具有不同信仰的人的互动更加普遍和频繁，不受其他信仰的影响几乎已经不可能，不在某种意义上转变我们对我们自己的信仰的理解也不再可能。信念是历史中的，信仰形态也是不断发展的。基督教正是在不断的自我发展中保持了自己的独特性并为人类作出了巨大的贡献。① 同样，佛教也在不断发展，并吸收了不同文化和信仰背景下的各种有益成分，为人类做出了巨大的贡献。而基督教和佛教，并没有因为全球化的"混合"、"交融"而丢失了各自的独特性。

如今，在中国，佛教和基督教已经成为两大信仰共同体。总体上，中国各个宗教之间是和谐共处的，但彼此的互动相对较少。中国的基督教需要不断发展自己，更新自己，让自己避免那些排他性的内容，至少不能强化基督教的排他性。同样，中国的佛教也是如此。中国的佛教和基督教之间不仅可以在一系列社会问题上携手合作，而且彼此的信念体系之间也可以相互对话和学习。事实上，艾香德就是这样一个人。他在学习佛教的过程中，还特别强调了佛教的静修。而佛教也可以向基督教学习到有益的要素。

尽管艾香德传统的混合主义时代已经过去了，艾香德当年创办的"山头"也只剩下了香港的道风山，但是艾香德混合主义宗教实践的开拓精神却得到了道风山的传承。经过 80 年的风雨，在艾香德开拓传统精神的滋养下，道风山的宗教学术不断发展，尤其是从 20 世纪 90 年代以来，道风山"风随意吹"，在圣灵的带领下，其宗教学术得到了全新的发展，它正发展出一种极具活力的汉语神学。这一神学没有注入传教的强制性要求，相反，它充满了跨越性和超越性，将基督教的学术研究和人文诸学科结合起来，努力走出宗教的中道。

今天我们对艾香德最好的纪念就是继承艾香德开拓的传统，超越艾香德的混合主义，发展出一种具有整体主义特征的开放的新混合主义。几年前，笔者曾经和道风山汉语基督教文化研究所的杨熙楠总监谈起，道风山继承并超越艾香德传统的一个重要方式是宗教对话，尤其是基督教和佛教的对话。如今，我们仍需要坚持艾香德牧师开启的和佛教徒交朋友、建立友谊、相互学习、彼此对话的传统。我们需要不断前进，在友谊和学习的道路上，开放自身，真正委身自己，进入彼此的传统，在整体主义理解下，互相尊重，彼此理解，完善自身传统对终极奥秘（上帝）的理解。如果说艾香德牧师的佛耶对话还带有基督教信仰中心主义的话，那么，如今基督教和佛教已彼此视对方为平等的他者，彼此间的关系为伙伴关系，佛耶两教共同为人类提供了哲学的、神学的和灵性的有益资源，为人类的福祉作出了贡献。而道风山独特的汉语神学研究，则可以在学术

---

①  对基督宗教在历史中的发展形态的变化，神学家孔汉斯做了系统的研究，参看：Hans Küng. *Christianity：Essence，history，and future*. New York：Continuum，1999。

上进一步推进基督教和佛教的关系，把艾香德传统的混合主义发展为一种基于当今全球化背景的整体主义的汉语神学。换言之，我们未来的汉语神学是整体主义的，是开放的，是真正对话性的，也就是我们所说的新混合主义这一中道。

# 第十七章　走向多元的汉语神学

中国基督教具有悠久的历史，从唐代景教算起，已经有1300多年的历史。在这1300多年中，有无数的基督徒为汉语神学的建设做出了努力。但是，汉语神学一词对太多的人来说还是全新的。因为，汉语神学一词的提出是20世纪90年代的事情。本章主要考察汉语神学的含义及其在当代的多元化发展。

## 第一节　汉语神学的含义

《道风》杂志由道风山基督教丛林创始人、挪威传教士艾香德创办于1934年，1979年停刊，1994年复刊。在复刊中加了副标题："汉语神学学刊"，汉语神学第一次出现在汉语中，这可以被视为"汉语神学"的诞生。其复刊辞中说道："复刊的《道风》加上了'汉语神学'的含义指：一、以汉语文化的历史的思想资源和社会经验发展基督神学及其文化，以形成具有汉语思想文化之风范的基督神学文化；二、在汉语思想学术域建设神学学科，与儒学、道家、佛家思想以及各种现代主义思想构成学术性对话关系，使基督神学成为汉语文化思想的结构要素和人文学术的组成部分；三、它是汉语世界（中国内地、台湾地区、香港地区、马星、北美华人小区）的各社会地域的汉语宗教学者的共同志业。"[1]

但现实中，人们对于汉语神学的理解似乎并不明确，还有待进一步澄清和落实。赖品超注意到，"'汉语神学'一词似乎是有广义与狭义两种用法。广义而言，一切用汉语来表达的神学都可以说是汉语神学，因此可以说汉语神学在数百年前已开始。然而，有些时候汉语神学却又好像是狭义地专指以刘小枫为代表的文化基督徒的神学思想。这种神学立足于人文社会学界，是个体宗教信仰之哲理化之表达；是有别于立足于神学院的教会教义神学，也有别于本色神学"。[2]

杨熙楠总监在《汉语神学读本》的序言《一个停不了的故事：汉语神学》中具体表达了对汉语神学的理解："经过十多年的试验和经营，今天我们大致可以归纳出由（汉语基督教文化）研究所倡导的'汉语神学'的初貌。整体来说，我们可以分为广义和狭义的'汉语神学'。广义的汉语神学由本书主编之一何光沪教授提出，凡以汉语为载体的基督宗教神学著作，不论撰者的国籍地域，一律统称为汉语神学……狭义的汉语

---

① 道风：汉语神学刊.1994（1）：8-9.

② 赖品超.汉语神学的类型与发展路向//杨熙楠.汉语神学刍议.香港：汉语基督教文化研究所，2000：3.

135

神学则是指自 20 世纪 80 年代末以来，在中国内地人文学界自发性地要求重新研究基督教思想与文化的人文学者，他们立足于人文社会学界而发展出有别于教会传统的汉语神学。其中以刘小枫的刍议最为人关注讨论。"①

从 1994 年到 2012 年，基于道风山的汉语神学运动，已经出版了大量的著作，刊行了《道风》杂志，其中大量著作和论文直接讨论汉语神学。道风山汉语基督教文化研究所也组织过许多学术会议，推动了汉语神学的建设。中国内地出版的许多书也关注汉语神学，其中比较重要的著作有：《圣灵降临的叙事》（增订本）、②《多元性汉语神学诠释》、③《现代性、传统变迁与汉语神学》④ 等。通过举办会议和出版等方式，汉语神学运动已经在汉语学界形成了不小的气候。

然而，我们注意到，从事汉语神学研究的人当中，有的是有基督信仰的，有的是没有的。大陆学术处境的特殊性，让人们对汉语神学的理解似乎并不确定。从实际情况看，汉语神学在汉语学界的发展明显具有多元化的倾向。

道风山汉语基督教神学研究所总监杨熙楠是汉语神学发展的见证人，显然他最初的立场和刘小枫先生是完全一致的，也正是其一致性才开始了具有特殊意义的合作。汉语神学和刘小枫关系密切。最初，尽管人们对汉语神学存在广义上的理解，但在刘小枫的心里，那些都不算汉语神学。然而，随着越来越多的人参与汉语神学的思考，刘小枫的汉语神学却没有成为汉语神学发展的主流。如今，对于汉语神学的定位，越来越多元化。中国社会科学院世界宗教研究所卓新平教授曾经反思了教会神学、汉语神学和他所倡导的学术神学。浙江大学王志成教授甚至在这个基础上提出对话神学的观念。显然，从广义的汉语神学看，不管是教会神学、（狭义的）汉语神学，还是学术神学和对话神学，都是汉语神学。从基督教的研究看，倡导广义的汉语神学更加合适，并且也更加符合汉语神学最初在中国的处境。

## 第二节　保守主义的汉语神学

刘小枫是推进中国基督教思想研究的重要人物，他出版了许多著作，大多具有很好的市场，其中《走向十字架上的真》在中国基督教研究历史上具有重要地位。而他发表的论文《现代语境中的汉语基督神学》对于人们理解所谓的汉语神学具有特别的意义，因为，正是这篇思想独特的论文引起了巨大的反响。该论文最初发表在《道风：汉语神学学刊》1995 年春季号上，后来被刘小枫修改扩展，改名为《汉语神学与历史哲学》，并被以此为书名的论文集收录。⑤ 之后，该论文也被在大陆出版的《圣灵降临

① 何光沪，杨熙楠．汉语神学读本．香港：汉语神学研究所，2009：2-3.
② 刘小枫．圣灵降临的叙事：增订本．北京：华夏出版社，2008.
③ 林子淳．多元性汉语神学诠释．北京：宗教文化出版社，2008.
④ 李秋零，杨熙楠．现代性、传统变迁与汉语神学．上海：华东师范大学出版社，2010.
⑤ 刘小枫．汉语神学与历史哲学．香港：汉语基督教文化研究所，2000.

的叙事》收录。① 近年来，刘小枫似乎没有再把精力放在汉语神学的发展上了。

汉语神学界响应刘小枫的学者不多，但有一个学者很特别，几乎全然地响应了刘小枫的汉语神学，他就是台湾中原大学的曾庆豹教授。曾教授出版过很多书，写过很多涉及汉语神学的论文，为道风山汉语基督教文化研究所编辑过多部著作，例如《莫尔特曼与汉语神学》、《朋霍费尔与汉语神学》、《解构与汉语神学》、《现象学与汉语神学》、《政治哲学与汉语神学》、《批判理论与汉语神学》和《诠释学与汉语神学》。同时，他在中原大学创办了《汉语基督教学术评论》杂志，目前已经是 A&HCI 杂志，他似乎开始在一个新的平台上推进汉语神学建设。因为，他在该杂志的第一期就发表了非常重要的汉语神学论文《什么是汉语神学?》。②

刘小枫认为："神学是关于特定的宗教经验的知性反省和表达，神学思想是一种关涉信仰思想主体的知识性活动，按思想与语文的基本关系之规定，其语文特性也相应地有其特性，因此，可以在一般意义上讨论神学语文学的种种问题。"③ 他说，神学语文学有两个基本论题：一是神学语文学的本体论问题，即神学言述和言述对象关系问题；二是地域-历史的具体语文和神学思想的关系问题。他所关注的汉语神学属于后者，并且所谈论的上帝是耶稣基督的上帝，而非任何别的上帝、神或终极之在。④ 刘小枫断言："基督神学的知识体系以一个历史地、个性地呈现的救恩传言为基础，这一救恩传言是一个后宗教而发生的事件，即：基督事件是在诸民族和古代帝国的宗教体系之后发生的，这势必导致它与所有既存民族体的宗教发生根本冲突。以认信基督事件为基础的信仰知识体系，亦与非宗教的知识学体系相冲突。"⑤

刘小枫所理解的基督神学分为两个层面：一个是基督神学的理想形态，另一个是基督神学的历史形态。汉语神学与其他历史形态的神学具有并列的关系。由此，他否定了汉语神学建构上的中国化问题，也否定了所谓的本色神学的必要性。真正的汉语神学在于个体生存经验和启示的基督事件之间的互动。从根本上说，汉语神学不需要或拒绝采用既有的民族-地域性的思想体系来理解和阐发基督事件。他要倡导一种非本体论的汉语神学即生存论的汉语神学。基于此，我们几乎不需要基督教神学的历史资源。根据刘小枫的神学思路，我们不需要宗教间、信仰间的对话。人们可以注意到，刘小枫的神学进路是典型的巴特主义进路。在巴特那里，人和上帝之间是绝对的二元，上帝就是上帝，人就是人，人走向上帝而构成的宗教是不信。只有上帝的启示和生存论的相遇才导致得救。在初期《道风》的汉语神学的"心愿"里，显然是倡导宗教对话的，但刘小

---

① 刘小枫. 圣灵降临的叙事. 上海：三联书店，2002；增订本，华夏出版社，2008.

② 曾庆豹. 什么是汉语神学? 汉语基督教学术评论，2006：125-157。该论文也分别被《现代性、传统变迁与汉语神学》和《汉语神学读本》收录。

③ 李秋零，杨熙楠. 现代性、传统变迁与汉语神学. 上海：华东师范大学出版社，2010：21.

④ 李秋零，杨熙楠. 现代性、传统变迁与汉语神学. 上海：华东师范大学出版社，2010：23.

⑤ 李秋零，杨熙楠. 现代性、传统变迁与汉语神学. 上海：华东师范大学出版社，2010：23.

枫并不需要对话，甚至宗教对话的合法性也不能成立。①

刘小枫继承了巴特的神学路线，而曾庆豹则继续沿着巴特和刘小枫的路线发展，并且对其他当代许多思想家具有独特的理解。大致说来，曾庆豹高度强调宗教的差异性，高度强调耶稣基督的独特性、唯一性。在神学上，他似乎走极端的后自由主义神学路线，强烈批评以希克为代表的宗教多元论。根据他的理解，中国的汉语神学发展根本不可能沿着宗教多元论的方向发展。

曾庆豹从突出基督这个外来者的差异性来表达汉语神学不可能接受各种程度的"归化"（本色化、中国化、处境化、融合化），坦然肯定汉语神学是当代汉语思想界的一块绊脚石。刘小枫内心充满"正气"地坦然接受汉语神学是"道之贼"，而他似乎从心里高兴地认可汉语神学与"中国"为敌，是"道之贼"。

刘小枫说："'西方之教之于中国，道之贼也'——我就是'道之贼'。"②曾庆豹对刘小枫的汉语神学就是"道之贼"做了更加系统的阐发。他说："汉语神学必须对汉语思想施行解构，就是汉语神学理解上帝的行动……'汉语神学'确立于以'存异'为主张，对汉语思想的'解构'行动上。"③根据他的理解，汉语神学不同于中国神学、中华神学、华人神学等神学，他也不认可所谓的处境化、本色化、本土化、会通转化。他把汉语神学要处理的论题概括为：拒绝把信仰充当负担起民族主义的招魂者；反对将信仰贬值为伦理道德的工具；走出中西体用的二元形而上学框架；转向个体信仰的生存论；以现代性问题作为汉语神学的问题意识；通过神学语式的提问让汉语神学走向世界。④

曾庆豹突出了宗教的差异性，突出了耶稣基督的唯一性，拒绝宗教对话，跟从了巴特主义以及后自由主义神学路线。从神学分析看，他和刘小枫都属于保守的神学路线。不过，他们的保守性，并不是简单的保守性，而是有着深厚的神学基础和背景，他们充分汲取了保守后现代的思想成果，断然拒绝了整个西方的形而上学体系。道风山汉语基督教文化研究所某个时期似乎把汉语神学理解为这么一种类型的神学。然而，它是否能代表发展的汉语神学呢？恐怕不可能，但曾庆豹如果愿意，以中原大学《汉语基督教学术评论》为阵地，依然可以发展这种汉语神学。我比较倾向于将其视为多元的汉语神学中的一种。

## 第三节　自由主义的汉语神学

汉语神学初期的两个理论代表之一是何光沪教授。1996 年，何光沪在《维真学刊》

---

① 根据赖品超教授的分析，刘小枫对巴特的神学理解存在误解。赖品超说："在此仅提出一点，就是巴特对宗教的立场，虽然始终无法如蒂利希那样肯定与其他宗教进行积极而开放的对话，但巴特对宗教的立场绝非如刘小枫那样的负面和偏激。"（见李秋零，杨熙楠．现代性、传统与汉语神学．上海：华东师范大学出版社，2010：256）

② 刘小枫．圣灵降临的叙事：增订本．北京：华夏出版社，2008：111.

③ 李秋零，杨熙楠．现代性、传统与汉语神学．上海：华东师范大学出版社，2010：748.

④ 李秋零，杨熙楠．现代性、传统与汉语神学．上海：华东师范大学出版社，2010：749.

连续发表了两篇论文，确立了他作为早期汉语神学家的地位。① 何光沪认为，神学内容的核心是无限者即上帝；神学形式的基本是变异而有限的非终极者即语言。具体而独特的语言是神学的载体，并提出，神学应采取一切语言作为其载体，并且主张"几乎所有的神学著述都是神学家用母语进行的，换言之，神学基本上是'母语神学'"。② 而汉语神学在他看来"不过是正如英语神学、德语神学、法语神学、西班牙语神学一样，乃是'母语神学'大家庭中的一员"。③

何光沪所理解的母语神学不同于本土神学和处境神学。他说："本土神学是指以具有文化同一性的本土人群的生存经验及出自这种经验的文化资源为材料，以本土的通用语文为载体，以反映、阐明和服务本土人群的信仰为目的的神学"。处境神学"是指从一定范围的生存处境出发，努力发掘包含政治、经济、社会和文化诸领域的生存处境中的神学意义，并力求对这种处境中的深层问题作出神学回答的神学。"而汉语神学"是以神学家自身的母语或主要语言为载体，以这种语文所表达的生存经验和文化资源为材料，主要为这种语文的使用者服务的神学"。④

换言之，汉语神学不是本土神学，不是处境神学，尽管它们之间有交叉。何光沪自然地把汉语神学视为母语神学。基于此，他和杨熙楠合作编辑了广义的汉语神学读本，即《汉语神学读本》。这个读本收集的文献从《大秦景教流行中国碑颂》一直到21世纪的基督教研究作品，显然包含所谓的本土神学作品和处境神学作品。这个读本对文献的收集显然不是遵循何光沪对汉语神学的狭义性理解，而是接受了对汉语神学最广义的理解，即一切用汉语表达的神学。刘小枫把汉语神学限制起来，但他却主持翻译那么多神学著作，这是一种自身的张力；何光沪倡导他的汉语神学，却在四川主编翻译了一套具有广泛影响的宗教学丛书，这同样具有某种内在张力，而他和杨熙楠合编的《汉语神学读本》更是包含这种张力，因为这个读本里收集的作品并不都是和他所理解的汉语神学一致，有的作品甚至可以说不是神学作品。

在《汉语神学的方法和进路》一文中，何光沪提出了三个汉语神学的原则：一是工具原则，他说汉语及其所表达的生存经验和文化资源只是汉语神学中用来揭示和阐明启示的载体或工具、象征或手段。二是开放原则，他要求不要将自己的作为象征体系的神学绝对化。根据这一原则，他的神学是否和刘小枫的神学有抵触呢？三是处境原则。⑤

香港中文大学的温伟耀教授曾经拿过中国哲学的博士学位，对中国儒家哲学和佛家哲学都有很深的研究。他所倡导的汉语神学，具有他自己独特的视角。2009年，他出版了一部或许是他最有分量的著作《生命的转化与超拔》，副标题是《我的基督宗教汉

---

① 何光沪. 汉语神学的根据和意义. 维真学刊，1996（2）：39-47；刘小枫. 汉语神学的方法和进路. 维真学刊，1996（3）：16-24。该文也被《现代性、传统与汉语神学》收录。
② 李秋零，杨熙楠. 现代性、传统与汉语神学. 上海：华东师范大学出版社，2010：146.
③ 李秋零，杨熙楠. 现代性、传统与汉语神学. 上海：华东师范大学出版社，2010：146.
④ 李秋零，杨熙楠. 现代性、传统与汉语神学. 上海：华东师范大学出版社，2010：147.
⑤ 李秋零，杨熙楠. 现代性、传统与汉语神学. 上海：华东师范大学出版社，2010：155-160.

语神学思考》。在这本论文集中，温教授对汉语神学进行了跨学科、跨宗教的思考，其思考具有比较神学的特征，对中国传统宗教有很深的体验。在他这里的汉语神学更多地是对话性的、比较性的、体验性的，既有强烈的虔诚性，又具有强烈的学术性。在《从"汉学"到"汉语神学"》一文中，温教授以极其宏大的视域考察了当代中国及其未来的"汉语神学"课题。他对中国汉语神学趋势和十大课题的关注，让我们看到了汉语神学具有广阔的发展空间和巨大的挑战。同时，他对汉语神学的关注也广泛地涉及汉语神学的公共性问题。由于温教授受到的神学影响和刘小枫、何光沪都有所不同，特别是温教授对后自由主义神学以及比较神学的熟悉，让他思考问题更具有全球视域。

香港中文大学的赖品超教授对蒂里希的神学有很深的研究，同时，他又有大量时间从事佛教和基督教的比较研究，是汉语学界最有影响的研究佛耶对话的学者。他甚至基于他自己的理解，尝试开拓一个神学的新空间：大乘基督教神学。①

赖品超也算是早期关注汉语神学的学者之一，但他对汉语神学的理解和早期的汉语神学家刘小枫有着根本的差别。在《汉语神学的类型与发展路向》一文中，赖品超对于汉语神学的理解发出了质疑之声，公开批评刘小枫对本色神学的全盘否定，认为他片面地理解了巴特的思想，"片面强调了基督教与传统文化或民族性思想体系之间的冲突与分歧"。②

赖品超认为："当代汉语神学（广义）的处境和所面对的挑战是多元化的，神学类型的多元化是不可避免的。"③他要求人们在汉语神学初期不必也不宜下排斥性的定义，不应把汉语神学定性为某一种特定类型的神学，继而排除其他类型的神学。④沿着这一思路，赖品超教授做了一些非常具体的工作，例如他对大乘基督教神学建设的尝试，可以说是当代汉语神学中第一次尝试对汉语神学做的一个思想实验。很多学者都在讨论汉语神学，但实质性的、建设性的成果还不是很多，相比之下，赖品超却为汉语神学作出了重要的贡献。他的《大乘基督教神学》有一个副标题——《汉语神学的思想实验》。《汉语基督教神学》的内容主要来自他于 2006 年在伯明翰大学所作的卡德百里讲座（Edward Cadbury Lectures）。从内容上看，作者尝试使用比较神学的进路撰写一部基督教神学著作，并且是原创的汉语神学类型的著作。从刘小枫、曾庆豹的神学立场看，《大乘基督教神学——汉语神学的思想实验》无法称为汉语神学著作。但赖教授已经在多处为他所理解的汉语神学辩护了。

何光沪、温伟耀和赖品超对于传统都持有一种相对温和的态度，也重视其他宗教文化中的合理性因素，肯定宗教对话的必要性。在神学上，何光沪和温伟耀比较接近林贝克所谈的经验表现主义立场。赖品超的方法似乎要更复杂一些。从他们的神学立场和对待其他宗教的态度看他们所研究的汉语神学属于自由主义的汉语神学。

---

① 赖品超. 大乘基督教神学——汉语神学的思想实验. 香港：汉语基督教神学研究所，2011.
② 李秋零，杨熙楠. 现代性、传统与汉语神学. 上海：华东师范大学出版社，2010：259.
③ 李秋零，杨熙楠. 现代性、传统与汉语神学. 上海：华东师范大学出版社，2010：259.
④ 李秋零，杨熙楠. 现代性、传统与汉语神学. 上海：华东师范大学出版社，2010：259.

# 第四节　理性化的汉语神学

我们注意到前面提到的学者都有明确的基督信仰，但没有明确的基督教信仰的学者可以研究汉语神学吗？关于这个问题，在汉语学界曾经发生过争论，但并没有达成一致。这里，我们讨论两个谈不上有明确的基督信仰却对汉语神学的研究起到了重要作用的学者，他们是李秋零教授和王晓朝教授。

李秋零是中国人民大学教授，主持翻译过《康德著作全集》和许多基督教神学著作。而他和杨熙楠主编的《现代性、传统变迁与汉语神学》是至今中国内地出版的最大规模的"汉语神学作品"。李秋零发表过一系列有关汉语神学的论文，主要有《关于汉语神学的几点思考》、《汉语神学的历史反思》、《"汉语神学"的身份与合法性》等。

李秋零教授全然从一个学术的角度研究汉语神学，对于"汉语神学"的历史做过如下的反思：首先，他考察了汉语神学的发展缘起；其次，考察了汉语神学的内涵和外延，讨论了刘小枫和何光沪的汉语神学，并得出这样的结论："'汉语神学'最初为自己设定的目标，即'以汉语文化的历史的思想资源和社会经验发展基督神学及其文化，以形成具有汉语思想文化之风范的基督神学文化'；'在汉语思想学术领域建设神学学科，使基督神学成为汉语文化思想的结构要素和人文学术的组成部分'，都正在逐步实现之中。"①

同时，李秋零教授对汉语神学本身做了实质性的反思，特别是"汉语神学"与基督教神学"传统"的关系、"汉语神学"与中国传统文化的关系、"汉语神学"和基督教的普世性的关系、"汉语神学"和体制教会的关系。

李秋零教授综合多篇有关汉语神学的作品，对"汉语神学"做了权威性鉴定：汉语神学是一种基督神学；汉语神学是一个开放的系统，涵盖古今一切以汉语为表达形式的基督神学；汉语神学不仅仅是对以往汉语世界的基督神学作出的一种新的概括，也不仅仅是回顾性的，而是试图倡导汉语世界的基督神学的一个新方向。② 在他的研究中，有一点值得关注，他说中国内地的基督教研究不是一种神学，也无意建设一种神学，但一部分却和汉语神学形成了密切的关系。③

王晓朝是清华大学教授，多年来，他从事了大量的古代希腊哲学和教父哲学的研究，也从事了大量的当代基督宗教以及宗教学的研究。他翻译过多部基督教神学作品，出版过多部宗教学以及基督教思想研究的著作。其中涉及汉语神学的作品有：《理解与疑问——读刘小枫〈现代语境中的汉语基督神学〉》、《基督教融入本土文化之理论基础——"本土化"概念之语境与范式地位》、《关于基督教与中国文化融会的若干问题》、《汉语基督教神学研究的特质、贡献及其未来》等。

显然的，王晓朝教授充分肯定了本色化、中国化或本土化的概念的意义，他说：

---

① 李秋零，杨熙楠. 现代性、传统与汉语神学. 上海：华东师范大学出版社，2010：649.
② 李秋零，杨熙楠. 现代性、传统与汉语神学. 上海：华东师范大学出版社，2010：661-662.
③ 李秋零，杨熙楠. 现代性、传统与汉语神学. 上海：华东师范大学出版社，2010：668.

"本色化、中国化或本土化一类概念的提出在神学发展史上有其自身的贡献，以此概念为核心的各种理论也部分正确地解释了基督信仰与中国文化的接触、碰撞与融合。所以本色化或中国化更多地是一种已有的理论模式，而不是神学家的思维框架。"① 事实上，王晓朝教授和其他多位学者一样都质疑刘小枫的汉语神学的真正"合法性"。

在《基督教融入本土文化之理论基础——"本土化"概念之语境与范式地位》一文中，王晓朝教授充分肯定了本土化的意义，他说："本土化范式的后现代意义规定了汉语神学应是中西文化融合在信仰层面的产物，它既是基督教文化主动融入中国文化的言说，也是中国文化出于更新的需要而对基督教文化的主动寻求。"②

王晓朝教授基于中国国内公立大学的基督教研究，分析得出了汉语神学的三大特征：非教会性（跨教派性）、人文性（学术性）、跨文化性（对话性或开放性）。不过，从分析看，非教会性是否等同于跨教派性？人文性是否等同于学术性？跨文化性是否等同于对话性或开放性？这些倒是还值得反思的。

根据王晓朝教授的分析，未来的汉语神学"不会主张用'全球文化取代本土文化'，也不会主张用'本土文化强力排斥全球文化'，它的主张接近（……）全球文化与本土文化互动所产生的四种结果中的第三种——'全球一致的文化跟特定的本土文化融合'，但它又不会带上浓烈的西方化色彩，因为它要超越东西方文化的两分。"③

可以看到，在李秋零、王晓朝这里，对汉语神学的思考更加理性化，更接近纯学术的研究和探讨。李教授和王教授都在大学哲学系从事教学和研究，具有强烈的理性精神，同时也基于中国内地的处境，这使得他们的研究成果更具有世俗学术的色彩，也更容易参与宗教学的公共语言。

## 第五节　走向更广泛的汉语神学

黄保罗教授是赫尔辛基大学教授，但他的许多研究都是以中文面世的，2008年他的《汉语学术神学》出版，2009年他的《儒家、基督宗教与救赎》出版，2011年他的《大国学视野中的汉语学术对话神学》出版。

黄保罗尝试在《汉语学术神学》中对基督教学术体系做一个全面梳理，涉及圣经神学、历史神学、系统神学、实践神学和宗教学几个部分。对于黄保罗的汉语学术神学，卓新平教授有过中肯的评述，他说："黄博士这一'汉语学术神学'主要乃是用'汉语'来介绍、描述和解释西方学术神学的研究及其教学，为人们展示出西方基督教神学'学科体系'的基本景观。……（黄保罗的）'汉语学术神学'仍在一定程度上体现出传统上所理解的'认信神学'的特点，即反映出'西方学术神学'的基本立场和认知痕迹，从而与中国内地人文学术界目前所追寻的'不需要个人对基督信仰的认同和委身'、'基于宗教学的立场、观点、方法和研究成果'而对基督教进行'科学研

① 李秋零，杨熙楠．现代性、传统与汉语神学．上海：华东师范大学出版社，2010：47.
② 李秋零，杨熙楠．现代性、传统与汉语神学．上海：华东师范大学出版社，2010：244.
③ 李秋零，杨熙楠．现代性、传统与汉语神学．上海：华东师范大学出版社，2010：679.

究'的'学术神学'有着明显的区别。"①

（汉语）学术神学的最大推手是中国社会科学院世界宗教研究所的卓新平研究员。卓新平出版了大量的研究基督教的著作，他有三篇文章开启了中国的学术神学：《"汉语神学"之我见》②、《当代中国基督宗教神学发展趋势》③ 和《学术神学：中国当代基督宗教研究的一种新进路》。④

卓新平将中国当前的神学分为三类，一是中国神学，二是汉语神学，三是学术神学。中国神学是教会神学，有认信有教会归属；汉语神学是有认信无教会归属；学术神学是无认信无教会归属。这三种神学各有群体，各有目标，彼此有诸多的差异。他个人倡导的学术神学在他看来具有比基督教神学更长的历史，属于学术上"究问终极"，在最初意义上，神学本来就是"学术神学"、"学理神学"或"学院神学"，基督教的"哲理神学"就是这一学术神学的继承和发扬。⑤

卓新平在中国倡导的学术神学确实有一些新颖之处，他说：第一，学术神学研究的主体是中国内地高校、研究机构的学者，其学科以宗教学为主，兼及其他人文或社会科学领域；第二，学术神学的神论是学问式、哲学式的探索；第三，学术神学不以圣经神学为基础和前提，但强调对《圣经》加以历史学、考古学、古语学、语源学、人类学等系统而综合的研究，并会关注和探索"历史上的耶稣"、"信仰中的基督"、"启示"与"历史"、"基督事件"、"创世"与"终末"、"绝对"与"相对"、"神"与"人"之"中介"等出于《圣经》的问题；第四，学术神学同样探讨与系统神学密切相关的问题，如"上帝论"、"基督论"、"圣灵论"、"原罪论"、"人论"、"救赎论"、"教会论"等。⑥

在《学术神学：中国当代基督宗教研究的一种新进路》中，卓新平对学术神学做了更加深入的研究，他首先考察了神学的学术溯源；梳理了神学在基督教传统中的嬗变；分析了神学在当代的"开放性"及其在当代中国的处境；最后指出了"学术神学"可以作为中国当代基督教研究的新进路。

不过，我们看到，卓新平所理解的汉语神学是基于他自己的判断，他把这种汉语神学归为有认信，却无教会归属。但是，我们已经在前面说过，从事汉语神学研究的人非常复杂。可以说，各种类型的人都有。至少，就刘小枫教授来说，他有认信无教会归属是说得通的，而对于曾庆豹教授，则说不通，因为他有认信，也有教会归属；对于何光沪教授来说，或许可以说通，但对于温伟耀教授和赖品超教授似乎就说不通；对于李秋零教授和王晓朝教授来说，谈不上有认信，也谈不上有教会归属；而黄保罗教授则有认信，也有教会归属，却坚持自己的神学是学术神学。而卓新平教授本人显然既无认信，

---

① 黄保罗. 汉语学术神学. 北京：宗教文化出版社，2008：7.
② 何光沪，杨熙楠. 汉语神学读本. 香港：汉语基督教文化研究所，2009.
③ 卓新平. 当代中国宗教研究精选丛书：基督教卷. 北京：民族出版社，2008.
④ 金泽，邱永辉. 中国宗教报告（2008）. 北京：社会科学文献出版社，2008.
⑤ 卓新平. 当代中国宗教研究精选丛书：基督教卷. 北京：民族出版社，2008：19.
⑥ 卓新平. 当代中国宗教研究精选丛书：基督教卷. 北京：民族出版社，2008：22-23.

也无教会归属，却从事着大量的神学研究。

鉴于上述分析，我们没有办法看到各个学者对汉语神学的一个统一的狭义的理解。显然，我们不能认同刘小枫教授和曾庆豹教授对汉语神学的理解，但这不妨碍他们以及他们的追随者去建设他们所倡导的那种汉语神学；也有人不会认同何光沪教授、温伟耀教授和赖品超教授的汉语神学；同样，有人也会不认同李秋零教授和王晓朝教授的汉语神学；而有关黄保罗教授的学术神学估计很多人也不会认同它是狭义的汉语神学，卓新平教授本人也不认同自己的神学是汉语神学。所以，我们没有必要在狭义的汉语神学上争执，而是应采取一种广义的汉语神学立场。自然的，尽管我们原创的汉语神学作品相对来说还是很少，但它们足以让我们看到我们的神学已经呈现多元化。

在这一呈现多元化的汉语神学背景下，我们在不同的汉语神学之间可以展开对话，甚至基于此，发展出一种对话的汉语神学，共同促进中国的汉语神学的发展。

# 致　谢

一些论文已经在不同的刊物上发表，或在不同的会议上宣读，或在不同的大学演讲过，在此一并致谢：

第一章《全球化与宗教对话》最初在 2009 年 11 月 3—6 日中央政府驻香港特别行政区联络办公室召开的第五届"基督宗教在当代中国的社会作用及其影响"高级论坛（杭州）上宣读。论文最初发表于《中国宗教》2009 年第 11 期。

第二章《宗教他者和宗教对话》最初发表于《中国宗教》2008 年第 3 期。

第三章《基督教面临挑战的拓扑分析》（与王蓉合作）最初在 2007 年 4 月 16—19 日浙江大学基督教与跨文化研究中心主办的"文明和谐与创新"论坛（杭州）上宣读，首次发表于《宗教学研究》2009 年第 2 期。论文也被庞学铨、陈村富主编的《文明和谐与创新》收录（浙江大学出版社 2009 年出版）。

第四章《〈摩罗迦小经〉与宗教对话》最初在 2009 年 10 月 15—18 日浙江大学主办的"文明对话与对话文明"国际会议（杭州）上宣读，并以《〈箭喻经〉与宗教对话》之名发表于《浙江大学学报》2009 年第 5 期，又以《〈摩罗迦小经〉与宗教对话》之名被王志成、赖品超主编的《文明对话与佛耶相遇》收录（中国社会科学文献出版社 2012 年出版）。

第五章《基督信仰和儒家信仰的对话关系——对蒋庆观点的批判》最初在 2009 年 12 月 11—13 日中国社会科学院世界宗教研究所主办的"基督宗教与经济发展"学术研讨会（北京）上宣读。

第七章《宗教对话与健康人生》最初是 2008 年 3 月 27 日在山东大学犹太教与跨宗教对话研究中心所作的"天人讲堂"的第三讲。

第八章《文明对话与世界新格局》最初是 2009 年 12 月 12 日在北京大学宗教哲学协会的一个演讲。

第九章《全球化、第二轴心时代与中国宗教的未来》最初是 2010 年 4 月 21 日在复旦大学哲学学院的一个演讲。

第十章《约翰·希克与中国宗教研究》中文简版最初发表于《世界宗教文化》2011 年第 5 期。英文完整版发表于 *Religious Pluralism and the Modern World*（ed. by Sharada Sugirtharajah，Palgrave Macmillan，2012）。论文最初在 2011 年 3 月 10—11 日于伯明翰召开的 Religious Pluralism and the Modern World：An Ongoing Philosophical Engagement with John Hick 国际会议上宣读。论文中有关中国学界对约翰·希克的研究信息的收集时间截至 2010 年。

第十一章《中国宗教需要多元论的宗教理论吗?》最初被李灵、李向平主编的《基督教与社会公共领域》收录（上海人民出版社 2012 年出版）。该论文最初以 *Do Chinese Religions Need a Pluralist Theory of Religion* 之名提交 2011 年 10 月 27—31 日于德国明斯特大学召开的 "Religious Diversity in Chinese Thought" 国际会议。论文也在华东师范大学 2011 年 12 月 5—6 日举办的 "宗教与社会公共领域" 研讨会上宣读。

第十二章《实在的面纱？——从宗教实在论到宗教实在超越论》被金泽、赵广明主编的《宗教与哲学》（第一辑）收录（社会科学文献出版社 2012 年出版）。论文最初在 2011 年 8 月 23—27 日中国社会科学院世界宗教研究所主办的宗教哲学会议（青岛）上宣读。

第十三章《走向全球灵性时代》最初在 2011 年 6 月 3—6 日浙江大学宗教学研究所主办的 "宗教与中国社会伦理体系的建构" 学术会议（杭州）上宣读。

第十四章《全球化、宗教共同体与全球灵性》最初发表于《人民论坛》（学术前沿）2011 年（总第 327 期）。

第十五章《全球化与基督教灵性之发展——谨此纪念雷蒙·潘尼卡》最初在 2010 年 11 月 10—13 日中国社会科学院世界宗教研究所主办的 "基督宗教与中外关系——从利玛窦到司徒雷登" 学术研讨会（北京）上宣读。

第十六章《继承和超越艾香德传统的宗教混合主义》最初被杨熙楠编的《风随意思而吹》收录（道风书社 2010 年出版）。

第十七章《走向多元的汉语神学》最初在 2012 年 5 月 18 日韩国长老会大学主办的 "基督宗教在当代社会中的作用" 国际学术会议（首尔）上宣读。论文也在 2012 年 7 月 15—18 日汉语基督教文化研究所、同济大学人文学院欧洲文化研究院和华东师范大学哲学系主办的第五届 "汉语基督教研究圆桌会议" 上宣读。

上述论文在被本书收录时有局部的修订。本书的出版要特别感谢徐弢教授、武汉大学出版社王雅红副社长和编辑易瑛女士。没有他们的热情推荐和推进，不会有此书的面世。

# 王志成教授主要作品

## 一、著作类

(1)《解释与拯救》(1996 年，上海)

(2)《约翰·希克》(1997 年，台湾)

(3)《宗教、解释与和平》(1999 年，成都)

(4)《神圣的渴望》(与思竹合著，2000 年，南京)

(5)《和平的渴望》(2003 年，北京)

(6)《全球宗教哲学》(2005 年，北京)

(7)《走向第二轴心时代》(2005 年，北京)

(8)《解释、理解与宗教对话》(2007 年，北京)

(9)《对话经》(译释，2008 年，成都)

(10)《后现代生活沉思录》(2009 年，杭州)

(11)《智慧瑜伽》(译释，2010 年，成都)

(12)《在不确定的尘世》(2010 年，杭州)

(13)《全球化时代的宗教与未来》(与安伦合著，2011 年，北京)

(14)《文明对话与佛耶相遇》(与赖品超合编，2012 年，北京)

(15)《瑜伽的力量》(2013 年，成都)

(16)《全球化与宗教对话》(2013 年，武汉)

(17)《当代宗教多元论》(2013 年，北京)

## 二、翻译类（含合译）

(1)《理解之路》(1996 年，香港)

(2)《教义的本质》(1997 年，香港)

(3)《宗教之解释》(1998 年，成都)

(4)《晚明基督论》(1999 年，成都)

(5)《信仰的彩虹》(1999 年，南京；2004 年，台湾)

(6)《文化裁军》(1999 年，成都)

(7)《上帝道成肉身的隐喻》(2000 年，南京)

(8)《智慧的居所》(2000 年，南京)

(9)《第五维度》(2000 年，成都)

(10)《宗教内对话》(2001 年，北京)

（11）《看不见的和谐》（2001 年，南京；2005 年，北京）

（12）《上帝之后》（2002 年，北京）

（13）《一个地球　多种宗教》（2003 年，北京）

（14）《理性与信仰》（2003 年，成都）

（15）《印度教中未知的基督》（2003 年，成都）

（16）《空与光明》（2003 年，北京）

（17）《宗教对话模式》（2004 年，北京）

（18）《生活，生活》（2004 年，北京）

（19）《后现代神秘主义》（2004 年，北京）

（20）《多名的上帝》（2005 年，北京）

（21）《上帝与信仰的世界》（2005 年，北京）

（22）《人类的宗教》（2005 年，成都）

（23）《快乐之道》（2005 年，杭州）

（24）《瑜伽之路》（2005 年，杭州）

（25）《上帝与信仰的世界》（2006 年，北京）

（26）《现在开始讲解瑜伽》（2006 年，成都）

（27）《人的圆满》（2006 年，北京）

（28）《全球责任与基督信仰》（2007 年，北京）

（29）《人生大问题》（2008 年，成都）

（30）《不可能的爱》（2008 年，成都）

（31）《我们的头顶是天空》（2007 年，北京）

（32）《后现代宗教哲学》（2008 年，杭州）

（33）《宗教研究新方法》（2008 年，北京）

（34）《室利·罗摩克里希那言行录》（2008 年，北京）

（35）《佛教徒与基督徒》（2008 年，北京）

（36）《太阳伦理学》（2009 年，杭州）

（37）《信仰间对话》（2009 年，北京）

（38）《冥想的力量》（2010 年，杭州）

（39）《从宗教哲学到宗教对话》（2010 年，北京）

（40）《哈达瑜伽之光》（2012 年，成都）

（41）《耶稣与哲学》（2012 年，北京）

（42）《西方的意义》（2012 年，成都）

（43）《至上瑜伽》（2012 年，杭州）

（44）《回归》（2013 年，北京）

（45）《终约》（2013 年，杭州）

（46）《新的大故事》（2013 年，杭州）

（47）《虔信瑜伽》（2013 年，成都）

高等院校通识教育系列教材
书 目

《四库全书》与中国文化
社会性别与女性发展
通识逻辑学
当代中国社会问题透视
女性学导论
伦理学简论
中国文化概论
美学
科学技术史（第二版）
工程项目管理（第二版）
维纳斯巡礼·西方美术史话
宇宙新概念
《孙子兵法》鉴赏
唐诗宋词名篇精选精讲
明清小说名著导读（修订版）
中国美术鉴赏
诗词曲赋鉴赏
电子商务与电子政务
博弈论
资源环境与可持续发展
美术鉴赏
中国音乐史
西方音乐史
音乐欣赏教程
商务文书写作（第二版）
机关公文写作（修订版）
事务文书写作
大学书法通识
毕生发展心理学（第二版）
人际沟通学
志愿服务概论
影视作品欣赏与影视小说创作
全球化与宗教对话

图书在版编目（CIP）数据

全球化与宗教对话/王志成著．—武汉：武汉大学出版社，2013.9
高等院校通识教育系列教材
ISBN 978-7-307-11521-7

Ⅰ．全…　Ⅱ．王…　Ⅲ．全球化—影响—宗教文化—文化交流—高等学校—教材　Ⅳ．B920

中国版本图书馆 CIP 数据核字（2013）第 210272 号

责任编辑：陈　红　　　责任校对：黄添生　　　版式设计：马　佳

出版发行：**武汉大学出版社**　（430072　武昌　珞珈山）
（电子邮件：cbs22@whu.edu.cn　网址：www.wdp.com.cn）
印刷：湖北民政印刷厂
开本：787×1092　1/16　印张：10　字数：225 千字　插页：2
版次：2013 年 9 月第 1 版　　2013 年 9 月第 1 次印刷
ISBN 978-7-307-11521-7　　　定价：22.00 元